丛书主编：缪树权

刑法常见罪名立案追诉标准
与疑难指导
丛书

危害税收征管罪·侵犯知识产权罪·扰乱市场秩序罪

立案追诉标准与疑难指导

国家检察官学院职务犯罪研究所
—— 编 ——

郭 莉 王东海 著

中国法制出版社
CHINA LEGAL PUBLISHING HOUSE

图书在版编目（CIP）数据

危害税收征管罪·侵犯知识产权罪·扰乱市场秩序罪立案追诉标准与疑难指导/郭莉，王东海著；国家检察官学院职务犯罪研究所编．—北京：中国法制出版社，2022.8

刑法常见罪名立案追诉标准与疑难指导/缪树权主编

ISBN 978-7-5216-2781-7

Ⅰ．①危…　Ⅱ．①郭…　②王…　③国…　Ⅲ．①税收管理-刑事犯罪-研究-中国②侵犯知识产权罪-研究-中国③扰乱市场秩序罪-研究-中国　Ⅳ．①D924.334

中国版本图书馆CIP数据核字（2022）第123690号

策划编辑：陈兴　谢雯　　责任编辑：赵律玮　　封面设计：周黎明

危害税收征管罪·侵犯知识产权罪·扰乱市场秩序罪立案追诉标准与疑难指导

WEIHAI SHUISHOU ZHENGGUANZUI · QINFAN ZHISHI CHANQUANZUI · RAOLUAN SHICHANG ZHIXUZUI LI'AN ZHUISU BIAOZHUN YU YINAN ZHIDAO

著者/郭莉　王东海

编者/国家检察官学院职务犯罪研究所

经销/新华书店

印刷/三河市紫恒印装有限公司

开本/730毫米×1030毫米　16开　　印张/23　字数/284千

版次/2022年8月第1版　　2022年8月第1次印刷

中国法制出版社出版

书号 ISBN 978-7-5216-2781-7　　定价：88.00元

北京市西城区西便门西里甲16号西便门办公区

邮政编码：100053　　传真：010-63141600

网址：http：//www.zgfzs.com　　**编辑部电话：010-63141793**

市场营销部电话：010-63141612　　**印务部电话：010-63141606**

（如有印装质量问题，请与本社印务部联系。）

“刑法常见罪名立案追诉标准与疑难指导”丛书

总 序

2020年11月16日至17日，中央全面依法治国工作会议在北京召开。这次会议的一个重要成果，就是首次提出了习近平法治思想。习近平法治思想内涵丰富、论述深刻、逻辑严密、系统完备，深刻回答了新时代为什么实行全面依法治国、怎样实行全面依法治国等一系列重大问题，是全面依法治国的根本遵循和行动指南。当前，国际形势发生了复杂深刻的变化，我国经济发展进入新常态，社会结构发生新变化，违法犯罪也表现出一些新形式、新特点，政法工作面临许多前所未有的新情况、新问题，给政法队伍提出新的时代课题、赋予新的历史使命。面对形势任务新变化、党和人民新要求，政法队伍建设面临许多亟待解决的问题。习近平总书记强调，全面推进依法治国，建设一支德才兼备的高素质法治队伍至关重要。[①] 坚持建设德才兼备的高素质法治队伍是习近平法治思想的重要内容。为深入学习贯彻习近平法治思想、引导司法实务人员正确理解《中华人民共和国刑法》（以下简称刑法）和相关规定的真实内涵、分析解答司法实务人员在适用刑法当中遇到的疑难问题、提升司法实务人员办案的能力和素质，同时为了激发专家学者及司法实务人员对刑法理论和实务的研究热情、为广大读者提供学习参考，我们组织了相关领域兼具理论造诣和实践经验的专家和学者编写了这套“刑法常见罪名立案追诉标准与疑难指导”丛书。

本套丛书的设计和撰写着力体现三个特点：

一是聚焦刑法常见罪名，重点解决疑难问题。根据司法办案实际，本丛书重

---

① 习近平：《加快建设社会主义法治国家》，载《求是》2015年第1期。

点选择了近些年来司法实践中多发、高发、新增的罪名为研究对象，使丛书的研究更具针对性和实用性。同时，丛书坚持以问题为导向，全面梳理刑事案件在司法认定中常见的争议和疑难问题，分析观点要义、解读办案依据、提出解决方案或倾向性意见，切实提升司法实务人员办理疑难案件的能力和水平、开拓刑法学理论研究的深度和广度。

二是反映刑事立法的新发展，全面梳理各罪办案依据。丛书紧跟新时代刑事立法和司法工作的发展，结合新颁布的刑法修正案、司法解释、最高人民法院指导性案例、最高人民检察院指导性案例和其他司法文件编写，并将这些办案依据按罪名进行了全面、集中的梳理和列举，方便司法实务人员和法学研究人员查询参考，是很实用的桌边工具书。

三是注重理论实践密切结合，呈现刑法研究新成果。本丛书既不同于一般的教材讲义，也不同于法律法规汇编。丛书在阐明各罪一般理论、梳理办案依据的同时，将解决司法疑难问题作为写作的重点和亮点；在强调解决司法实务问题的同时，又着力进行刑事政策、刑法理论的分析解读，从而全面提升办案人员的政治素养、理论素养、业务能力，也使刑法研究更加贴近实务、有的放矢。

我们希望通过编写、出版本丛书，与广大司法实务人员和法学研究人员一道，促进对习近平法治思想的学习理解和贯彻落实，不断提升办案和研究能力，助力高素质法治队伍的建设，切实履行好维护国家安全、社会安定、人民安宁的重大责任，让人民群众切实感受到公平正义就在身边，为建设更高水平的平安中国、法治中国做出积极贡献。

缪树权

2022 年 7 月

目 录

Contents

第二编 侵犯知识产权罪

第三编 扰乱市场秩序罪

第一编　危害税收征管罪

第一章　逃税罪

【立案追诉标准】

逃税案（《刑法》[①] 第201条）

逃避缴纳税款，涉嫌下列情形之一的，应予立案追诉：

（一）纳税人采取欺骗、隐瞒手段进行虚假纳税申报或者不申报，逃避缴纳税款，数额在十万元以上并且占各税种应纳税总额百分之十以上，经税务机关依法下达追缴通知后，不补缴应纳税款、不缴纳滞纳金或者不接受行政处罚的；

（二）纳税人五年内因逃避缴纳税款受过刑事处罚或者被税务机关给予二次以上行政处罚，又逃避缴纳税款，数额在十万元以上并且占各税种应纳税总额百分之十以上的；

（三）扣缴义务人采取欺骗、隐瞒手段，不缴或者少缴已扣、已收税款，数额在十万元以上的。

纳税人在公安机关立案后再补缴应纳税款、缴纳滞纳金或者接受行政处罚的，不影响刑事责任的追究。

《最高人民检察院、公安部关于公安机关管辖的刑事案件立案追诉标准的规定（二）》（2022年4月29日）第52条[②]

---

① 为便于行文，本书所引法律法规名称中的“中华人民共和国”字样略去，下同。

② 此处列明作者梳理立案追诉标准的主要依据，相关条文参见“办案依据”部分，以下不再标注。

【犯罪构成及刑事责任】

逃税罪，是指纳税人采取欺骗、隐瞒手段进行虚假的纳税申报或者不申报，逃避缴纳税款数额较大的行为。构成本罪需要具备以下四个要件：

1. 客体要件

本罪侵犯的客体，是国家的税收管理制度。

2. 客观要件

客观方面表现为违反国家税收管理法律、法规，采取欺骗、隐瞒的手段进行虚假纳税申报或者不申报，逃避缴纳税款数额较大的行为。

（1）伪造、变造、隐匿、擅自销毁账簿、记账凭证

“伪造”，是指行为人制作虚假的账簿、记账凭证的行为。“变造”，是指行为人采取篡改、删除、挖补等手段，对原账簿、记账凭证进行改造的行为。“隐匿”，是指行为人将账簿、记账凭证故意隐藏的行为。“擅自销毁”，是指行为人未经税务机关批准，毁灭、毁坏账簿、记账凭证的行为。“记账凭证”，包括自制凭证和外来凭证，如发票和其他收支凭证。纳税人伪造、变造、隐匿、擅自销毁用于记账的发票等原始凭证的行为，应认定为伪造、变造、隐匿、擅自销毁记账凭证的行为。

（2）在账簿上多列支出或者不列、少列收入

“多列支出”，是指行为人在账簿上虚列开支，伪造超出实际支出的数额的行为。“不列、少列收入”，是指行为人明明有收入，却不在账簿中列明或将数目少列的行为。

（3）虚假纳税申报和不申报

“虚假纳税申报”，是指纳税人向税务机关报送虚假的纳税申报表，财务报表，代扣代缴、代收代缴税款报告表或者其他纳税申报资料，如提供虚假申请，编造减税、免税、抵税、先征收后返还税款等虚假资料等。“不申报”，是指以逃税为目的不申报纳税的行为，是一种不作为形式的犯罪。

3. 主体要件

犯罪主体为特殊主体，即纳税人，包括扣缴义务人。

4. 主观要件

主观方面由直接故意构成，并且具有逃避缴纳应缴税款的非法获利目的。认定行为人有无逃税的故意，主要从行为人的主观条件、业务水平和行为时的具体情况等方面综合分析判断。如果行为人是因一时疏忽而未及时申报纳税，或者因管理混乱，造成账目不清，漏交税款的，则不构成逃税罪。

根据《刑法》第201条的规定，纳税人采取欺骗、隐瞒手段进行虚假纳税申报或者不申报，逃避缴纳税款数额较大并且占应纳税额百分之十以上的，处三年以下有期徒刑或者拘役，并处罚金；数额巨大并且占应纳税额百分之三十以上的，处三年以上七年以下有期徒刑，并处罚金。

【疑难指导】

一、在税务机关下达追缴通知后，补缴应纳税款、缴纳滞纳金、已受行政处罚的，如何认定行为性质

《刑法》第201条第1款规定，“纳税人采取欺骗、隐瞒手段进行虚假纳税申报或者不申报，逃避缴纳税款数额较大并且占应纳税额百分之十以上的，处三年以下有期徒刑或者拘役，并处罚金；数额巨大并且占应纳税额百分之三十以上的，处三年以上七年以下有期徒刑，并处罚金”。第4款规定，“有第一款行为，经税务机关依法下达追缴通知后，补缴应纳税款，缴纳滞纳金，已受行政处罚的，不予追究刑事责任”。那么行为人实施上述第1款规定的行为，在税务机关下达追缴通知后，补缴应纳税款，缴纳滞纳金，已受行政处罚的，是不构成逃税罪，还是构成逃税罪但不予追究刑事责任？学界和实务界对此问题存在争议。一种观点认为，不补缴应纳税款，不缴纳滞纳金，不接受行政处罚是逃税罪的构成要件要素，因此行为人在税务机关催缴后补缴应纳税款，缴纳滞纳金，接受行政处罚，就不构成逃税罪。[①] 另一种观点认为，《刑法》第201条第4款属于逃税罪的处罚阻却事由。行为人补缴应纳税款、缴纳滞纳金、接受行政处罚只是阻止刑罚权的发动，

---

① 赵震：《行政处罚作为逃税案刑事司法的前置程序问题研究》，载《中国检察官》2011年第20期。

而不影响犯罪本身的成立。①

笔者认为，该免责条款应理解为处罚阻却事由。首先，从刑法修订逃税罪的历史渊源看，在《刑法修正案（七）》草案审议修改过程中，法律委员会一致认为，《刑法》第201条第4款是在已经构罪的前提下，对符合条件的行为人给予宽大处理。② 因此，将该条款理解为犯罪构成要件要素不符合立法原意。其次，从法益保护的立场看，行为人采取欺骗、隐瞒手段进行虚假纳税申报或者不申报，已经使国家的纳税收入陷入受损状态，立法规定税务机关通知补缴这一程序是为了鼓励逃避缴纳税款者主动补缴税款，鼓励纳税人及时足额履行纳税义务，是对受损法益的补救措施，与犯罪成立无关，但却可以阻却司法程序的启动，即处罚阻却事由。事实上，我国《刑法》中也有其他类似条款，如第390条行贿罪的处罚，行贿人在被追诉前主动交待行贿行为且犯罪较轻，对侦破重大案件起关键作用，或者有重大立功表现的，可以减轻或者免除处罚。

二、行政处罚是不是刑事追诉的前置程序

逃税罪是否必须先经税务机关处理，实行“先罚后移”？实务中存有分歧，学界对此也存在争议。如有观点认为，“从逻辑上看，免予追究刑事责任的客观条件是补缴税款、滞纳金和接受行政处罚，意味着在刑事程序之前，行政机关应当已经送达了追缴通知和税务行政处罚决定书。如果刑事程序前置，在追究行为人刑事责任时，补缴税款、滞纳金和接受行政处罚的情节还无从认定也就无法确定是否应该追究刑事责任”③，从而主张行政处罚是刑事追诉的前置程序。但也有观点认为，“‘未罚先移’可以使公安司法机关与税务机关共同处于查处逃税犯罪案件的一线位置，行政处罚与刑事处罚也由此同时成为逃税人可能面临的法律后果，如此不仅可以极大强化逃税罪的一般预防效果，而且还能有效化解税收征管实践中的‘以罚代刑’、行政权挤压甚至代替司法权的不良现象，从而主张行政处罚不是刑事追诉的前置程序”④。

---

① 张明楷：《逃税罪的处罚阻却事由》，载《法律适用》2011年第8期。

② 黄太云：《偷税罪重大修改的背景及解读》，载《中国税务》2009年第4期。

③ 刘荣：《刑事政策视野下的逃税罪》，载《中国刑事法杂志》2010年第12期。

④ 熊亚文：《逃税罪初犯免责：价值、困境与出路》，载《税务与经济》2019年第2期。

笔者认为，无论是将《刑法》第201条第4款的性质理解为犯罪构成要件还是处罚阻却事由，行政处罚都应该是刑事追诉的前置程序，这也符合立法本意。2022年的《最高人民检察院、公安部关于公安机关管辖的刑事案件立案追诉标准的规定（二）》第52条第2款明确规定，纳税人在公安机关立案后再补缴应纳税款、缴纳滞纳金或者接受行政处罚的，不影响刑事责任的追究。因此，逃税人想要免予刑事追究，就必须在公安机关立案前接受行政处罚，若允许公安机关直接立案处理，行为人就不可能再有接受行政处罚的机会，进而导致免责条款空置。并且，逃税罪保护的法益是税收征管秩序，行为人实施了《刑法》第201条第4款的行为，恢复了税收征管秩序，从刑法谦抑性的角度出发，不应再启动刑事追诉程序。

实践中，税务机关有时只要求行为人补缴应纳税款、缴纳滞纳金，而没有给予行政处罚，行为人在规定的期限内补缴应缴纳税款、缴纳滞纳金的，能否适用《刑法》第201条第4款，不予追究刑事责任？有观点认为补缴税款不属于行政处罚，税务机关没有作出行政处罚，因此不适用《刑法》第201条第4款。但此种观点值得商榷，行政机关未作出行政处罚，可能基于三种原因：一是认为没有必要行政处罚；二是有所遗漏；三是已经超过行政处罚时效。如果是第一种情形，那么更没有必要对其进行刑事处罚；若是税务机关漏掉了行政处罚，行为人不能因为税务机关的处理缺陷而承担刑事责任；若无视行政处罚时效只考虑有无行政处罚，则意味着税务机关发现逃税时间的早晚成为能否追究行为人刑事责任的关键要素，或者行为人要想免除刑事处罚，必须主动请求行政处罚，这显然不妥当。因此，行政处罚是刑事追诉的前置程序，应重点关注税务机关有无进行处理、税收征管秩序是否得以恢复，而不仅仅考察有无行政处罚决定书这一形式要素。

三、扣缴义务人能否适用免责条款

《刑法》第201条第4款的表述是“有第一款行为……”，而第1款只规定了纳税人这一主体，由此产生扣缴义务人是否适用免责条款的争议，对此，存在肯定说与否定说两种观点。肯定说认为，《刑法》第201条第4款的立法表述并未限定主体范围，纳税人和扣缴义务人虽然在税收征管法上称谓不同，但就法律责任承担而言并无区别，因此，如果仅仅因为立法用语表述不同，司法上便区别对待，不仅直接违背逃税罪立法原意，而且容易滋生司法不公。[①] 否定说认为，扣缴义务人不缴、少缴已扣、已收税款不仅侵犯了国家税收征管制度，而且侵犯了国家财产权，主观恶性和社会危害性更大，应给予更严厉的处罚，基于此，对于扣缴义务人不能适用免责条款。[②] 笔者认为，虽然从形式上看，纳税人的逃税是没有将自己收入的一部分无偿上缴国家，而扣缴义务人的逃税是没有将代扣、代收的他人税款转交国家，两者之间存在不同，但刑法规定免责条款的目的是在国家税收损失可以通过行政手段复原时阻截刑事手段的介入，因此尽管主体不同、行为表征不同，刑法修复法益的辅次性地位却并无不同，扣缴义务人补缴了相应税款和滞纳金的，也应适用免责条款阻却刑事处罚。

四、《刑法》第 204 条第 2 款规定的逃税行为能否适用免责条款

《刑法》第 204 条第 2 款规定，纳税人缴纳税款后，以假报出口或者其他欺骗手段，骗取所缴纳的税款的，依照逃税罪定罪处罚。对此种逃税行为，在符合第 201 条第 4 款的情形下，能否适用免责条款？一种观点认为，《刑法》第 201 条第 1 款规定的是采取欺骗方法不缴纳税款，而第 204 条第 2 款规定的是先缴纳税款后骗回税款，两者对国家税收造成的损害没有实质区别，只是欺骗行为的顺序不同而已，因此可以类推适用免责条款。[③] 另一种观点认为，缴纳税款后又骗回税款的行为与采取欺骗方法不缴纳税款的行为在性质上并不相同，而与扣缴义务人采取欺骗手段，不缴或少缴已扣、已收税款相同，并立足于前述扣缴义务人不能适用免责条款的理由，主张该行为也不适用免责条款。[④] 立足于法益侵害的立场和免责条款的规范目的，笔者赞同第一种观点。

五、纳税人初次逃税数额巨大能否适用免责条款

立法对逃税罪根据数额和比例确定了两个量刑档次，但《刑法》第 201 条第 4 款却未加区分，简单表述为有第 1 款行为的，在满足一定条件后可以不予追究刑事责任。实践中存在一些逃税数额巨大，但纳税人按照税务机关要求补缴了税款、

---

① 逄锦温：《逃税罪的立法修正与司法适用》，载《中国审判》2009 年第 12 期。
② 曾庆涛：《关于逃税罪初犯免责的探讨》，载《商业会计》2010 年第 10 期。
③ 张明楷：《刑法学》，法律出版社 2016 年版，第 814 页。
④ 崔秀秀：《论逃税罪免责条款的司法适用》，载《南阳理工学院学报》2021 年第 1 期。

滞纳金，因此没有被追究刑事责任的情形。对此，理论及实务界有不同的观点。有学者认为，这样处理未能真正体现“宽严相济”的刑事政策，既违背了逃税罪免责条款的立法初衷，也违背了罪刑相适应基本原则，存在变相鼓励行为人尽可能多地逃避纳税义务的问题，[①] 不利于刑罚一般预防目的的实现。[②] 对此，笔者认为，阐明法条时应以文义解释为基础，刑罚预防功能的实现亦以国民预测为前提，既然立法没有将逃税的情节作为是否适用免责条款的前置条件，从有利于被告人的角度出发，即使逃税数额巨大，在满足了法定免责条件时，也不应再追究。

六、如何理解“已受行政处罚”

关于“已受行政处罚”的理解，实务中存在两种观点。第一种观点认为，按照量能课税原则，只要纳税人主观上接受行政处罚，客观上穷尽了所有手段积极履行处罚内容，就应认为“已受行政处罚”。第二种观点认为，“已受行政处罚”应解释为行为人不仅要主观上认可并接受税务机关的处罚决定，还必须在客观上全部履行处罚决定内容，由于经济条件所限无能力履行决定内容的，仍应追究其刑事责任。[③] 笔者认为，立法规定逃税犯罪的主要目的是维护税收征管秩序，保证国家税收收入，逃税罪初犯之所以能够在补缴应纳税款、滞纳金，受到行政处罚后免予刑事追究，主要是因为行政处理可以在很大程度上弥补行为人给国家税收带来的损失，恢复受损的税收征管秩序。如果认为行为人只要主观上认可行政处罚，客观上竭尽所能履行处罚决定科处的义务就可以免除刑事责任，则对其他完全履行处罚决定者不公平，且在实践中也很难证明行为人是否已经尽其所能履行了该义务，因此第二种观点是合理的。

【办案依据】

一、《刑法》规定

第二百零一条 纳税人采取欺骗、隐瞒手段进行虚假纳税申报或者不申报，

① 熊亚文：《逃税罪初犯免责：价值、困境与出路》，载《税务与经济》2019 年第 2 期。

② 崔秀秀：《论逃税罪免责条款的司法适用》，载《南阳理工学院学报》2021 年第 1 期。

③ 以上两种观点参见崔秀秀：《论逃税罪免责条款的司法适用》，载《南阳理工学院学报》2021 年第 13 期。

逃避缴纳税款数额较大并且占应纳税额百分之十以上的，处三年以下有期徒刑或者拘役，并处罚金；数额巨大并且占应纳税额百分之三十以上的，处三年以上七年以下有期徒刑，并处罚金。

扣缴义务人采取前款所列手段，不缴或者少缴已扣、已收税款，数额较大的，依照前款的规定处罚。

对多次实施前两款行为，未经处理的，按照累计数额计算。

有第一款行为，经税务机关依法下达追缴通知后，补缴应纳税款，缴纳滞纳金，已受行政处罚的，不予追究刑事责任；但是，五年内因逃避缴纳税款受过刑事处罚或者被税务机关给予二次以上行政处罚的除外。

二、司法文件

《最高人民检察院、公安部关于公安机关管辖的刑事案件立案追诉标准的规定（二）》（2022 年 4 月 29 日）①

第五十二条 〔逃税案（刑法第二百零一条）〕逃避缴纳税款，涉嫌下列情形之一的，应予立案追诉：

（一）纳税人采取欺骗、隐瞒手段进行虚假纳税申报或者不申报，逃避缴纳税款，数额在十万元以上并且占各税种应纳税总额百分之十以上，经税务机关依法下达追缴通知后，不补缴应纳税款、不缴纳滞纳金或者不接受行政处罚的；

（二）纳税人五年内因逃避缴纳税款受过刑事处罚或者被税务机关给予二次以上行政处罚，又逃避缴纳税款，数额在十万元以上并且占各税种应纳税总额百分之十以上的；

（三）扣缴义务人采取欺骗、隐瞒手段，不缴或者少缴已扣、已收税款，数额在十万元以上的。

纳税人在公安机关立案后再补缴应纳税款、缴纳滞纳金或者接受行政处罚的，不影响刑事责任的追究。

---

① 本书“办案依据”部分所标规范性文件的日期为该文件的通过、发布、最后一次修订后公布、实施日期之一，文件内容均为节选。以下不再标注。

三、其他法规

《税收征收管理法》（2015年4月24日）

第四条 法律、行政法规规定负有纳税义务的单位和个人为纳税人。

法律、行政法规规定负有代扣代缴、代收代缴税款义务的单位和个人为扣缴义务人。

纳税人、扣缴义务人必须依照法律、行政法规的规定缴纳税款、代扣代缴、代收代缴税款。

第三十一条 纳税人、扣缴义务人按照法律、行政法规规定或者税务机关依照法律、行政法规的规定确定的期限，缴纳或者解缴税款。

纳税人因有特殊困难，不能按期缴纳税款的，经省、自治区、直辖市国家税务局、地方税务局批准，可以延期缴纳税款，但是最长不得超过三个月。

第五十五条 税务机关对从事生产、经营的纳税人以前纳税期的纳税情况依法进行税务检查时，发现纳税人有逃避纳税义务行为，并有明显的转移、隐匿其应纳税的商品、货物以及其他财产或者应纳税的收入的迹象的，可以按照本法规定的批准权限采取税收保全措施或者强制执行措施。

第六十三条 纳税人伪造、变造、隐匿、擅自销毁账簿、记账凭证，或者在账簿上多列支出或者不列、少列收入，或者经税务机关通知申报而拒不申报或者进行虚假的纳税申报，不缴或者少缴应纳税款的，是偷税。对纳税人偷税的，由税务机关追缴其不缴或者少缴的税款、滞纳金，并处不缴或者少缴的税款百分之五十以上五倍以下的罚款；构成犯罪的，依法追究刑事责任。

扣缴义务人采取前款所列手段，不缴或者少缴已扣、已收税款，由税务机关追缴其不缴或者少缴的税款、滞纳金，并处不缴或者少缴的税款百分之五十以上五倍以下的罚款；构成犯罪的，依法追究刑事责任。

第七十七条 纳税人、扣缴义务人有本法第六十三条、第六十五条、第六十六条、第六十七条、第七十一条规定的行为涉嫌犯罪的，税务机关应当依法移交司法机关追究刑事责任。

税务人员徇私舞弊，对依法应当移交司法机关追究刑事责任的不移交，情节严重的，依法追究刑事责任。

第二章　抗税罪

【立案追诉标准】

> 抗税案（《刑法》第202条）
>
> 以暴力、威胁方法拒不缴纳税款，涉嫌下列情形之一的，应予立案追诉：
>
> （一）造成税务工作人员轻微伤以上的；
>
> （二）以给税务工作人员及其亲友的生命、健康、财产等造成损害为威胁，抗拒缴纳税款的；
>
> （三）聚众抗拒缴纳税款的；
>
> （四）以其他暴力、威胁方法拒不缴纳税款的。
>
> 《最高人民检察院、公安部关于公安机关管辖的刑事案件立案追诉标准的规定（二）》（2022年4月29日）第53条

【犯罪构成及刑事责任】

抗税罪，是指负有纳税义务或者代扣代缴、代收代缴义务的个人或者企业事业单位的直接责任人员，故意违反税收法规，以暴力、威胁方法拒不缴纳税款的行为。

1. 客体要件

本罪侵犯的客体是复杂客体，既侵犯了国家的税收管理制度，又由于采用暴力、威胁方法抗拒缴纳应纳税款，必然同时侵犯执行征税职务活动的税务人员的人身权利。其犯罪对象，包括依法应缴纳的税款及依法征税的税务人员。这里的

税款是除关税外的国内税收；这里的税务人员也限于依法征收国内税的工作人员。

2. 客观要件

本罪在客观方面表现为违反税收法规，以暴力、威胁方法不缴纳税款的行为。

（1）抗税罪表现为违反税收法规的行为

税收法规主要指《税收征收管理法》等法律、法规。如果行为没有违反税收法规则不能构成抗税罪。如没有纳税义务的个人用暴力阻碍税务人员征税，虽然客观上使他人得以拒不缴纳税款，但其行为违反的不是税收法规，不能以抗税罪论处。

（2）抗税罪表现为以暴力、威胁方法拒不缴纳税款的行为

这是抗税罪与偷税罪的根本区别。所谓暴力，是指犯罪分子对他人身体实施袭击或者使用其他强暴手段，如殴打、伤害、捆绑、禁闭等足以危及他人人身安全的行为；所谓胁迫，是指犯罪分子对他人进行威胁、恫吓，达到精神上强制、使他人不能抗拒的手段，如手持凶器威吓，扬言行凶报复、揭发隐私、毁坏名誉、加害亲属等。根据本条，只要行为人实施了以暴力、威胁方法拒不缴纳税款的行为就可以构成抗税罪，不需要达到情节严重的程度。当然，根据我国《刑法》第13条的规定，如果情节显著轻微危害不大的，则不认为是犯罪；如果行为人拒不缴纳税款的行为不是以上述暴力、威胁方法实施的，而是以诸如不能成立的各种理由为借口进行抵制或者只是消极地不缴纳税款等，则不构成本罪。

3. 主体要件

本罪的主体，是依法负有纳税义务和扣缴税款义务的人，既包括个人，也包括单位。本条没有明确规定单位可以成为本罪的主体，但从本条的立法精神以及抗税罪和逃税罪的联系来看，抗税罪的主体应与逃税罪相同，既包括负有纳税义务的自然人，也包括负有纳税义务的单位。单位犯本罪的，由其直接负责的主管人员和直接责任人员承担刑事责任。

4. 主观要件

本罪在主观方面出于直接故意，表现为明知负有纳税义务而故意抗拒缴纳税款，通过使用暴力、威胁方法而公开拒不缴纳税款；并且具有非法获利的目的。如果行为人不具有这种主观故意和非法获利的目的，则不构成抗税罪。

根据《刑法》第202条的规定，犯本罪的，处三年以下有期徒刑或者拘役，

并处拒缴税款一倍以上五倍以下罚金；情节严重的，处三年以上七年以下有期徒刑，并处拒缴税款一倍以上五倍以下罚金。

【疑难指导】

一、无营业执照经营者和无税务登记经营者能否构成抗税罪

尽管《刑法》第202条没有规定抗税罪的主体，但根据体系解释，抗税罪的主体应是纳税人和扣缴义务人，那么，对于无营业执照经营者和无税务登记经营者采取暴力、威胁手段拒不缴纳税款的，能否按抗税罪追究，实践中存在争议。

首先，关于未取得营业执照者的处理。肯定观点认为，未取得营业执照的单位和个人进行生产经营活动，其行为破坏了国家拟通过法律所形成的税基，税基总量减少破坏国家利益，税务机关应对该行为进行征税补偿国家损失。否定观点则认为，未取得营业执照的单位和个人进行生产经营活动为非法经营活动，并非税收机关征税的对象（以合法经营为前提），不存在纳税义务，因此不能构成妨害税收征管的犯罪。[①] 笔者认为，未取得营业执照的单位和个人不能构成本罪主体，主要理由是：从征税的根据来看，税收是国家基于社会经济政策和执行社会公共事务的需要，向从事生产、经营的公民或单位按照一定的税目、税率征收税款再投入公共支出和服务社会建设的行为。课税的前提是国家承认公民、单位生产、经营活动的合法性，未取得营业执照的单位和个人由于不符合市场准入门槛，所从事的经营活动系非法经营行为，国家不保护其利益，也就不能依法向其征税。

其次，关于无税务登记经营者的处理。无税务登记经营者是指没有办理税务登记手续而进行经营活动的人，具体包括两种类型：一是无营业执照经营者；二是虽办理了营业执照但没有办理税务登记手续的经营者。对于第一种类型，如前所述，不能成为本罪的主体。但对于第二种类型，《税收征收管理法》第37条规定："对未按照规定办理税务登记的从事生产、经营的纳税人以及临时从事经营的纳税人，由税务机关核定其应纳税额，责令缴纳……"该规定实际上赋予了应当办理税务登记手续而没有办理的经营者以纳税人的地位，其负有纳税的实际义务。

---

① 曹康、黄河主编：《危害税收征管罪》，中国人民公安大学出版社2003年版，第76页。

因此，在税务机关核定无税务登记经营者的应纳税额，依法向其征收税款的过程中，无税务登记经营者使用暴力、威胁方法抗拒缴纳税款的，符合抗税罪的构成要件，应当构成抗税罪。

二、如何理解抗税罪中的"暴力、威胁"方法

《刑法》第202条规定抗税罪的行为方式是"暴力、威胁"，那么，这是否意味着凡是行为人实施了暴力、威胁的方法抗拒缴纳税款的，就一律构成抗税罪？在司法实践中，不应不区分具体情形，扩大该罪的适用。譬如，在税收征管中，有的纳税人或扣缴义务人出于一时冲动，或者出于对事实或法律的误解，在与税务人员争辩、口角中实施了阻拦、推挡、拉扯行为，甚至到税务机关吵闹；或者一气之下说了一些威胁的话等；或者动作虽较大，但经批评教育后及时改正。这些行为不足以阻碍税务机关的正常征管活动，从结果上看没有造成明显的危害后果，可以适用《刑法》第13条但书，作为"情节显著轻微危害不大"的行为，不宜以抗税罪追究刑事责任，可视为一般抗税行为，按《税收征收管理法》第45条的规定予以处罚。

三、纳税人或者扣缴义务人逃税后被税务机关查处，在追缴偷逃税款时又以暴力、威胁方法抗拒缴纳的，应如何处理

对此，理论与实务中均存在争议。一种观点认为，应按罪名转化处理，即已由逃税罪转化为抗税罪，按抗税罪一罪处理。[①] 另一种观点认为，应当按照逃税罪与抗税罪数罪并罚。[②] 笔者赞同第二种观点，逃税罪与抗税罪虽然均是妨害税收征管的犯罪，但两者保护法益并不相同，逃税罪主要侵犯的是国家对应纳税款的所有权；而抗税罪侵犯的主要是税务机关或者税务工作人员的人身财产权。从客观方面看，逃税罪表现为虚假申报、拒不申报等行为；而抗税罪表现为暴力、威胁的行为。从刑罚轻重来看，逃税罪与抗税罪的自由刑和罚金刑的比例都是相当的，表明两罪的社会危害性大致相当。因此，纳税人或者扣缴义务人逃税后又抗税的，行为人实际实施了两种独立的犯罪行为，应以逃税罪和抗税罪数罪并罚。

---

① 赵军：《论逃避追缴欠税罪》，载《山东法学》1993年第1期。

② 彭爽、何小王：《浅议〈刑法〉危害税收征管罪中的抗税罪》，载《税务研究》2001年第5期。

四、抗税罪与妨害公务罪的区分

《刑法》第277条规定了妨害公务罪，是指以暴力、威胁的方法，阻碍国家机关工作人员、人大代表、红十字会工作人员依法执行职务或履行职责的行为，或者故意阻碍国家安全机关、公安机关依法执行国家安全工作任务，虽未使用暴力、威胁方法，但造成严重后果的行为。抗税本质上是一种妨害公务的行为，两罪的区别主要表现在：第一，主体不同。抗税罪的主体是特殊主体，即必须是负有缴纳税款义务的纳税义务人才能构成。妨害公务罪的主体是一般主体，任何达到刑事责任年龄，具有刑事责任能力的人均可构成。第二，主观故意的内容不同。抗税罪的故意是行为人明知自己应当纳税，却故意采取暴力、威胁手段少缴或不缴税款。妨害公务罪的故意则是指行为人明知对方是正在依法执行职务的国家工作人员，却为了使其不能依法履行职务对其采取暴力、威胁手段进行阻碍。第三，行为对象不同。抗税罪一般针对的是税务工作人员，妨害公务罪针对的是国家工作人员，两罪的暴力、威胁对象均包括人和物。通常情况下，符合抗税罪构成要件的，应当按照抗税罪定罪处罚。在司法实践中，经常出现纳税义务人与他人共同暴力抗税的情形，根据《最高人民法院关于审理偷税抗税刑事案件具体应用法律若干问题的解释》第6条的规定，应当按照抗税罪的共犯处罚，如果纳税义务人与他人无共同犯罪的故意，他人出于打击报复等原因参与暴力抗税，构成犯罪的，纳税义务人构成抗税罪，他人构成妨害公务罪。

【办案依据】

一、《刑法》规定

第二百零二条 以暴力、威胁方法拒不缴纳税款的，处三年以下有期徒刑或者拘役，并处拒缴税款一倍以上五倍以下罚金；情节严重的，处三年以上七年以下有期徒刑，并处拒缴税款一倍以上五倍以下罚金。

二、司法解释

《最高人民法院关于审理偷税抗税刑事案件具体应用法律若干问题的解释》（2002年11月7日，法释〔2002〕33号）

第五条 实施抗税行为具有下列情形之一的，属于刑法第二百零二条规定的

"情节严重":

（一）聚众抗税的首要分子；

（二）抗税数额在十万元以上的；

（三）多次抗税的；

（四）故意伤害致人轻伤的；

（五）具有其他严重情节。

第六条 实施抗税行为致人重伤、死亡，构成故意伤害罪、故意杀人罪的，分别依照刑法第二百三十四条第二款、第二百三十二条的规定定罪处罚。

与纳税人或者扣缴义务人共同实施抗税行为的，以抗税罪的共犯依法处罚。

三、其他法规

《税收征收管理法》（2015年4月24日）

第五十二条 因税务机关的责任，致使纳税人、扣缴义务人未缴或者少缴税款的，税务机关在三年内可以要求纳税人、扣缴义务人补缴税款，但是不得加收滞纳金。

因纳税人、扣缴义务人计算错误等失误，未缴或者少缴税款的，税务机关在三年内可以追征税款、滞纳金；有特殊情况的，追征期可以延长到五年。

对偷税、抗税、骗税的，税务机关追征其未缴或者少缴的税款、滞纳金或者所骗取的税款，不受前款规定期限的限制。

第六十七条 以暴力、威胁方法拒不缴纳税款的，是抗税，除由税务机关追缴其拒缴的税款、滞纳金外，依法追究刑事责任。情节轻微，未构成犯罪的，由税务机关追缴其拒缴的税款、滞纳金，并处拒缴税款一倍以上五倍以下的罚款。

第七十七条 纳税人、扣缴义务人有本法第六十三条、第六十五条、第六十六条、第六十七条、第七十一条规定的行为涉嫌犯罪的，税务机关应当依法移交司法机关追究刑事责任。

税务人员徇私舞弊，对依法应当移交司法机关追究刑事责任的不移交，情节严重的，依法追究刑事责任。

第三章　逃避追缴欠税罪

【立案追诉标准】

逃避追缴欠税案（《刑法》第 203 条）

纳税人欠缴应纳税款，采取转移或者隐匿财产的手段，致使税务机关无法追缴欠缴的税款，数额在一万元以上的，应予立案追诉。

《最高人民检察院、公安部关于公安机关管辖的刑事案件立案追诉标准的规定（二）》（2022 年 4 月 29 日）第 54 条

【犯罪构成及刑事责任】

逃避追缴欠税罪，是指纳税人故意违反税收法规，欠缴应纳税款，并采取转移或者隐匿财产的手段，致使税务机关无法追缴欠缴的税款，数额在一万元以上的行为。构成本罪需要具备以下四个要件：

1. 客体要件

本罪侵犯的客体，与偷税罪、抗税罪一样，是国家的税收管理制度。如果侵犯的不是国家的税收管理制度，则不构成本罪。

2. 客观要件

本罪在客观方面表现为行为人必须具有违反税收法规，欠缴应纳税款，并采取转移或者隐匿财产的手段，致使税务机关无法追缴欠缴的税款，数额较大的行为。

（1）必须有欠税的事实

欠税事实是该罪赖以成立的前提，如果行为人不欠税，就谈不上追缴，无追缴也就谈不上逃避追缴。欠税是指纳税单位或个人超过税务机关核定的纳税期限，没有按时缴纳、拖欠税款的行为。

（2）行为人必须有实际的逃避行为

这是该罪能否成立的关键所在，根据法律规定，逃避行为是指转移财产和隐匿财产，如转移开户行、提走存款、运走商品、隐匿存货等，如果不是将财产转移或隐匿，而是欠税人本人逃匿，则不构成本罪。

（3）致使税务机关无法追缴

这是行为人的犯罪目的，也是本罪所要求的客观结果。税收实践中的欠税是时常发生的，对于拥有纳税能力而故意欠税者，依据《税收征收管理法》，税务机关可采取强制措施，如通过银行从其账户上扣缴税款，或扣押、查封、拍卖其财产抵缴税款。

（4）无法追缴的欠税数额需达法定的追诉标准，即 1 万元以上

该罪是结果犯，如果不足 1 万元，即便具备前述要素，也不构成犯罪。这里的数额指税务机关无法追回的欠税数额，亦即国家税款的损失数额，而非行为人转移或隐匿的财产数额，也不是行为人的实际欠税数额。这三个数额有时是同一的，有时是不同一的，必须准确把握。无法追缴的欠税达不到法定数额的，由税务部门依法作行政处罚。

上述四个要素是相互统一的，对于逃避追缴欠税罪的成立来说，都是缺一不可的必要条件，同时也是与偷税、抗税和一般欠税行为相区别的关键。

3. 主体要件

本罪的主体是特殊主体，即法律规定负有纳税义务的单位和个人。不具有纳税义务的单位和个人不能构成本罪的主体。

4. 主观要件

本罪在主观方面表现为故意，并且具有逃避缴纳应纳税款而非法获利的目的，行为人的故意不仅表现为其对欠款应纳税款的事实是明知的，还表现为行为人为达到最终逃避纳税的目的而故意转移或者隐匿财产，致使税务机关无法追缴其欠

缴的税款。至于行为人的动机可能是多种多样的，有的是使职工多发奖金，有的是使本单位扭亏为盈或扩大再生产，也有的是谋取私利，但动机如何并不影响本罪成立。

根据《刑法》第203条的规定，纳税人欠缴应纳税款，采取转移或者隐匿财产的手段，致使税务机关无法追缴欠缴的税款，数额在一万元以上不满十万元的，处三年以下有期徒刑或者拘役，并处或者单处欠缴税款一倍以上五倍以下罚金；数额在十万元以上的，处三年以上七年以下有期徒刑，并处欠缴税款一倍以上五倍以下罚金。

【疑难指导】

一、扣缴义务人能否构成逃避追缴欠税罪

扣缴义务人能否构成逃避追缴欠税罪的主体，在司法实践和理论上存在争议。否定的观点认为，《刑法》第201条第1款、第2款明确规定纳税人、扣缴义务人可以构成逃税罪主体，而第203条却只规定了纳税人作为主体，这表明立法者有意将扣缴义务人排除在逃避追缴欠税罪的主体之外。[1] 扣缴义务人通常不具有直接纳税人的财产处置权。因此，也很难以所谓的转移、隐匿财产的手段逃避追缴欠税。[2] 肯定的观点则认为，虽然在行政法上，扣缴义务人不是纳税人，其权利义务与纳税人不同，两者的法律责任也不同，但在刑法上，纳税人和扣缴义务人的法律地位有很多相同之处。扣缴义务是一种特定的给付义务，来源于国家税法设立的一种强制委托关系，扣缴义务人在国家行使征税权中起着中介作用，必须对国家高度负责，保证国家税收及时、足额入库。扣缴义务人违反税法规定逃避追缴已代扣、代收的税款，在法律上也是对国家税收利益的侵犯，应当与纳税义务人逃避追缴欠税行为承担同样的刑事法律责任。近年来，一些扣缴义务人受经济利益的诱惑，为达到拒不缴纳税款目的，屡屡实施逃避追缴欠税的行为，危害性较大，如果认为扣缴义务人不符合逃避追缴欠税罪的主体要求，而使其逃避法律的

---

① 莫开勤：《危害税收征管罪的定罪与量刑》，人民法院出版社2000年版，第119页。

② 曹康、黄河主编：《危害税收征管罪》，中国人民公安大学出版社2000年版，第81页。

严惩，显然是对犯罪的放纵。①

笔者认为，逃避追缴欠税罪的主体只能是纳税人，而不包括扣缴义务人。从《刑法》第201条的规定看，立法者显然是对纳税人和扣缴义务人作了区分，在第203条只规定了纳税人为主体的情况下，不可通过解释突破立法规定，否则就会违反罪刑法定的要求，导致刑事追责范围扩大。

二、欠税之前转移或隐匿财产的处理

一般情况下，行为人实施转移或隐匿财产的逃避追缴欠税的行为是在法定的纳税期限届满以后，也就是在具备了法律规定的“欠税”条件以后。但实践中，有的转移或隐匿财产逃避追缴欠税的行为发生在欠税之前。对于该种情况，按照《税收征收管理法》第38条的规定，税务机关有根据认为从事生产、经营的纳税人有逃避纳税义务行为的，可以在规定的纳税期之前，责令限期缴纳应纳税款；在限期内发现纳税人有明显的转移、隐匿其应纳税的商品、货物以及其他财产或者应纳税的收入的迹象的，税务机关可以责成纳税人提供纳税担保。如果纳税人不能提供纳税担保，经县以上税务局（分局）局长批准，税务机关可以采取税收保全措施。如果在纳税期届满之后，行为人仍欠缴应缴税款，且其先前实施的转移或隐匿财产行为导致税务机关无法追缴欠税款的，才能追究行为人的刑事责任。

三、逃避追缴欠税罪与逃税罪的区分

逃避追缴欠税罪与逃税罪本质上都是不缴纳应缴税款，但两者在以下方面存在区别：第一，犯罪主体不同。逃税罪的主体是纳税人和扣缴义务人；而逃避追缴欠税罪的主体只能是纳税人。第二，犯罪故意发生的阶段和内容不同。逃税罪的犯罪故意一般发生在税务机关确定其缴税金额和期限之前，犯罪故意的内容是不缴少缴应纳税款；逃避追缴欠税罪的犯罪故意通常发生在税务机关已经确定缴纳金额和期限之后，内容是拖欠应纳税款。第三，客观行为表现不同。逃税罪主要通过虚假纳税申报或者不申报手段进行，实践中主要是伪造、变造、隐匿、擅自销毁账簿、记账凭证，在账簿上多列支出或不列、少列收入等；而逃避追缴欠税罪采取的是转移、隐匿财产的方式。第四，构罪标准不同。逃税罪采取了“数

---

① 孙卫：《论逃避追缴欠税罪》，中国政法大学2007年硕士学位论文，第12页。

额加比例”和“受处罚除外”的标准；逃避追缴欠税罪采取的是数额标准。

实践中，有的纳税人为了逃避税务机关的追缴，采取转移或者隐匿财产的方法，致使税务机关无法追缴其应纳的税款，此时，行为人转移、隐匿财产的行为本身即逃税的一种手段，系一种连续性的行为，不应该再单独评价为逃避追缴欠税的行为，如果符合逃税罪的构罪标准，应以逃税罪一罪论处。

四、逃避追缴欠税罪与抗税罪的界限

逃避追缴欠税罪与抗税罪都是以逃避缴纳税款和获取非法利益为目的，妨害国家税收征管制度的犯罪，法定最高刑都是七年有期徒刑。但两者的主要区别是：第一，客体不同。逃避追缴欠税罪侵犯的客体是国家税收管理秩序，抗税罪侵犯的客体除国家税收管理秩序外，还包括税务人员的人身财产安全，是复杂客体。第二，主体不同。逃避追缴欠税罪的主体是纳税人，包括单位。而抗税罪的主体只限于负有纳税义务的个人，不包括单位。第三，客观方面不同。逃避追缴欠税罪一般发生在税务机关限期缴纳税款逾期之后；而抗税罪无论在纳税期内还是逾期后均可构成。逃避追缴欠税罪采取的是转移或隐匿财产的手段；抗税罪则采取的是暴力、威胁方法，是否转移或隐匿财产，在所不问。

需要提及的是，行为人企图逃避追缴欠税未得逞后又抗税的行为如何定性，理论和实务界均存在争议。第一种观点认为，此为转化犯，即由逃避追缴欠税转化为抗税，应按抗税罪处罚。[①] 第二种观点则认为，如果行为人同时满足逃避追缴欠税罪与抗税罪的构成要件，就应该数罪并罚。[②] 笔者认为，行为人先实施转移、隐匿财产的行为以逃避缴纳所欠税款，未得逞后又以暴力、威胁的方式抗拒缴纳的，实际上分别符合了逃避追缴欠税罪（未遂）和抗税罪的构成要件，但此两行为均服务于行为人不缴纳税款这一个目的，不宜认定数罪，应以抗税罪论处。

---

① 吴亚荣主编：《中国税收犯罪通论》，中国税务出版社1999年版，第154~155页。

② 冯建平、任志清：《论逃避追缴欠税罪》，载《法律适用》1998年第5期。

【办案依据】

一、《刑法》规定

第二百零三条 纳税人欠缴应纳税款，采取转移或者隐匿财产的手段，致使税务机关无法追缴欠缴的税款，数额在一万元以上不满十万元的，处三年以下有期徒刑或者拘役，并处或者单处欠缴税款一倍以上五倍以下罚金；数额在十万元以上的，处三年以上七年以下有期徒刑，并处欠缴税款一倍以上五倍以下罚金。

二、司法文件

《最高人民检察院、公安部关于公安机关管辖的刑事案件立案追诉标准的规定(二)》(2022年4月29日)

第五十四条 〔逃避追缴欠税案（刑法第二百零三条）〕纳税人欠缴应纳税款，采取转移或者隐匿财产的手段，致使税务机关无法追缴欠缴的税款，数额在一万元以上的，应予立案追诉。

三、其他法规

《税收征收管理法》(2015年4月24日)

第六十五条 纳税人欠缴应纳税款，采取转移或者隐匿财产的手段，妨碍税务机关追缴欠缴的税款的，由税务机关追缴欠缴的税款、滞纳金，并处欠缴税款百分之五十以上五倍以下的罚款；构成犯罪的，依法追究刑事责任。

第六十九条 扣缴义务人应扣未扣、应收而不收税款的，由税务机关向纳税人追缴税款，对扣缴义务人处应扣未扣、应收未收税款百分之五十以上三倍以下的罚款。

第七十条 纳税人、扣缴义务人逃避、拒绝或者以其他方式阻挠税务机关检查的，由税务机关责令改正，可以处一万元以下的罚款；情节严重的，处一万元以上五万元以下的罚款。

第七十七条 纳税人、扣缴义务人有本法第六十三条、第六十五条、第六十六条、第六十七条、第七十一条规定的行为涉嫌犯罪的，税务机关应当依法移交司法机关追究刑事责任。

税务人员徇私舞弊，对依法应当移交司法机关追究刑事责任的不移交，情节严重的，依法追究刑事责任。

第四章　骗取出口退税罪

【立案追诉标准】

骗取出口退税案（《刑法》第 204 条）

以假报出口或者其他欺骗手段，骗取国家出口退税款，数额在十万元以上的，应予立案追诉。

《最高人民检察院、公安部关于公安机关管辖的刑事案件立案追诉标准的规定（二）》（2022 年 4 月 29 日）第 55 条

【犯罪构成及刑事责任】

骗取出口退税罪，是指故意违反税收法规，采取以假报出口等欺骗手段，骗取国家出口退税款，数额较大的行为。构成本罪需要具备以下四个要件：

1. 客体要件

本罪侵犯的客体，是国家出口退税管理制度和国家财产权。

2. 客观要件

本罪在客观方面表现为采取以假报出口等欺骗手段，骗取国家出口退税款，数额较大的行为。

骗税是以退税为前提的。我国目前退税有两种基本形式，一种是一般的退税，另一种是出口退税。一般的退税是指由于税务机关错用税率或纳税人申报的错误，或者国家税收政策调整等，造成多征或误征税收，而按规定把多征或误征的税款

退还给原纳税人，以及按照规定提取的代征代扣税收的手续费、集贸市场税收分成和按照税收管理制度规定批准的减免税的退税。这种退税属于正常的退税，如果行为人以欺骗、隐瞒等手段骗取这种退税的，属于一般的骗税。由于税务机关根据原征税凭证能够对一般的退税进行比较有效的监督管理，因此对于一般的骗税只视为偷税行为进行处罚，数额较大的可以逃税罪论处。而出口退税不同于一般的退税，这种退税是国家为鼓励出口、增强产品在国际市场上的竞争能力给予的优惠待遇，而不是因对纳税人多征、误征或减免税收等引起的退税，因此骗取出口退税比一般的骗税的危害性要大。

（1）行为人采取了假报出口等欺骗手段

常见的欺骗手段主要有：

①串通有出口经营权企业，非法获取出口单证、代理出口业务。在这一环节中，犯罪分子通常主动找到有关外贸企业，以给“回扣”等各种条件为诱饵、提出代为组织国内“货源”、代理寻找外商客户和代理出口报关等业务。在外贸企业作出承诺后，犯罪分子以外商名义发来订单，有的犯罪分子甚至随身携带伪造的境外公司印章，直接以外商代理人身份与外贸企业签订出口协议书。与此同时，犯罪分子又以代为组织国内“货源”名义，串通国内不法生产、销售企业与外贸公司签订内贸合同；有的犯罪分子甚至直接与外贸公司签订内贸合同，同时向外贸企业提供虚开代开的增值税专用发票，并取得外贸企业提供的出口报关单等单证，代理外贸企业进行所谓“出口报关”业务。

②串通国内不法生产、销售企业，非法获取虚开、代开的增值税专用发票。在这一环节中，犯罪分子通常流窜于全国各地，用贿赂企业工作人员和“优惠”的开票价格（一般按开票金额的比例计算）等手段，取得这些不法企业开出的没有实际商品购销活动的虚假增值税专用发票。开票的货名通常是一些没有外贸出口限制的皮革制品、服装、电器元件以及其他日用小商品等，开票的单价通常远远高于实际商品价格的十几倍甚至几十倍。有的犯罪分子直接或间接地与国内不法生产、销售企业建立联系，从企业获取空白增值税专用发票自行填开，或坐地收购不法企业虚开、代开的增值税专用发票。

③串通境内外不法商人与外贸企业非法调汇，从中获取非法利益。由银行出

具的出口收汇单，是标志外贸企业完成商品出口的重要凭证，因而是犯罪分子在实施其一系列骗取出口退税犯罪行为中必须完成的一个步骤，也是犯罪分子实际获取非法利益的关键环节。在这一环节中，犯罪分子通常与境内外不法商人相勾结，以向国内投资需要人民币等为由，借用境内外企业的外汇与外贸企业进行非法调汇；有的犯罪分子则通过各种手段，将境内套取的外汇非法汇至境外银行，然后以外商名义与国内外贸企业进行非法调汇交易。这种非法调汇的价格通常比正常调汇价格高出许多，犯罪分子便从这非法调汇的差价中获得了巨额利益。国内外贸企业虽然相应地在非法调汇中造成了损失，但为弥补这一损失并从中获取一定“盈利”，它们只得冒险使用犯罪分子提供的虚假退税凭证骗取国家出口退税款。犯罪分子与外贸企业的这种非法交易一旦成功，便使双方从中均获得可观利益，最终只有国家的出口退税蒙受巨大损失。

④采取行贿或欺骗手段，非法获取盖有海关验讫章的出口货物报关单。在这一环节中，犯罪分子通常采用的手段大体有四种：一是在《出口货物报关单（出口退税联）》上加盖私刻伪造的海关验讫章，虚构货物已报关出口的事实。二是贿赂海关工作人员，以少报多、以假充真或在根本没有货物出口的情况下，在《出口货物报关单（出口退税联）》上加盖海关验讫章，虚构货物已报关出口的事实。三是利用海关口岸把关检查不严的漏洞，以假充真或空车过境，骗取海关在《出口货物报关单（出口退税联）》上加盖海关验讫章，隐瞒无货出口的事实真相。四是购买少量货物或租用他人货物通关报验，然后以少报多，骗取海关在《出口货物报关单（出口退税联）》上加盖海关验讫章。特别是犯罪分子租用他人的货物，出境后通常又以走私手段或以较低价值报关入境，一批货物多次使用、搞货物“旅行”。这种虚构货物出口事实的作案手法，具有很强的隐蔽性和欺骗性，是当前诈骗（出口退税）犯罪分子较常用的伎俩。

（2）行为人必须是对其所生产或者经营的商品采取假报出口等欺骗手段

如果不是对其所生产或者经营的商品假报出口，而是通过伪造或者行贿等手段，假借出口退税的名义，凭空骗取国家财产的，则不构成本罪，应为诈骗罪。

（3）骗税行为必须是在从事出口业务的过程中实施

如果不是从事出口业务的单位和个人，冒充出口企业，假报出口、伪造、变造或者骗取退税凭证，骗取退税款，则不能构成本罪，属于诈骗行为，数额较大的应定诈骗罪。

（4）骗取国家出口退税款的数额必须达到一定的标准

根据本条规定，标准为10万元以上。

3. 主体要件

本罪主体为一般主体，凡达到刑事责任年龄且具备刑事责任能力的自然人均能构成本罪主体。依我国《刑法》第211条之规定，单位亦能构成本罪。其中单位主要是具有出口经营权的单位。因为出口退税实质上是国家为了鼓励产品出口而给予的财政性资助，不具有出口经营权的单位不可能享受这种优惠。根据现行税法的规定，我国享有出口退税权的单位有三种：（1）享有独立对外出口经营权的中央和地方的外贸企业、工业贸易公司以及部分工业生产企业；（2）特定出口退税企业，如外轮供应公司、对外承包工程公司等；（3）委托出口企业。前两种单位可直接申报出口退税，自然可以构成本罪主体。对于最后一种单位，委托方虽不具有直接出口经营权，但其仍有权享有出口退税利益，所以也可以构成本罪主体。至于代理方本身具有直接出口经营权，当然可以成为本罪主体。

4. 主观要件

本罪在主观方面为直接故意，并且具有骗取出口退税的目的。出口企业工作人员出现失误，或者产品出口以后由于质量等原因又被退回，造成税务机关多退税款的，因没有骗税的犯罪故意，故不能以骗取出口退税罪追究其刑事责任，而只能由税务机关责令出口企业限期退回其多退的税款，属于出口企业失误的，还可按日加收滞纳金。出口企业骗取出口退税一般是为了完成国家规定的继续享有进出口经营权所必须达到的创汇任务，并从中赚取一定比例的代理出口手续费。但是动机并不影响本罪的成立。

根据《刑法》第204条的规定，以假报出口或者其他欺骗手段，骗取国家出口退税款，数额较大的，处五年以下有期徒刑或者拘役，并处骗取税款一倍以上五倍以下罚金；数额巨大或者有其他严重情节的，处五年以上十年以下有期徒刑，并处骗取税款一倍以上五倍以下罚金；数额特别巨大或者有其他特别严重情节的，处十年以上有期徒刑或者无期徒刑，并处骗取税款一倍以上五倍以下罚金或者没收财产。

纳税人缴纳税款后，采取前款规定的欺骗方法，骗取所缴纳的税款的，依照本法第二百零一条的规定定罪处罚；骗取税款超过所缴纳的税款部分，依照前款的规定处罚。

【疑难指导】

一、如何理解《刑法》第204条规定的“其他欺骗手段”

《刑法》第204条规定骗取出口退税罪的方式为“假报出口或者其他欺骗手段”，那么何谓“其他欺骗手段”？有观点认为，“其他欺骗手段”，是指“虚报出口”。[①] 也有观点认为，其他欺骗手段，是指在骗取出口退税犯罪的其他各环节利用各种虚假凭证虚构商品出口事实的行为。[②] 还有观点认为，其他欺骗手段，是指除了“假报出口”以外的所有为了骗取国家出口退税款而采取的欺骗手段，包括虚报出口、骗取出口退税资格、重复申请退税、一货多用等。[③]《最高人民法院关于审理骗取出口退税刑事案件具体应用法律若干问题的解释》第2条列举的“其他欺骗手段”包括：（1）骗取出口货物退税资格的；（2）将未纳税或者免税货物作为已税货物出口的；（3）虽有货物出口，但虚构该出口货物的品名、数量、单价等要素，骗取未实际纳税部分出口退税款的；（4）以其他手段骗取出口退税款的，即实践中常见的“空箱出口”“低值高报”“伪报品名”等方式。

近年来，以“买单配票”的方式骗取出口退税的现象日益增多，且在出口货物数量、违法金额以及相关手法等方面，均呈现出规模化、专业化特征。与虚假出口行为不同，“买单配票”方式下出口货物是真实的，主要由外商（包括在外经商的中国人）直接从国内市场采购后，委托货运代理申报出口。出于降低成本的考虑，这些直接用于出口的货物，在国内采购未缴纳过增值税。违法犯罪分子正是看中这点，通过各种渠道掌握上述出口货物信息，用特定的企业抬头申报出口

---

① 莫开勤：《危害税收征管犯罪的定罪与量刑》，人民法院出版社2000年版，第137页。

② 张旭主编：《涉税犯罪的认定处理及案例分析》，中国人民大学出版社1999年版，第153页。

③ 参见周洪波、单民：《骗取出口退税罪若干问题探讨》，载《法学评论》2003年第6期。

(即所谓“买单”),再虚开相应内容的增值税专用发票(即所谓“配票”),使得本来无法退税的出口货物变成了高退税商品,从而骗取退税。[①] 由于“买单配票”有真实贸易存在,在出口申报环节“单单相符”“单货相符”,申报退税单证无论在形式方面还是内容方面均符合相关规定,再加上不法分子通常会采取虚假结汇,因此海关、税务、外汇管理部门很难发现,具有很强的隐蔽性。但无论手法如何变化,虚开发票等方式虚增进项税额、向海关虚假出口,是构成骗取出口退税的两个基本要素。办案时,应重点审查上述两个方面。

二、如何认定骗取出口退税罪的既遂

《最高人民法院关于审理骗取出口退税刑事案件具体应用法律若干问题的解释》第 7 条规定,实施骗取国家出口退税行为,没有实际取得出口退税款的,可以比照既遂犯从轻或者减轻处罚。该规定表明,应以实际取得出口退税款作为本罪既遂的认定依据。帮助提供单据的其他单位或个人作为骗取出口退税的共犯,其既遂、未遂的认定应以实行犯为准,这样既便于实务操作也与刑法的基本理论相符合。

三、骗税数额超过所缴数额且数额较大的如何处理

《刑法》第 204 条第 2 款规定:“纳税人缴纳税款后,采取前款规定的欺骗方法,骗取所缴纳的税款的,依照本法第二百零一条的规定定罪处罚;骗取税款超过所缴纳的税款部分,依照前款的规定处罚。”本款适用于纳税人先缴纳税款后又采取假报出口等欺骗手段骗回税款的情形,如果骗税数额等于纳税数额,在立法者看来相当于没有缴纳,应按逃税罪处理;如果骗税数额超过所缴数额且数额较大的,就纳税部分成立逃税罪,就超过部分成立骗取出口退税罪。但是刑罚上如何处理,立法并没有规定。对此,有以下几种观点:第一,此情形包含逃税行为与骗取出口退税行为,这两个独立的行为被两个相对独立的行为人予以合并实施,从而形成了一种较为特殊的数罪现象,应按逃税罪与骗取出口退税罪并罚。[②] 第

---

① 参见卢斌、王菲等:《“买单配票”骗取退税违法行为剖析》,载《中国海关》2020 年第 11 期。

② 参见陈建清:《论骗取出口退税行为的刑法适用及处罚》,载《暨南学报(哲学社会科学版)》2016 年第 11 期。

二，应区分情况处理，行为人数次骗取出口退税，累计数额超过其缴纳税额的，可以以逃税罪与骗取出口退税罪数罪并罚；行为人一次骗取出口退税，数额超过其缴纳税额的，以骗取出口退税罪处罚。[①] 第三，属于想象竞合犯，应择一重罪处断。[②]

从实际发生的案件看，这种情况的骗税人骗取退税的数额一般都会超过其所缴纳的数额，亦即行为人实施的一次骗税行为同时触犯逃税罪和骗取出口退税罪。但处罚时不应数罪并罚，否则违反禁止重复评价原则。笔者认为，应按照想象竞合理论处理该类案件。骗税人在骗税过程中实施的一个行为，由于立法的规定，同时符合不同的罪名，应从一重罪即骗取出口退税罪处断。

四、骗取出口退税罪的罪数问题

骗取出口退税是链条型的犯罪，骗税人在实施骗税过程中可能涉及虚开增值税专用发票、用于骗取出口退税、抵扣税款发票罪；伪造增值税专用发票罪；非法购买增值税专用发票、购买伪造的增值税专用发票罪；伪造、变造、买卖国家机关公文、证件、印章罪；伪造公司、企业事业单位、人民团体印章罪；非法经营罪；行贿罪等。这些犯罪行为与骗取出口退税之间实际上是一种方法与目的的牵连关系，因此应从一重罪处罚，除非《刑法》另有规定，否则不适用数罪并罚。

【办案依据】

一、《刑法》规定

第二百零四条 以假报出口或者其他欺骗手段，骗取国家出口退税款，数额较大的，处五年以下有期徒刑或者拘役，并处骗取税款一倍以上五倍以下罚金；数额巨大或者有其他严重情节的，处五年以上十年以下有期徒刑，并处骗取税款一倍以上五倍以下罚金；数额特别巨大或者有其他特别严重情节的，处十年以上有期徒刑或者无期徒刑，并处骗取税款一倍以上五倍以下罚金或者没收财产。

---

① 马克昌主编：《经济犯罪新论》，武汉大学出版社1998年版，第445页。

② 参见高铭暄、马克昌主编：《刑法学》，北京大学出版社、高等教育出版社2000年版，第444页。

纳税人缴纳税款后，采取前款规定的欺骗方法，骗取所缴纳的税款的，依照本法第二百零一条的规定定罪处罚；骗取税款超过所缴纳的税款部分，依照前款的规定处罚。

二、司法解释

《最高人民法院关于审理骗取出口退税刑事案件具体应用法律若干问题的解释》（2002年9月23日，法释〔2002〕30号）

第一条　刑法第二百零四条规定的“假报出口”，是指以虚构已税货物出口事实为目的，具有下列情形之一的行为：

（一）伪造或者签订虚假的买卖合同；

（二）以伪造、变造或者其他非法手段取得出口货物报关单、出口收汇核销单、出口货物专用缴款书等有关出口退税单据、凭证；

（三）虚开、伪造、非法购买增值税专用发票或者其他可以用于出口退税的发票；

（四）其他虚构已税货物出口事实的行为。

第二条　具有下列情形之一的，应当认定为刑法第二百零四条规定的“其他欺骗手段”：

（一）骗取出口货物退税资格的；

（二）将未纳税或者免税货物作为已税货物出口的；

（三）虽有货物出口，但虚构该出口货物的品名、数量、单价等要素，骗取未实际纳税部分出口退税款的；

（四）以其他手段骗取出口退税款的。

第三条　骗取国家出口退税款5万元以上的，为刑法第二百零四条规定的“数额较大”；骗取国家出口退税款50万元以上的，为刑法第二百零四条规定的“数额巨大”；骗取国家出口退税款250万元以上的，为刑法第二百零四条规定的“数额特别巨大”。

第四条　具有下列情形之一的，属于刑法第二百零四条规定的“其他严重情节”：

（一）造成国家税款损失30万元以上并且在第一审判决宣告前无法追回的；

（二）因骗取国家出口退税行为受过行政处罚，两年内又骗取国家出口退税款数额在30万元以上的；

（三）情节严重的其他情形。

第五条 具有下列情形之一的，属于刑法第二百零四条规定的“其他特别严重情节”：

（一）造成国家税款损失150万元以上并且在第一审判决宣告前无法追回的；

（二）因骗取国家出口退税行为受过行政处罚，两年内又骗取国家出口退税款数额在150万元以上的；

（三）情节特别严重的其他情形。

第六条 有进出口经营权的公司、企业，明知他人意欲骗取国家出口退税款，仍违反国家有关进出口经营的规定，允许他人自带客户、自带货源、自带汇票并自行报关，骗取国家出口退税款的，依照刑法第二百零四条第一款、第二百一十一条的规定定罪处罚。

第七条 实施骗取国家出口退税行为，没有实际取得出口退税款的，可以比照既遂犯从轻或者减轻处罚。

第八条 国家工作人员参与实施骗取出口退税犯罪活动的，依照刑法第二百零四条第一款的规定从重处罚。

第九条 实施骗取出口退税犯罪，同时构成虚开增值税专用发票罪等其他犯罪的，依照刑法处罚较重的规定定罪处罚。

三、其他法规

《税收征收管理法》（2015年4月24日）

第五十二条 因税务机关的责任，致使纳税人、扣缴义务人未缴或者少缴税款的，税务机关在三年内可以要求纳税人、扣缴义务人补缴税款，但是不得加收滞纳金。

因纳税人、扣缴义务人计算错误等失误，未缴或者少缴税款的，税务机关在三年内可以追征税款、滞纳金；有特殊情况的，追征期可以延长到五年。

对偷税、抗税、骗税的，税务机关追征其未缴或者少缴的税款、滞纳金或者所骗取的税款，不受前款规定期限的限制。

第六十六条 以假报出口或者其他欺骗手段，骗取国家出口退税款的，由税务机关追缴其骗取的退税款，并处骗取税款一倍以上五倍以下的罚款；构成犯罪的，依法追究刑事责任。

对骗取国家出口退税款的，税务机关可以在规定期间内停止为其办理出口退税。

第七十七条 纳税人、扣缴义务人有本法第六十三条、第六十五条、第六十六条、第六十七条、第七十一条规定的行为涉嫌犯罪的，税务机关应当依法移交司法机关追究刑事责任。

税务人员徇私舞弊，对依法应当移交司法机关追究刑事责任的不移交，情节严重的，依法追究刑事责任。

第五章　虚开增值税专用发票、用于骗取出口退税、抵扣税款发票罪

【立案追诉标准】

> 虚开增值税专用发票、用于骗取出口退税、抵扣税款发票案（《刑法》第205条）
>
> 虚开增值税专用发票或者虚开用于骗取出口退税、抵扣税款的其他发票，虚开的税款数额在十万元以上或者造成国家税款损失数额在五万元以上的，应予立案追诉。
>
> 《最高人民检察院、公安部关于公安机关管辖的刑事案件立案追诉标准的规定（二）》（2022年4月29日）第56条

【犯罪构成及刑事责任】

虚开增值税专用发票、用于骗取出口退税、抵扣税款发票罪，是指违反国家税收征管和发票管理规定，为他人虚开、为自己虚开、让他人为自己虚开、介绍他人虚开增值税专用发票或者用于骗取出口退税、抵扣税款的其他发票的行为。构成本罪需要具备以下四个要件：

1. 客体要件

本罪侵犯的客体是国家对增值税专用发票和可用于出口退税、抵扣税款的其他发票的监督管理制度。这是本罪区别于其他破坏社会主义经济秩序罪的本质特征。

2. 客观要件

本罪在客观方面表现为没有货物购销或者没有提供或接受应税劳务而为他人、为自己、让他人为自己、介绍他人开具增值税专用发票或用于出口退税、抵扣税款的其他发票；或者即使有货物购销或提供或接受了应税劳务，但为他人、为自己、让他人为自己、介绍他人开具数量或者金额不实的增值税专用发票；或用于骗取出口退税、抵扣税款的其他发票或者进行了实际经营活动，但让他人为自己代开增值税专用发票或用于骗取出口退税、抵扣税款的其他发票的行为。具有下列行为之一的，即属本罪的虚开：（1）没有货物购销或者没有提供或接受应税劳务而为他人、为自己、让他人为自己、介绍他人开具；（2）有货物购销或者提供或接受了应税劳务但为他人、为自己、让他人为自己、介绍他人开具数量或者金额不实；（3）进行实际经营活动，但他人为自己代开其余的对不能反映纳税情况的有关内容作虚假填写。如只是虚设开票人或不按规定时限提前或滞后开具日期等，虽属违法不实开具，但不是本罪意义上的虚开，对此不能以本罪论处。

虚开增值税专用发票或用于骗取出口退税、抵扣税款的其他发票的具体行为方式有以下四种：

（1）为他人虚开增值税专用发票或用于骗取出口退税、抵扣税款的其他发票，是指合法拥有增值税专用发票或用于骗取出口退税、抵扣税款的其他发票的单位或者个人，明知他人没有货物购销或者没有提供或接受应税劳务而为其开具增值税专用发票或用于骗取出口退税、抵扣税款的其他发票，或者虽有货物购销或者提供或接受了应税劳务但为其开具数量或者金额不实的增值税专用发票或用于骗取出口退税、抵扣税款的其他发票的行为。

（2）为自己虚开增值税专用发票或用于骗取出口退税、抵扣税款的其他发票，是指合法拥有增值税专用发票或用于骗取出口退税、抵扣税款的其他发票的单位或个人，在明知自己没有货物购销或者没有提供或接受应税劳务的情况下仍为自己开具增值税专用发票或用于骗取出口退税、抵扣税款的其他发票，或者虽有货物购销或者提供或接受了应税劳务但为自己开具数量或者金额不实的增值税专用发票或用于骗取出口退税、抵扣税款的其他发票的行为。

（3）让他人为自己虚开增值税专用发票或用于骗取出口退税、抵扣税款的其他发票，是指没有货物购销或者没有提供或接受应税劳务的单位或者个人要求合法拥有增值税专用发票或用于骗取出口退税、抵扣税款的其他发票的单位或者个人为其开具增值税专用发票或用于骗取出口退税、抵扣税款的其他发票，或者虽有货物购销或者提供或接受了应税劳务但要求他人开具数量或者金额不实的增值税专用发票或用于骗取出口退税、抵扣税款的其他发票，或者进行了实际经营活动，但让他人为自己代开增值税专用发票或用于骗取出口退税、抵扣税款的其他发票的行为。

（4）介绍他人虚开增值税专用发票或用于骗取出口退税、抵扣税款的其他发票，是指在合法拥有增值税专用发票或用于骗取出口退税、抵扣税款的其他发票的单位或者个人与要求虚开增值税专用发票或用于骗取出口退税、抵扣税款的其他发票的单位或者个人之间沟通联系、牵线搭桥的行为。

虚开增值税专用发票或用于出口退税、抵扣税款的其他发票需达到一定情节才能构成犯罪，否则依我国《刑法》第 13 条之规定，不认为是犯罪。

3. 主体要件

本罪的主体均为一般主体，即达到刑事责任年龄且具有刑事责任能力的自然人均可构成。另外，依我国《刑法》第 205 条第 2 款之规定，单位也可成为本罪主体，单位构成本罪的，对单位实行双罚制，对单位判处罚金，并对其直接负责的主管人员和其他直接责任人员追究刑事责任。

4. 主观要件

本罪在主观方面必须是故意，而且一般具有牟利的目的。实践中，为他人虚开增值税专用发票或可用于出口退税、抵扣税款的其他发票的单位和个人一般都以收取高额的手续费为目的，为自己虚开、让他人为自己虚开的单位和个人一般都是以骗取出口退税、抵扣税款为目的，介绍他人虚开的单位和个人一般都是以收取高额的中介费、信息费为目的。但“以营利为目的”并不是本罪主观上的必要条件。

根据《刑法》第 205 条第 1 款与《最高人民法院关于虚开增值税专用发票定罪量刑标准有关问题的通知》的规定，犯虚开增值税专用发票罪，虚开的税款数额在 5 万元以上的，处 3 年以下有期徒刑或者拘役，并处 2 万元以上 20 万元以下罚金；虚开的税款数额在50万元以上的，认定为《刑法》第205条规定的“数额较大”，数额较大或者有其他严重情节的，处3年以上10年以下有期徒刑，并处5万元以上50万元以下罚金；虚开的税款数额在250万元以上的，认定为《刑法》第205条规定的“数额巨大”，数额巨大或者有其他特别严重情节的，处10年以上有期徒刑或者无期徒刑并处5万元以上50万元以下罚金或者没收财产。

依照《刑法》第205条第2款的规定，单位犯本罪的，对单位判处罚金，并对其直接负责的主管人员和其他直接责任人员，处3年以下有期徒刑或者拘役；虚开的税款数额较大或者有其他严重情节的，处3年以上10年以下有期徒刑；虚开的税款数额巨大或者有其他特别严重情节的，处10年以上有期徒刑或者无期徒刑。

【疑难指导】

一、虚开增值税专用发票罪是否需要具备骗取税款的目的

《刑法》第205条没有主观目的的规定，但学理和实务上对是否具备特定目的存在分歧。一种观点认为，虚开行为需要具备骗取税款的主观目的，否则不能以该罪论处。[①] 另一种观点则认为，《刑法》未规定，不需要特定目的。[②] 对此，应从本罪的立法沿革进行考察，我国《刑法》规定的虚开增值税专用发票罪，是我国税制改革、实行增值税专用发票抵扣税款制度之后出现的新型经济犯罪。与普通发票相比，增值税专用发票不仅具有记载经营活动的功能，更具有凭票依法抵扣税款的功能。正因为增值税专用发票可以抵扣税款，一些不法分子利欲熏心，开始虚开增值税专用发票，套取国家税款。有的虚开数额高达亿元甚至数十亿元，给国家财政收入造成巨大损失，社会危害巨大。由此，1995年10月30日全国人大常委会通过了《关于惩治虚开、伪造和非法出售增值税专用发票犯罪的决定》，首次将这种行为规定为犯罪，并设置了最高可判处死刑的法定刑。在特定的时代

---

① 唐久英：《给予、收取开票费可构成非法购买、出售增值税专用发票罪》，载《人民司法》2019年第26期。

② 文永：《“如实代开”增值税专用发票定罪问题研究》，载《淮北职业技术学院学报》2020年第5期。

环境下，虚开增值税专用发票行为均是以骗取国家税款为目的的。但随着增值税发票制度的推行，实践中出现了不以骗取税款为目的，客观上也不可能造成国家税款实际损失，但又不具有与增值税专用发票所记载的内容相符的真实交易的"虚开"行为，如以虚增业绩为目的的对开、环开行为。这种行为虽然客观上也违反了增值税专用发票的管理制度，但与以骗取国家税款为目的虚开增值税专用发票行为相比，社会危害性显然不同。[①] 从罪责刑相适应的角度考虑，应将"虚开"界定为骗取国家税款的实质意义上的虚开。

二、对开、环开的司法认定

对开是指双方没有货物交易，互相开票。环开是多家公司循环开票，开票公司之间形成闭环。对开、环开往往是为了虚增业绩，进而骗取银行贷款或者申请上市等。对开、环开分为同等金额的对开、环开和不同金额的对开、环开。前者价格相同，税款一致，双方增值税的进项税额和销项税额刚好可以抵销。后者则存在金额差。同等金额的对开，由于对开双方公司都在已经缴纳进项税的情况下开具增值税专用发票，双方以此发票进行抵扣，国家税款没有实际损失，不宜以虚开增值税专用发票罪论处。不同金额的对开，就其差额而言，存在骗取国家税款的性质，可能构成虚开增值税专用发票罪。

实践中有争议的是一方享受税收优惠政策同等金额对开的处理。例如，地方政府为了招商引资，对缴纳一定数额增值税的公司、企业，按照一定比例给予财政扶持。在这种情况下，双方公司对开增值税专用发票，虽然虚开税额同等，但其中一方在没有实际货物交易的情况下开具增值税专用发票并进行抵扣，从而享受了税收优惠政策，致使国家税收遭受损失。对此，有观点认为，这种行为是骗取地方政府的税收扶持资金，符合诈骗罪的构成要件。[②] 笔者认为，此种情形下，虽然开具的增值税专用发票表面金额相同，但由于存在税收优惠，实质上是不同金额的对开，如果行为人主观上具有骗取税款目的，客观上造成国家税款的流失，

---

① 姚龙兵：《如何解读虚开增值税专用发票罪的"虚开"》，载《人民法院报》2016 年 11 月 16 日。

② 参见陈兴良：《虚开增值税专用发票罪的不法性质与司法认定》，载《法律科学》2021 年第 4 期。

可以认定虚开增值税专用发票罪。

三、代开的司法认定

代开包括无货代开和有货代开，在无货代开的情形下，根本不存在货物交易或者提供服务与接受服务的关系。因此，无货代开属于虚开没有争议。但有货代开则不同，有货代开的受票人与开票人之间虽然不存在货物交易或者提供服务与接受服务的关系，但是受票人与其他人之间存在货物交易或者提供服务与接受服务的关系，只是由于某种原因具有货物交易或者提供服务与接受服务关系的公司，不能开具增值税专用发票。对于无货代开是否属于虚开，值得讨论。

《最高人民法院关于适用〈全国人民代表大会常务委员会关于惩治虚开、伪造和非法出售增值税专用发票犯罪的决定〉的若干问题的解释》第1条规定，虚开增值税专用发票可以分为三种情形：第一，无货开票，即没有货物购销或者没有提供或接受应税劳务而开具增值税专用发票。第二，不实开票，即有货物购销或者提供或接受了应税劳务但开具数量或者金额不实的增值税专用发票。第三，有货开票，即有实际经营活动，但让没有货物购销或者没有提供或接受应税劳务的第三方代为开具增值税专用发票。按照该解释，有货代开属于虚开。但笔者认为，应当根据现行《刑法》第205条关于虚开增值税专用发票罪的规定，合理选择该解释中可以继续参照适用的条文。其中，该解释中关于“进行了实际经营活动，但让他人为自己代开增值税专用发票”也属于虚开的规定，与虚开增值税专用发票罪的规定不符，不应继续适用；如继续适用该解释的上述规定，则对于挂靠代开案件也要以犯罪论处，显然有失妥当。因此，对于有货代开的不应认定为虚开。

四、变票的司法认定

变票往往发生在偷逃消费税的案件中，实践中比较常见的是，成品油生产企业为逃避消费税，通过各种开票公司，在没有实际货物买卖的情况下，将化工产品等消费税非应税产品变更为成品油等消费税应税产品，向成品油生产企业开具增值税专用发票的行为。由于按照消费税缴纳，税额高，而按照增值税缴纳，税额低，这样，成品油生产企业就偷逃了消费税和增值税之间的差额税款，这部分税款属于消费税。那么，开票公司是否构成虚开增值税专用发票罪就存在疑问。表面上看，开票公司确实将化工产品变更为成品油，最后向成品油生产企业开具成品油增值税发票，是一种虚开行为。但实际上，开票公司却不存在以抵扣税款方式骗取国家税款的目的，因此不应该认定为虚开增值税专用发票罪，而是逃税罪的共犯。

五、虚开增值税专用发票、用于骗取出口退税、抵扣税款发票后骗取国家税款的定性

由于本罪需要具有骗取税款的目的，那么，行为人在虚开增值税专用发票、用于骗取出口退税、抵扣税款发票后，又利用该虚开发票减免应纳税款以逃避纳税款的，或者直接骗取国家出口退税的该如何处理，值得研究。事实上，这是一种牵连关系，应当按照牵连犯的一般理论，从一重罪处罚。实践中，对于以虚开增值税专用发票、用于骗取出口退税、抵扣税款发票为业务并售卖的，一般不认定虚开增值税专用发票、用于骗取出口退税、抵扣税款发票罪；对于以逃税目的虚开增值税专用发票的，由于不具备骗取税款的目的，可考虑按照逃税罪处理。

六、虚开增值税专用发票罪的定罪量刑标准

增值税专用发票数额分为三类：货物或应税劳务、服务金额，税额，价税合计额。《最高人民检察院、公安部关于公安机关管辖的刑事案件立案追诉标准的规定（二）》第56条规定，虚开增值税专用发票或者虚开用于骗取出口退税、抵扣税款的其他发票，虚开的税款数额在十万元以上或者造成国家税款损失数额在五万元以上的，应予立案追诉。因此，虚开增值税专用发票、用于骗取出口退税、抵扣税款发票罪的定罪量刑依据是税额，即增值税专用发票、用于骗取出口退税、抵扣税款发票造成的国家税收的损失，也就是抵扣的税款额，而不是货额或者价税合计额。

【办案依据】

一、《刑法》规定

第二百零五条 虚开增值税专用发票或者虚开用于骗取出口退税、抵扣税款的其他发票的，处三年以下有期徒刑或者拘役，并处二万元以上二十万元以下罚金；虚开的税款数额较大或者有其他严重情节的，处三年以上十年以下有期徒刑，并处五万元以上五十万元以下罚金；虚开的税款数额巨大或者有其他特别严重情节的，处十年以上有期徒刑或者无期徒刑，并处五万元以上五十万元以下罚金或者没收财产。

单位犯本条规定之罪的，对单位判处罚金，并对其直接负责的主管人员和其他直接责任人员，处三年以下有期徒刑或者拘役；虚开的税款数额较大或者有其他严重情节的，处三年以上十年以下有期徒刑；虚开的税款数额巨大或者有其他特别严重情节的，处十年以上有期徒刑或者无期徒刑。

虚开增值税专用发票或者虚开用于骗取出口退税、抵扣税款的其他发票，是指有为他人虚开、为自己虚开、让他人为自己虚开、介绍他人虚开行为之一的。

二、立法解释

《全国人民代表大会常务委员会关于〈中华人民共和国刑法〉有关出口退税、抵扣税款的其他发票规定的解释》（2005年12月29日）

全国人民代表大会常务委员会根据司法实践中遇到的情况，讨论了刑法规定的“出口退税、抵扣税款的其他发票”的含义问题，解释如下：

刑法规定的“出口退税、抵扣税款的其他发票”，是指除增值税专用发票以外的，具有出口退税、抵扣税款功能的收付款凭证或者完税凭证。

现予公告。

三、司法文件

（一）《最高人民法院关于虚开增值税专用发票定罪量刑标准有关问题的通知》（2018年8月22日）

为正确适用刑法第二百零五条关于虚开增值税专用发票罪的有关规定，确保罪责刑相适应，现就有关问题通知如下：

一、自本通知下发之日起，人民法院在审判工作中不再参照执行《最高人民法院关于适用〈全国人民代表大会常务委员会关于惩治虚开、伪造和非法出售增值税专用发票犯罪的决定〉的若干问题的解释》（法发〔1996〕30号）第一条规定的虚开增值税专用发票罪的定罪量刑标准。

二、在新的司法解释颁行前，对虚开增值税专用发票刑事案件定罪量刑的数额标准，可以参照《最高人民法院关于审理骗取出口退税刑事案件具体应用法律若干问题的解释》（法释〔2002〕30号）第三条的规定执行，即虚开的税款数额在五万元以上的，以虚开增值税专用发票罪处三年以下有期徒刑或者拘役，并处二万元以上二十万元以下罚金：虚开的税款数额在五十万元以上的，认定为刑法第二百零五条规定的“数额较大”；虚开的税款数额在二百五十万元以上的，认定为刑法第二百零五条规定的“数额巨大”。

（二）《最高人民法院关于适用〈全国人民代表大会常务委员会关于惩治虚开、伪造和非法出售增值税专用发票犯罪的决定〉的若干问题的解释》（1996年10月17日）①

一、根据《决定》第一条规定，虚开增值税专用发票的，构成虚开增值税专用发票罪。

具有下列行为之一的，属于“虚开增值税专用发票”：（1）没有货物购销或者没有提供或接受应税劳务而为他人、为自己、让他人为自己、介绍他人开具增值税专用发票；（2）有货物购销或者提供或接受了应税劳务但为他人、为自己、让他人为自己、介绍他人开具数量或者金额不实的增值税专用发票；（3）进行了实际经营活动，但让他人为自己代开增值税专用发票。

虚开税款数额1万元以上的或者虚开增值税专用发票致使国家税款被骗取5000元以上的，应当依法定罪处罚。

虚开税款数额10万元以上的，属于“虚开的税款数额较大”；具有下列情形之一的，属于“有其他严重情节”：（1）因虚开增值税专用发票致使国家税款被骗取5万元以上的；（2）具有其他严重情节的。

虚开税款数额50万元以上的，属于“虚开的税款数额巨大”；具有下列情形之一的，属于“有其他特别严重情节”：（1）因虚开增值税专用发票致使国家税款被骗取30万元以上的；（2）虚开的税款数额接近巨大并有其他严重情节的；（3）具有其他特别严重情节的。

利用虚开的增值税专用发票实际抵扣税款或者骗取出口退税100万元以上的，

---

① 需要说明的是，《最高人民法院关于虚开增值税专用发票定罪量刑标准有关问题的通知》仅指出，对该司法解释第1条规定的定罪量刑标准不再适用，但是对于其他条款的效力并没有进行否定。

属于“骗取国家税款数额特别巨大”；造成国家税款损失50万元以上并且在侦查终结前仍无法追回的，属于“给国家利益造成特别重大损失”。利用虚开的增值税专用发票骗取国家税款数额特别巨大、给国家利益造成特别重大损失，为“情节特别严重”的基本内容。

虚开增值税专用发票犯罪分子与骗取税款犯罪分子均应当对虚开的税款数额和实际骗取的国家税款数额承担刑事责任。

利用虚开的增值税专用发票抵扣税款或者骗取出口退税的，应当依照《决定》第一条的规定定罪处罚；以其他手段骗取国家税款的，仍应依照《全国人民代表大会常务委员会关于惩治偷税、抗税犯罪的补充规定》的有关规定定罪处罚。

二、根据《决定》第二条规定，伪造或者出售伪造的增值税专用发票的，构成伪造、出售伪造的增值税专用发票罪。

伪造或者出售伪造的增值税专用发票25份以上或者票面额（百元版以每份100元，千元版以每份1000元，万元版以每份1万元计算，以此类推。下同）累计10万元以上的应当依法定罪处罚。

伪造或者出售伪造的增值税专用发票100份以上或者票面额累计50万元以上的，属于“数量较大”；具有下列情形之一的，属于“有其他严重情节”：（1）违法所得数额在1万元以上的；（2）伪造并出售伪造的增值税专用发票60份以上或者票面额累计30万元以上的；（3）造成严重后果或者具有其他严重情节的。

伪造或者出售伪造的增值税专用发票500份以上或者票面额累计250万元以上的，属于“数量巨大”；具有下列情形之一的，属于“有其他特别严重情节”：（1）违法所得数额在5万元以上的；（2）伪造并出售伪造的增值税专用发票300份以上或者票面额累计200万元以上的；（3）伪造或者出售伪造的增值税专用发票接近“数量巨大”并有其他严重情节的；（4）造成特别严重后果或者具有其他特别严重情节的。

伪造并出售伪造的增值税专用发票1000份以上或者票面额累计1000万元以上的，属于“伪造并出售伪造的增值税专用发票数量特别巨大”；具有下列情形之一的，属于“情节特别严重”：（1）违法所得数额在5万元以上的；（2）因伪造、出售伪造的增值税专用发票致使国家税款被骗取100万元以上的；（3）给国家税款造成实际损失50万元以上的；（4）具有其他特别严重情节的。对于伪造并出售伪造的增值税专用发票数量达到特别巨大，又具有特别严重情节，严重破坏经济秩序的，应当依照《决定》第二条第二款的规定处罚。

伪造并出售同一宗增值税专用发票的，数量或者票面额不重复计算。

变造增值税专用发票的，按照伪造增值税专用发票行为处理。

三、根据《决定》第三条规定，非法出售增值税专用发票的，构成非法出售增值税专用发票罪。

非法出售增值税专用发票案件的定罪量刑数量标准按照本解释第二条第二、三、四款的规定执行。

四、根据《决定》第四条规定，非法购买增值税专用发票或者购买伪造的增值税专用发票的，构成非法购买增值税专用发票、伪造的增值税专用发票罪。

非法购买增值税专用发票或者购买伪造的增值税专用发票25份以上或者票面额累计10万元以上的，应当依法定罪处罚。

非法购买真、伪两种增值税专用发票的，数量累计计算，不实行数罪并罚。

五、根据《决定》第五条规定，虚开用于骗取出口退税、抵扣税款的其他发票的，构成虚开专用发票罪，依照《决定》第一条的规定处罚。

“用于骗取出口退税、抵扣税款的其他发票”是指可以用于申请出口退税、抵扣税款的非增值税专用发票，如运输发票、废旧物品收购发票、农业产品收购发票等。

六、根据《决定》第六条规定，伪造、擅自制造或者出售伪造、擅自制造的可以用于骗取出口退税、抵扣税款的其他发票的，构成非法制造专用发票罪或出售非法制造的专用发票罪。

伪造、擅自制造或者出售伪造、擅自制造的可以用于骗取出口退税、抵扣税款的其他发票50份以上的，应当依法定罪处罚；伪造、擅自制造或者出售伪造、擅自制造的可以用于骗取出口退税、抵扣税款的其他发票200份以上的，属于“数量巨大”；伪造、擅自制造或者出售伪造、擅自制造的可以用于骗取出口退税、抵扣税款的其他发票1000份以上的，属于“数量特别巨大”。

七、盗窃增值税专用发票或者可以用于骗取出口退税、抵扣税款的其他发票

25份以上，或者其他发票50份以上的；诈骗增值税专用发票或者可以用于骗取出口退税、抵扣税款的其他发票50份以上，或者其他发票100份以上的，依照刑法第一百五十一条的规定处罚。

盗窃增值税专用发票或者可以用于骗取出口退税、抵扣税款的其他发票250份以上，或者其他发票500份以上的；诈骗增值税专用发票或者可以用于骗取出口退税、抵扣税款的其他发票500份以上，或者其他发票1000份以上的，依照刑法第一百五十二条的规定处罚。

盗窃增值税专用发票或者其他发票情节特别严重的，依照《全国人民代表大会常务委员会关于严惩严重破坏经济的罪犯的决定》第一条第（一）项的规定处罚。

盗窃、诈骗增值税专用发票或者其他发票后，又实施《决定》规定的虚开、出售等犯罪的，按照其中的重罪定罪处罚，不实行数罪并罚。

四、其他法规

（一）《发票管理办法》（2019年3月2日）

第三条 本办法所称发票，是指在购销商品、提供或者接受服务以及从事其他经营活动中，开具、收取的收付款凭证。

第七条 增值税专用发票由国务院税务主管部门确定的企业印制；其他发票，按照国务院税务主管部门的规定，由省、自治区、直辖市税务机关确定的企业印制。禁止私自印制、伪造、变造发票。

第八条 印制发票的企业应当具备下列条件：

（一）取得印刷经营许可证和营业执照；

（二）设备、技术水平能够满足印制发票的需要；

（三）有健全的财务制度和严格的质量监督、安全管理、保密制度。

税务机关应当以招标方式确定印制发票的企业，并发给发票准印证。

第九条 印制发票应当使用国务院税务主管部门确定的全国统一的发票防伪专用品。禁止非法制造发票防伪专用品。

第十条 发票应当套印全国统一发票监制章。全国统一发票监制章的式样和发票版面印刷的要求，由国务院税务主管部门规定。发票监制章由省、自治区、直辖市税务机关制作。禁止伪造发票监制章。

发票实行不定期换版制度。

第十一条 印制发票的企业按照税务机关的统一规定，建立发票印制管理制度和保管措施。

发票监制章和发票防伪专用品的使用和管理实行专人负责制度。

第十二条 印制发票的企业必须按照税务机关批准的式样和数量印制发票。

第十三条 发票应当使用中文印制。民族自治地方的发票，可以加印当地一种通用的民族文字。有实际需要的，也可以同时使用中外两种文字印制。

第十四条 各省、自治区、直辖市内的单位和个人使用的发票，除增值税专用发票外，应当在本省、自治区、直辖市内印制；确有必要到外省、自治区、直辖市印制的，应当由省、自治区、直辖市税务机关商印制地省、自治区、直辖市税务机关同意，由印制地省、自治区、直辖市税务机关确定的企业印制。

禁止在境外印制发票。

第十九条 销售商品、提供服务以及从事其他经营活动的单位和个人，对外发生经营业务收取款项，收款方应当向付款方开具发票；特殊情况下，由付款方向收款方开具发票。

第二十二条 开具发票应当按照规定的时限、顺序、栏目，全部联次一次性如实开具，并加盖发票专用章。

任何单位和个人不得有下列虚开发票行为：

（一）为他人、为自己开具与实际经营业务情况不符的发票；

（二）让他人为自己开具与实际经营业务情况不符的发票；

（三）介绍他人开具与实际经营业务情况不符的发票。

第二十四条 任何单位和个人应当按照发票管理规定使用发票，不得有下列行为：

（一）转借、转让、介绍他人转让发票、发票监制章和发票防伪专用品；

（二）知道或者应当知道是私自印制、伪造、变造、非法取得或者废止的发票而受让、开具、存放、携带、邮寄、运输；

（三）拆本使用发票；

（四）扩大发票使用范围；

（五）以其他凭证代替发票使用。

税务机关应当提供查询发票真伪的便捷渠道。

（二）《税收征收管理法》（2015 年 4 月 24 日）

第二十一条　税务机关是发票的主管机关，负责发票印制、领购、开具、取得、保管、缴销的管理和监督。

单位、个人在购销商品、提供或者接受经营服务以及从事其他经营活动中，应当按照规定开具、使用、取得发票。

发票的管理办法由国务院规定。

第二十二条　增值税专用发票由国务院税务主管部门指定的企业印制；其他发票，按照国务院税务主管部门的规定，分别由省、自治区、直辖市国家税务局、地方税务局指定企业印制。

未经前款规定的税务机关指定，不得印制发票。

第六章 虚开发票罪

【立案追诉标准】

虚开发票案（《刑法》第205条之一）

虚开刑法第二百零五条规定以外的其他发票，涉嫌下列情形之一的，应予立案追诉：

（一）虚开发票金额累计在五十万元以上的；

（二）虚开发票一百份以上且票面金额在三十万元以上的；

（三）五年内因虚开发票受过刑事处罚或者二次以上行政处罚，又虚开发票，数额达到第一、二项标准百分之六十以上的。

《最高人民检察院、公安部关于公安机关管辖的刑事案件立案追诉标准的规定（二）》（2022年4月29日）第57条

【犯罪构成及刑事责任】

虚开发票罪，是指以虚假的手段，开具普通发票的行为。本罪是2011年2月25日第十一届全国人大常委会第十九次会议通过的《刑法修正案（八）》第33条增设的罪名。构成本罪需要具备以下四个要件：

1. 客体要件

本罪侵犯的客体是国家对普通发票的管理制度。犯罪对象是普通发票。发票是指单位和个人在购销商品、提供劳务或接受劳务、服务以及从事其他经营活动，

开具、收取的收付凭证。发票是记录经营活动的一种原始证明，具有法律证明效力，是维护公民和法人合法权益的保障。发票也是加强财务会计管理，保护国家财产安全的重要手段。普通发票主要由营业税纳税人和增值税小规模纳税人使用，增值税一般纳税人在不能开具专用发票的情况下也可使用普通发票。普通发票由行业发票和专用发票组成。前者适用于某个行业和经营业务，如商业零售统一发票、商业批发统一发票、工业企业产品销售统一发票等；后者仅适用于某一经营项目，如广告费用结算发票、商品房销售发票等。

2. 客观要件

客观方面表现为虚开普通发票情节严重的行为。“虚开”普通发票，是指没有商品购销或者没有提供、接受劳务、服务而开具普通发票，或者虽有商品购销或者提供、接受了劳务、服务，但开具数量或金额不实的普通发票的行为。

3. 主体要件

犯罪主体为一般主体，既包括单位，也包括自然人。

4. 主观要件

主观方面由直接故意构成，即行为人故意虚开普通发票。一般来说，行为人主观上都具有营利的目的，但这并非法定要件。如果以其他目的虚开普通发票的，也构成本罪。

根据《刑法》第205条之一的规定，虚开本法第205条规定以外的其他发票，情节严重的，处二年以下有期徒刑、拘役或者管制，并处罚金；情节特别严重的，处二年以上七年以下有期徒刑，并处罚金。

单位犯前款罪的，对单位判处罚金，并对其直接负责的主管人员和其他直接责任人员，依照前款的规定处罚。

【疑难指导】

一、如何理解虚开发票罪的“虚开”

对此问题，实践中的争议是能否按照《刑法》第205条第3款理解虚开发票罪的“虚开”。《刑法》第205条第3款规定，虚开增值税专用发票或者虚开用于骗取出口退税、抵扣税款的其他发票，是指有为他人虚开、为自己虚开、让他人为自己虚开、介绍他人虚开行为之一的。那么，虚开发票罪的“虚开”能否也作同样理解？对此，有两种观点。一种观点认为，应作相同理解。理由是两罪都是涉发票类犯罪，用语相同，当然要进行同一解释。[①] 另一种观点认为，该款仅规定在虚开增值税专用发票或者用于骗取出口退税、抵扣税款罪中，因此不应适用于虚开发票罪。[②]

笔者认为，后一种观点是合理的。虚开增值税专用发票罪的四种虚开方式中，只有前两种（为他人虚开、为自己虚开）是实行行为，后两种方式（让他人为自己虚开、介绍他人虚开）实际上是虚开行为的共犯，让他人为自己虚开行为是教唆行为，介绍他人虚开行为则是帮助行为。为了严惩虚开增值税专用发票行为，《刑法》以立法的方式将虚开行为的教唆、帮助行为独立入罪，即共犯行为的正犯化。但这一不利于犯罪人的做法不应扩大到其他罪名中，因此虚开发票罪中的“虚开”应当是指为他人虚开、为自己虚开，让他人为自己虚开、介绍他人虚开的应作为虚开发票罪的共犯处理。这既是尊重《刑法》条文的表述、严格限定处罚范围的需要，也是贯彻罪刑法定原则的必然结果。

二、虚开发票罪中的发票是否包含“假发票”

《刑法》条文及相关司法解释未明确虚开发票罪中的发票是否限于真实的发票，导致实践中对此问题存在争议。一种观点认为，虚开发票罪中的发票只能是真发票。理由在于，虚开发票罪中的发票是《刑法》第 205 条规定之外的发票，不具有抵扣税款的作用，并且伪造的发票也无法实现抵扣目的和抵扣税款的结果，将虚开发票罪中的发票解释为包含伪造的发票没有实际意义。对虚开伪造的发票行为可以非法出售伪造的发票罪等罪论处。[③] 另一种观点认为，虚开发票罪中的发票可以包含伪造的假发票。[④] 理由主要是：虚开发票罪侵害的是双重法益，即国家发票管理秩序和国家税收征管制度。假发票在功能上与真发票相同，都可以作为

---

① 黄太云：《〈刑法修正案（八）〉解读（三）》，载《人民检察》2011 年第 8 期。

② 刘焱：《虚开发票罪若干问题探析》，载《长江大学学报（社会科学版）》2014 年第 9 期。

③ 赵拥军、孙万怀：《虚开发票罪的行为方式与对象相关问题探究》，载《河南师范大学学报（哲学社会科学版）》2021 年第 4 期。

④ 王作富：《刑法分则实务研究》，中国方正出版社 2013 年版，第 582 页。

收付款凭证，起到最基本的原始凭证功能，无论是真发票还是假发票，在客观上都可能造成国家税收损失，对税收安全造成威胁。从现实角度考虑，虚开假发票的行为比虚开真发票的危害性更严重，因此虚开伪造的发票也可以虚开发票罪论处。[①]

笔者认为，虽然虚假的发票在实质上不可能影响国家税收，但确实存在造成国家税收损失的风险，在法益侵害性上，与真发票没有区别。全国人大常委会法制工作委员会刑法室编的《中华人民共和国刑法修正案（八）条文说明、立法理由及相关规定》一书中明确，虚开发票罪中“第二百零五条规定以外的其他发票”，是指除增值税专用发票或者其他具有退税、抵扣税款功能的发票外的普通发票，既包括真的发票，也包括伪造、变造的普通发票。[②]

三、“假票真开”的认定

在司法实践中，关于虚开发票存在“真票假开”“假票假开”“假票真开”三种情形。“真票假开”是指发票本身是真实的，但所开具的内容不实，这是虚开发票罪最为典型的情形。“假票假开”是指发票本身及所开具的内容均虚假不实，如使用假发票捏造业务开支等虚假内容，报销不当开支的行为。此种情形也可能构成虚开发票罪。“假票真开”则是指发票本身是假的，但开具的内容是已发生业务的真实记录，此种情形是否认定虚开发票，存在较大争议。根据《发票管理办法》规定，任何单位和个人不得有为他人和为自己、让他人为自己以及介绍他人开具与实际经营业务情况不符的发票。从该条文来看，虚开发票的“虚开”必须是与实际经营业务不符的情况。“假票真开”开具的是真实的经营业务记录，因此不应属于“虚开”的范畴，“假票真开”不构成虚开发票罪，可以以逃税罪，非法制造、出售非法制造的发票罪以及持有伪造发票罪论处。

四、在空白发票上填写金额、业务内容后出售行为的认定

实践中，出售发票方可能会应购买方的要求填写发票金额、业务内容等，使

---

① 黄晓文：《虚开发票罪司法适用若干问题探析》，载《中国检察官》2013 年第 1 期。

② 全国人大常委会法制工作委员会刑法室编：《中华人民共和国刑法修正案（八）条文说明、立法理由及相关规定》，北京大学出版社 2011 年版，第 123 页。

得“出售”行为与“虚开”行为发生重合，那么，此种行为应该如何认定？理论上存在三种观点：第一，构成虚开发票罪与非法出售发票罪的想象竞合，应从一重罪处断。[①] 第二，构成虚开发票罪与非法出售发票罪的法条竞合，应从一重罪处断。[②] 第三，此种情况下，虚开发票是手段行为，出售发票是目的行为，构成虚开发票罪与非法出售发票罪的牵连，应以牵连犯从一重罪处罚。[③]

笔者认为，虽然从最终的处理结果上看，都是从一重罪处罚，但仍有必要从学理上厘清两罪的关系。从逻辑上看，非法出售发票罪实际包含两种行为方式，即直接将定额发票或者已经开具好金额的发票出售获利以及在空白的发票上填写好金额后出售获利。而后一种行为方式与虚开发票罪存在交叉竞合关系。因此，虚开发票罪与非法出售发票罪之间应是法条竞合关系。对于在空白发票上填写金额、业务内容后出售的，同时构成虚开发票罪和非法出售发票罪。根据《刑法》规定，两罪的自由刑相同，但前者的罚金刑均为并处，而后者则包含单处限度罚金刑。因此，虚开发票罪的法定刑应重于非法出售发票罪的法定刑，故应以虚开发票罪论处。

五、虚开发票罪与虚开增值税专用发票罪的界限

虚开发票罪与虚开增值税专用发票罪的主要区别在于犯罪对象和行为方式不同。虚开发票罪的对象是普通发票，虚开增值税专用发票罪的对象是增值税专用发票。根据《刑法》第 205 条第 3 款的规定，虚开增值税专用发票罪的行为方式包括为他人虚开、为自己虚开、让他人为自己虚开、介绍他人虚开四种，而虚开发票的行为方式包括为他人虚开和为自己虚开两种。

六、虚开发票罪与逃税罪的界限

虚开发票罪与逃税罪的主要区别在于行为表现不同。虚开发票罪是虚开增值

---

① 赵拥军、孙万怀：《虚开发票罪的行为方式与对象相关问题探究》，载《河南师范大学学报（哲学社会科学版）》2021 年第 4 期。

② 康瑛：《虚开增值税专用发票罪若干问题研究》，载《华北电力大学学报（社会科学版）》2005 年第 2 期；赵拥军、孙万怀：《虚开发票罪的行为方式与对象相关问题探究》，载《河南师范大学学报（哲学社会科学版）》2021 年第 4 期。

③ 刘焱：《虚开发票罪若干问题探析》，载《长江大学学报（社会科学版）》2014 年第 9 期。

税专用发票或者用于骗取出口退税、抵扣税款的其他发票，而逃税罪是纳税人、扣缴义务人采用欺骗手段进行虚假纳税申报、不申报或者不缴少缴已扣、已收税款。虚开发票罪不以造成国家税款损失为要件，没有造成税款损失的虚开行为同样可以按虚开发票罪定罪处罚。如果行为人利用虚开发票的手段进行逃税，同时符合虚开发票罪与逃税罪的，构成牵连犯，应从一重罪处罚。

【办案依据】

一、《刑法》规定

第二百零五条之一　虚开本法第二百零五条规定以外的其他发票，情节严重的，处二年以下有期徒刑、拘役或者管制，并处罚金；情节特别严重的，处二年以上七年以下有期徒刑，并处罚金。

单位犯前款罪的，对单位判处罚金，并对其直接负责的主管人员和其他直接责任人员，依照前款的规定处罚。

二、其他法规

（一）《发票管理办法》（2019 年 3 月 2 日）

第二十二条　开具发票应当按照规定的时限、顺序、栏目，全部联次一次性如实开具，并加盖发票专用章。

任何单位和个人不得有下列虚开发票行为：

（一）为他人、为自己开具与实际经营业务情况不符的发票；

（二）让他人为自己开具与实际经营业务情况不符的发票；

（三）介绍他人开具与实际经营业务情况不符的发票。

第二十四条　任何单位和个人应当按照发票管理规定使用发票，不得有下列行为：

（一）转借、转让、介绍他人转让发票、发票监制章和发票防伪专用品；

（二）知道或者应当知道是私自印制、伪造、变造、非法取得或者废止的发票而受让、开具、存放、携带、邮寄、运输；

（三）拆本使用发票；

（四）扩大发票使用范围；

（五）以其他凭证代替发票使用。

税务机关应当提供查询发票真伪的便捷渠道。

第三十七条 违反本办法第二十二条第二款的规定虚开发票的，由税务机关没收违法所得；虚开金额在1万元以下的，可以并处5万元以下的罚款；虚开金额超过1万元的，并处5万元以上50万元以下的罚款；构成犯罪的，依法追究刑事责任。

非法代开发票的，依照前款规定处罚。

（二）《税收征收管理法》（2015年4月24日）

第二十二条 增值税专用发票由国务院税务主管部门指定的企业印制；其他发票，按照国务院税务主管部门的规定，分别由省、自治区、直辖市国家税务局、地方税务局指定企业印制。

未经前款规定的税务机关指定，不得印制发票。

第七十一条 违反本法第二十二条规定，非法印制发票的，由税务机关销毁非法印制的发票，没收违法所得和作案工具，并处一万元以上五万元以下的罚款；构成犯罪的，依法追究刑事责任。

第七章　伪造、出售伪造的增值税专用发票罪

【立案追诉标准】

伪造、出售伪造的增值税专用发票案（《刑法》第 206 条）

伪造或者出售伪造的增值税专用发票，涉嫌下列情形之一的，应予立案追诉：

（一）票面税额累计在十万元以上的；

（二）伪造或者出售伪造的增值税专用发票十份以上且票面税额在六万元以上的；

（三）非法获利数额在一万元以上的。

《最高人民检察院、公安部关于公安机关管辖的刑事案件立案追诉标准的规定（二）》（2022 年 4 月 29 日）第 58 条

【犯罪构成及刑事责任】

伪造、出售伪造的增值税专用发票罪，是指仿照国家增值税专用发票的式样，使用各种方法非法制造假增值税专用发票冒充真增值税专用发票或者出售伪造的增值税专用发票的行为。

1. 客体要件

本罪侵犯的客体是国家增值税专用发票管理制度。犯罪对象为伪造的增值税专用发票，包括增值税专用发票防伪专用品和发票监制章。

2. 客观要件

本罪在客观方面表现为伪造增值税专用发票和出售伪造的增值税专用发票两种行为方式。

（1）伪造增值税专用发票的行为

所谓伪造，是指行为人仿照增值税专用发票的图案、色彩、形状、式样（包括发票所属的种类、各联用途、内容、版面排列、规格、使用范围等事项），使用印刷、复制、复印、描绘、拓印、蜡印、石印等方法，非法制造假增值税专用发票的行为。

（2）出售伪造的增值税专用发票的行为

所谓出售即有偿让与，是指以营利为目的，以各种方法通过各种途径将伪造的增值税专用发票以一定价格卖出的行为，既包括以票换取金钱的典型出卖行为，也包括以票换取其他财物或者其他财产性利益与报酬的非典型出卖行为。本罪出卖行为的对象仅限于伪造的增值税专用发票，否则不能构成本罪。如非法出售真实的增值税专用发票，出售伪造、擅自制造的可以用于骗取出口退税、抵扣税款的其他发票或者普通发票，构成犯罪的，应以他罪论处，即非法出售增值税专用发票罪，出售非法制造的用于骗取出口退税、抵扣税款发票罪，出售非法制造的发票罪，非法出售用于骗取出口退税、抵扣税款发票罪，非法出售发票罪等。所谓伪造的增值税专用发票，是指通过伪造行为而产生的虚假发票，它并不要求与真实的完全一样，只要足以以假乱真、能蒙骗他人即可。至于出售的是自己伪造的还是他人伪造的，是通过购买而从他人手上得到的还是他人伪造后赠与的，都不影响行为的性质，只要行为人明知，即可构成本罪。

3. 主体要件

本罪的主体是一般主体，即达到刑事责任年龄且具有刑事责任能力的自然人均可构成。单位也可以构成本罪，单位构成本罪的，实行双罚制，即对单位判处罚金，并对直接负责的主管人员和其他直接责任人员追究刑事责任。

4. 主观要件

本罪的主观方面是直接故意，即明知自己伪造、出售伪造的增值税专用发票的行为违反发票管理法规，会造成危害社会的结果，而希望和追求这种结果的发生。由于本罪没有规定行为人主观上必须具备一定目的，因此只要行为人故意实施了伪造、出售伪造的增值税专用发票的行为，则不论是何种动机和目的，也不论其是否营利，均应构成本罪。如果行为人确实是为了展示自己的技巧或为了自我欣赏或收藏而伪造极少量的增值税专用发票的，可以视为“情节显著轻微危害不大”的情况而不认为是犯罪。

【疑难指导】

一、伪造增值税专用发票罪是否需要具备抵扣税款的目的

对此，实践中有两种观点。一是，伪造罪不同于虚开罪，因为伪造往往并不是最终的行为，伪造的后续行为才是其伪造的目的所在，因此，伪造罪应当是行为犯，不需要在伪造行为时具有抵扣税款的目的。二是，伪造增值税专用发票罪需要具有抵扣税款的目的。理由是有些目的会成为影响法益侵害性的要素，即没有特定的目的，其行为就不具有法益侵害性。行为人印制增值税专用发票时若没有非法印制抵扣联，则足以否定行为人折抵税款的目的。[①]

笔者认为，对伪造增值税专用发票罪的理解，可以参照伪造货币罪，如果行为人没有抵扣税款的目的，根本就不会对法益造成侵害，那么刑法也就没有必要保护。此种犯罪在学理上被称为缩短的二行为犯或间接目的犯，即该罪有两个行为，只要实施第一个行为就可构成犯罪，但主观上必须具有实施第二个行为的目的。缩短的二行为犯可以合理限缩犯罪的成立范畴。

二、伪造增值税专用发票后又出售的如何认定

行为人伪造增值税专用发票后又出售的，如何定罪处罚在理论界与实务界有一定的争议。第一种观点认为，《刑法》第 206 条规定的伪造、出售伪造的增值税专用发票罪是选择性罪名，如果同一主体先实施伪造增值税专用发票的行为后实施出售其伪造的增值税专用发票的行为，则以伪造、出售伪造的增值税专用发票罪认定。第二种观点认为，此种情况属于吸收犯，即出售行为是伪造行为的必然结

---

① 陈克飞：《认定伪造增值税专用发票罪要考察行为人目的》，载《检察日报》2008 年 4 月 27 日。

果，伪造行为被出售行为所吸收，最终只以出售伪造的增值税专用发票罪定罪处罚。第三种观点认为是牵连犯，即行为人是为了出售才伪造增值税专用发票，其伪造和出售行为存在手段行为与目的行为的牵连关系，符合牵连犯的特征，应以牵连犯定罪处罚。第四种观点认为，该行为在一般情况下，属于牵连犯，但就第206条第2款所规定的“数量巨大或者有其他特别严重情节”的情形，属于结合犯。

笔者赞同第一种观点，吸收犯、牵连犯、结合犯都是刑法学理上对犯罪的分类，在立法已经规定伪造、出售伪造的增值税专用发票罪的情况下，就应当按照选择性罪名的一般规则适用，即以行为人实施的行为选择适用相应的罪名，如果行为人全部实施就按完整罪名定罪，只不过在量刑方面可以考虑从重处罚。

三、出售伪造的增值税专用发票罪与非法出售增值税专用发票罪的界限

《刑法》第207条规定了非法出售增值税专用发票罪，即故意违反国家发票管理法规，非法出售增值税专用发票的行为。出售伪造的增值税专用发票罪和非法出售增值税专用发票罪实际上都是非法出售增值税专用发票的行为，出售的对象均为增值税专用发票，且一般都具有获取非法经济利益的目的。两罪的区别在于行为的对象不同。出售伪造的增值税专用发票罪的犯罪对象是伪造的增值税专用发票，而非法出售增值税专用发票罪的犯罪对象是真实的增值税专用发票。在司法实践中，行为人对对象的认识错误不影响定罪。即如果行为人主观上认为出售的是真实的增值税专用发票，但实际上是伪造的增值税专用发票，也依照非法出售增值税专用发票罪定罪处罚；如果行为人主观上认为出售的系伪造的增值税专用发票，但事实上是真实的，应依照出售伪造的增值税专用发票罪定罪处罚。

四、本罪与伪造有价票证罪的界限

《刑法》第227条规定的伪造有价票证罪是指以营利为目的，伪造车票、船票、邮票、税票、货票的行为。其中的税票是指不能用于骗取出口退税、抵扣税款的普通发票。而伪造、出售伪造的增值税专用发票罪的犯罪对象仅指增值税专用发票。伪造有价票证后又出售营利的，可能构成诈骗罪，而伪造增值税专用发票后，又出售伪造的增值税专用发票的，直接认定伪造、出售伪造的增值税专用发票罪。最后，伪造有价票证罪的主观目的是营利，是直接目的犯；而伪造、出售伪造的增值税专用发票罪要有抵扣税款的目的，是间接目的犯。

【办案依据】

一、《刑法》规定

第二百零六条 伪造或者出售伪造的增值税专用发票的，处三年以下有期徒刑、拘役或者管制，并处二万元以上二十万元以下罚金；数量较大或者有其他严重情节的，处三年以上十年以下有期徒刑，并处五万元以上五十万元以下罚金；数量巨大或者有其他特别严重情节的，处十年以上有期徒刑或者无期徒刑，并处五万元以上五十万元以下罚金或者没收财产。

单位犯本条规定之罪的，对单位判处罚金，并对其直接负责的主管人员和其他直接责任人员，处三年以下有期徒刑、拘役或者管制；数量较大或者有其他严重情节的，处三年以上十年以下有期徒刑；数量巨大或者有其他特别严重情节的，处十年以上有期徒刑或者无期徒刑。

二、其他法规

（一）《发票管理办法》（2019年3月2日）

第七条 增值税专用发票由国务院税务主管部门确定的企业印制；其他发票，按照国务院税务主管部门的规定，由省、自治区、直辖市税务机关确定的企业印制。禁止私自印制、伪造、变造发票。

第十条 发票应当套印全国统一发票监制章。全国统一发票监制章的式样和发票版面印刷的要求，由国务院税务主管部门规定。发票监制章由省、自治区、直辖市税务机关制作。禁止伪造发票监制章。

发票实行不定期换版制度。

第二十四条 任何单位和个人应当按照发票管理规定使用发票，不得有下列行为：

（一）转借、转让、介绍他人转让发票、发票监制章和发票防伪专用品；

（二）知道或者应当知道是私自印制、伪造、变造、非法取得或者废止的发票而受让、开具、存放、携带、邮寄、运输；

（三）拆本使用发票；

（四）扩大发票使用范围；

（五）以其他凭证代替发票使用。

税务机关应当提供查询发票真伪的便捷渠道。

第三十八条 私自印制、伪造、变造发票，非法制造发票防伪专用品，伪造发票监制章的，由税务机关没收违法所得，没收、销毁作案工具和非法物品，并处1万元以上5万元以下的罚款；情节严重的，并处5万元以上50万元以下的罚款；对印制发票的企业，可以并处吊销发票准印证；构成犯罪的，依法追究刑事责任。

前款规定的处罚，《中华人民共和国税收征收管理法》有规定的，依照其规定执行。

第三十九条 有下列情形之一的，由税务机关处1万元以上5万元以下的罚款；情节严重的，处5万元以上50万元以下的罚款；有违法所得的予以没收：

（一）转借、转让、介绍他人转让发票、发票监制章和发票防伪专用品的；

（二）知道或者应当知道是私自印制、伪造、变造、非法取得或者废止的发票而受让、开具、存放、携带、邮寄、运输的。

（二）《税收征收管理法》（2015年4月24日）

第二十一条 税务机关是发票的主管机关，负责发票印制、领购、开具、取得、保管、缴销的管理和监督。

单位、个人在购销商品、提供或者接受经营服务以及从事其他经营活动中，应当按照规定开具、使用、取得发票。

发票的管理办法由国务院规定。

第二十二条 增值税专用发票由国务院税务主管部门指定的企业印制；其他发票，按照国务院税务主管部门的规定，分别由省、自治区、直辖市国家税务局、地方税务局指定企业印制。

未经前款规定的税务机关指定，不得印制发票。

第七十一条 违反本法第二十二条规定，非法印制发票的，由税务机关销毁非法印制的发票，没收违法所得和作案工具，并处一万元以上五万元以下的罚款；构成犯罪的，依法追究刑事责任。

第八章　非法出售增值税专用发票罪

【立案追诉标准】

> 非法出售增值税专用发票案（《刑法》第207条）
>
> 非法出售增值税专用发票，涉嫌下列情形之一的，应予立案追诉：
>
> （一）票面税额累计在十万元以上的；
>
> （二）非法出售增值税专用发票十份以上且票面税额在六万元以上的；
>
> （三）非法获利数额在一万元以上的。
>
> 《最高人民检察院、公安部关于公安机关管辖的刑事案件立案追诉标准的规定（二）》（2022年4月29日）第59条

【犯罪构成及刑事责任】

非法出售增值税专用发票罪，是指违反国家有关发票管理法规，故意非法出售增值税专用发票的行为。构成本罪需要具备以下四个要件：

1. 客体要件

本罪侵犯的客体是国家对增值税专用发票的管理制度。由于增值税专用发票具有直接抵扣税款的凭据作用，犯罪分子出售增值税专用发票可牟取暴利。这种犯罪严重侵犯了国家对增值税专用发票的管理制度，破坏了正常的经济秩序。

2. 客观要件

本罪的客观方面表现为违反有关发票管理法规，非法出售增值税专用发票的

行为。我国对增值税专用发票实行严格的管理制度。根据《发票管理办法》的规定，禁止倒买倒卖发票。凡经税务机关批准认定为一般纳税人者，可持批准的证件，向主管税务机关领购发票。并规定从1994年1月1日起，一般纳税人销售货物和应税劳务应当开具专用发票。使用专用发票必须按月在《增值税纳税申报表》附列资料栏目中如实填列购、用（包括作废）、存等情况。从上述规定可以看出，增值税专用发票的发售单位只能是主管税务机关，任何单位和个人都无权出售增值税专用发票，非法出售增值税专用发票的行为就是犯罪行为。司法实践中，非法出售主要包括以下几种情况：

（1）出售主体不合法

即除税务机关及其有关工作人员外的任何单位和个人有出售行为的，如一般纳税人出售、一般纳税人给他人出售、盗窃增值税专用发票后出售等都属非法。

（2）出售主体合法

即有权出售的税务工作人员，如果明知购买人不符合购买条件而予以出售的，亦属于非法出售。这里要以明知为条件，如因工作马虎，严重不负责任而过失不知购买人不符合条件或者未经依法批准以及不按批准的数量向可以购买增值税专用发票的一般纳税人出售的，虽属违法行为，但不构成本罪，构成犯罪的，要以玩忽职守罪或者徇私舞弊发售发票、抵扣税款、出口退税罪论处。

3. 主体要件

本罪的主体为一般主体。凡达到刑事责任年龄且具有刑事责任能力的自然人均可构成，根据我国《刑法》第211条的规定，单位也可构成本罪，单位构成本罪的，实行双罚制。

4. 主观要件

本罪的主观方面是直接故意。只要行为人故意实施了非法出售的行为，则不论出于何种动机和目的，也不论其是否达到营利目的，均构成本罪。过失不构成本罪。如果税务机关的工作人员在发售发票中玩忽职守，致使国家利益遭受重大损失的，依本法有关规定定罪处罚。

根据《刑法》第207条的规定，犯本罪，处三年以下有期徒刑、拘役或者管制，并处二万元以上二十万元以下罚金；数量较大的，处三年以上十年以下有期徒刑，并处五万元以上五十万元以下罚金；数量巨大的，处十年以上有期徒刑或者无期徒刑，并处五万元以上五十万元以下罚金或者没收财产。

【疑难指导】

一、行为人明知增值税专用发票有真、有伪而予以出售的行为定性

对此，存在多种意见：第一种意见认为，行为人明知增值税专用发票有真、有伪而予以出售，分别达到定罪标准的，应以非法出售增值税专用发票罪与出售伪造的增值税专用发票罪实行数罪并罚。第二种意见认为，此种情形符合想象竞合犯，应从一重罪处罚。第三种意见认为，应以真、伪两种增值税专用发票的票面额累计计算，以非法出售增值税专用发票罪定罪处罚。[①] 笔者同意第二种意见，刑法根据犯罪对象的不同对出售增值税专用发票的行为规定了不同的罪名，即出售真实增值税专用发票的构成非法出售增值税专用发票罪，出售假增值税专用发票的构成出售伪造的增值税专用发票罪，行为人虽然只实施了一个出售行为，但由于立法规定，分别符合两个犯罪的构成要件，构成想象竞合，应从一重罪处罚。

二、虚开增值税专用发票并收取费用的行为定性

实践中，虚开增值税专用发票的开票方往往会以各种名义向提出虚开的一方收取一定费用。有的直接按照开票金额比例收取所谓“开票费”；有的是为掩盖费用真实来源，在虚假合同中进行加价，约定一定的“利润”。但无论何种形式，都不存在真实的应税劳务或商品交易，收取这些费用欠缺合法依据，费用的支付和收取只是基于虚开的发票，双方在实质上形成了买卖关系，买卖的就是虚开的发票。因此，在虚开过程中，如果受票方支付一定费用让开票方虚开增值税专用发票的，受票方可以构成非法购买增值税专用发票罪，而开票方可以构成非法出售增值税专用发票罪。

---

① 周洪波：《非法出售真、伪两种增值税专用发票行为的定性》，载《检察实践》2001 年第 6 期。

【办案依据】

一、《刑法》规定

第二百零七条 非法出售增值税专用发票的，处三年以下有期徒刑、拘役或者管制，并处二万元以上二十万元以下罚金；数量较大的，处三年以上十年以下有期徒刑，并处五万元以上五十万元以下罚金；数量巨大的，处十年以上有期徒刑或者无期徒刑，并处五万元以上五十万元以下罚金或者没收财产。

二、司法文件

《最高人民检察院、公安部关于公安机关管辖的刑事案件立案追诉标准的规定(二)》（2022年4月29日）

第五十九条 〔非法出售增值税专用发票案（刑法第二百零七条）〕非法出售增值税专用发票，涉嫌下列情形之一的，应予立案追诉：

（一）票面税额累计在十万元以上的；

（二）非法出售增值税专用发票十份以上且票面税额在六万元以上的；

（三）非法获利数额在一万元以上的。

第九章　非法购买增值税专用发票、购买伪造的增值税专用发票罪

【立案追诉标准】

非法购买增值税专用发票、购买伪造的增值税专用发票案（《刑法》第208条第1款）

非法购买增值税专用发票或者购买伪造的增值税专用发票，涉嫌下列情形之一的，应予立案追诉：

（一）非法购买增值税专用发票或者购买伪造的增值税专用发票二十份以上且票面税额在十万元以上的；

（二）票面税额累计在二十万元以上的。

《最高人民检察院、公安部关于公安机关管辖的刑事案件立案追诉标准的规定（二）》（2022年4月29日）第60条

【犯罪构成及刑事责任】

非法购买增值税专用发票、购买伪造的增值税专用发票罪，是指违反国家发票管理法规，非法购买增值税专用发票或者购买伪造的增值税专用发票的行为。构成本罪需要具备以下四个要件：

1. 客体要件

本罪侵犯的客体是国家对增值税专用发票的管理制度。关于增值税方面犯罪

之所以十分突出，除犯罪分子为追求巨额财富，而进行增值税专用发票犯罪外，另外一个重要原因是存在购买增值税专用发票的市场，使得犯罪分子为牟取巨额财富而伪造、出售、盗窃增值税专用发票的犯罪活动十分猖狂。因此，必须加强增值税专用发票管理，严厉打击增值税专用发票的购买市场。本罪的犯罪对象是增值税专用发票或者伪造的增值税专用发票。

2. 客观要件

本罪在客观方面表现为违反发票管理法规，非法购买增值税专用发票或者购买伪造的增值税专用发票的行为。

（1）非法购买增值税专用发票的行为

所谓购买，是指行为人以一定价格用货币或者其他利益从他人处换回增值税专用发票的行为。

所谓非法购买，是指违反国家法律、法规有关增值税专用发票购买规定的购买行为。为了加强对发票的管理，《发票管理办法》及其实施细则等对发票的领购条件、程序及其发售的主体都作了具体而明确的规定，任何单位与个人都不得违反，否则即属非法，应当承担相应的法律责任。根据有关规定，非法购买，主要包括下面几种情况：

一是主体不合法的购买。除由税务机关审核确认为增值税一般纳税人外的任何单位与个人的购买，都不符合法定的条件，其购买不论采取何种手段都属非法。一般纳税人如果出现法定的购买阻碍事由而采取欺骗手段购买的，也属非法购买。所谓法定的购买阻碍事由，是指具有下列情形之一：

①会计核算不健全，不能向税务机关准确提供增值税进项税额、销项税额、应纳税额数据以及其他有关增值税税务资料的；

②私自印制专用发票，向个人或税务机关以外的单位买取专用发票，借用他人专用发票，向他人提供专用发票，未按增值税有关规定要求填开专用发票，未按规定保管专用发票，未按规定按月在《增值税纳税申报表》附列资料栏目中如实填写购用、存废情况，未按规定接受税务机关检查等行为，经税务机关责令限期改正的；

③销售的货物全部属于免税项目的。有上述三种情形之一的一般纳税人已经

领购的，税务机关应当收缴其结存的专用发票。

二是手段不合法的购买。如果不按法律要求的程序购买，亦属非法购买。如提供的证件是伪造的，或行贿税务机关工作人员而购买的，或不依核准的数量进行购买的等，都属于手段不合法的购买。

三是从无出售权的单位与个人处购买。在我国，有权发售发票的唯一主体是税务机关，如果从税务机关以外的单位与个人处购买，也属非法购买。

（2）购买伪造的增值税专用发票的行为

此种行为，本质上亦是一种非法购买。其区别在于“非法购买”的对象是伪造的，而后者则是真实的。判断是否属于“购买伪造的……行为”，要依行为人主观上的确认而定，如果确认是伪造的而购买，即属本项意义上的购买，否则即属“非法购买”。明知伪造而购买，不论其手段与方式，亦不论从何人何处购买，都可构成本罪。所谓伪造，则是指依照增值税专用发票的数额、式样、图案、色彩、结构等特征采取印刷、复制、石印、描绘、拓印等各种方法，非法制造增值税专用发票的行为。通过伪造手段而产生的增值税专用发票即属伪造的增值税专用发票。

3. 主体要件

本罪的主体是一般主体，凡达到刑事责任年龄并具有刑事责任能力的自然人均可构成，依《刑法》第211条的规定，单位亦能成为本罪主体。单位犯本罪的，实行双罚制。

4. 主观要件

本罪的主观方面是直接故意，只要行为人出于故意购买增值税专用发票和购买伪造的增值税专用发票就可以构成本罪，而不必要求主观上具有营利的目的。

根据《最高人民法院关于适用〈全国人民代表大会常务委员会关于惩治虚开、伪造和非法出售专用发票犯罪的决定〉的若干问题的解释》的规定，非法购买增值税专用发票或者购买伪造的增值税专用发票25份以上或者票面额累计达10万元以上的，应当依法定罪处罚。

根据《刑法》第208条的规定，犯本罪，处五年以下有期徒刑或者拘役，并处或者单处二万元以上二十万元以下罚金。

非法购买增值税专用发票或者购买伪造的增值税专用发票又虚开或者出售的，分别依照本法第二百零五条、第二百零六条、第二百零七条的规定定罪处罚。

【疑难指导】

一、大量购买增值税专用发票后少量出售的行为定性

《刑法》第208条第2款规定："非法购买增值税专用发票或者购买伪造的增值税专用发票又虚开或者出售的，分别依照本法第二百零五条、第二百零六条、第二百零七条的规定定罪处罚。"实践中，有的犯罪人购买大量伪造的增值税专用发票但只出售少部分，是否适用该条款，存在较大分歧。一种观点认为，《刑法》第208条第2款仅适用于购买伪造的增值税专用发票又全部出售的情形，对于大量购买少量出售的应以购买伪造的增值税专用发票罪定罪处罚。以出售伪造的增值税专用发票罪定罪处罚，可能带来因出售犯罪数额少而轻纵犯罪人的结果。

笔者认为，《刑法》第208条第2款的规定，是指非法购买增值税专用发票罪或者购买伪造的增值税专用发票罪与虚开增值税专用发票罪、非法出售增值税专用发票罪或者出售伪造的增值税专用发票罪的牵连犯。行为人购买伪造的增值税专用发票又出售的，如果购买与出售伪造的增值税专用发票行为均成立犯罪，则应以出售伪造的增值税专用发票罪定罪处罚。如果购买伪造的增值税专用发票尚未出售或者出售行为尚未达到追究刑事责任的数额标准的，应以购买伪造的增值税专用发票罪定罪处罚。在出售行为成立犯罪的情况下，已经购买但尚未出售的伪造的增值税专用发票数额应计入其出售的犯罪数额（犯罪未遂的数额），作为量刑情节予以考虑。[①]

二、非法购买增值税专用发票罪与虚开增值税专用发票罪的区别

非法购买增值税专用发票是指违反领购程序私自购买增值税专用发票的行为。根据国家有关规定，购买增值税专用发票，必须符合一般纳税人的条件，而且须经税务机关认定并经过一定的程序到税务机关领购。任何单位和个人都不能私自

---

① 参见最高人民法院刑事审判第二庭：《购买伪造的增值税专用发票又出售的行为如何定罪处罚——曾某玉、廖某升等伪造、出售伪造的增值税专用发票案》，载《人民法院报》2003年6月2日。

购买增值税专用发票。非法购买增值税专用发票达到一定份数或者票面额的，可以成立非法购买增值税专用发票罪。虚开增值税专用发票包括无中生有和以少开多，目的是逃税。实践中，有的行为人先非法购买增值税专用发票后又虚开，对此，应区分情形处理：购买增值税专用发票，但无证据证明是为了虚开而购买的，认定为非法购买增值税专用发票罪；有证据证明是为了虚开而购买的，认定为虚开增值税专用发票罪。

【办案依据】

一、《刑法》规定

第二百零八条　非法购买增值税专用发票或者购买伪造的增值税专用发票的，处五年以下有期徒刑或者拘役，并处或者单处二万元以上二十万元以下罚金。

非法购买增值税专用发票或者购买伪造的增值税专用发票又虚开或者出售的，分别依照本法第二百零五条、第二百零六条、第二百零七条的规定定罪处罚。

二、司法文件

《最高人民检察院、公安部关于公安机关管辖的刑事案件立案追诉标准的规定（二）》（2022 年 4 月 29 日）

第六十条　〔非法购买增值税专用发票、购买伪造的增值税专用发票案（刑法第二百零八条第一款）〕非法购买增值税专用发票或者购买伪造的增值税专用发票，涉嫌下列情形之一的，应予立案追诉：

（一）非法购买增值税专用发票或者购买伪造的增值税专用发票二十份以上且票面税额在十万元以上的；

（二）票面税额累计在二十万元以上的。

第十章　非法制造、出售非法制造的用于骗取出口退税、抵扣税款发票罪

【立案追诉标准】

非法制造、出售非法制造的用于骗取出口退税、抵扣税款发票案（《刑法》第209条第1款）

伪造、擅自制造或者出售伪造、擅自制造的用于骗取出口退税、抵扣税款的其他发票，涉嫌下列情形之一的，应予立案追诉：

（一）票面可以退税、抵扣税额累计在十万元以上的；

（二）伪造、擅自制造或者出售伪造、擅自制造的发票十份以上且票面可以退税、抵扣税额在六万元以上的；

（三）非法获利数额在一万元以上的。

《最高人民检察院、公安部关于公安机关管辖的刑事案件立案追诉标准的规定（二）》（2022年4月29日）第61条

【犯罪构成及刑事责任】

非法制造、出售非法制造的用于骗取出口退税、抵扣税款发票罪，是指违反发票管理法规，伪造、擅自制造或者出售伪造、擅自制造的可以用于骗取国家税款的非专用发票的行为。构成本罪需要具备以下四个要件：

1. 客体要件

非法制造、出售非法制造的用于骗取出口退税、抵扣税款发票罪侵犯的客体为双重客体，即国家的发票管理秩序和税收秩序。《税收征收管理法》规定："发票必须由省、自治区、直辖市人民政府税务主管部门指定的企业印制；未经省、自治区、直辖市人民政府税务主管部门指定，不得印制发票。"

2. 客观要件

本罪的客观方面表现为，伪造、擅自制造或者出售伪造、擅自制造的用于出口退税、抵扣税款的其他发票的行为。

（1）非法制造用于骗取出口退税、抵扣税款的发票。根据《发票管理办法》的规定，发票必须是由防伪专用品制成，并套印全国统一发票监制章才有效。因此，非法制造用于骗取出口退税、抵扣税款发票的，当然也就包括非法制造用于制作该发票的防伪专用品及套印在其上面的发票监制章，非法制造该类发票的，又有两种具体行为方式：一是伪造；二是擅自制造。

伪造，是指无权印制增值税专用发票之外的其他具有出口退税、抵扣税款功能的发票的人仿照真实的该类发票的式样，非法制造假发票，冒充真发票的行为。擅自制造，是指印制发票企业或生产发票防伪专用品企业未经有关主管税务机关批准，私自印制发票或私自制造防伪专用品，或虽经批准，但未按发票印制通知书或发票防伪专用品生产通知书所规定的印制数量或生产产量，私自超量加印或制造的行为。擅自制造与伪造的不同之处主要在于：第一，行为人不同，前者为印制发票企业或生产防伪专用品企业；后者为任何人。第二，所制成的发票效力不同。前者制成的发票是真实有效的；后者制成的发票是虚假无效的。但无论是伪造还是擅自制造，均是非法制造的行为。

（2）出售非法制造的用于骗取出口退税、抵扣税款的发票。出售，是指以一定的价格将非法制造的用于骗取出口退税、抵扣税款的发票卖出的行为。有金钱交易、转移所有权是基本特征。因此，那些无金钱交易、不转移所有权的行为，如租用、转让、赠与等，就不能算是出售，因而也就不能构成本罪。出售的方法不限于私下成交，公开叫卖、大声吆喝、走街串巷、拦截强卖均可。出售的方式也不限于买卖双方直接会面，邮寄、托运、托带均可。出售非法制造的发票必须以占有该非法制造的发票为前提，其来源有二：一是自己伪造、擅自制造的；二是他人伪造、擅自制造的。后一种发票主要是通过盗窃、骗取、买入等手段获得的。出售的发票不限于假发票，真发票也可，如擅自制造的发票，尽管其擅自制造的行为是违法的，但其制造出来的发票却是真实有效的。

本罪是选择性罪名，实施伪造、擅自制造或出售任一行为的，均构成本罪，既实施伪造、擅自制造，又实施出售行为的，构成一罪，不实行数罪并罚。

3. 主体要件

本罪的主体为一般主体，凡达到刑事责任年龄、具备刑事责任能力的自然人均能构成。单位也可以构成本罪，单位构成本罪的，实行双罚制。

4. 主观要件

本罪在主观方面只能由直接故意构成，即明知伪造、擅自制造或者出售伪造、擅自制造的用于出口退税、抵扣税款的其他发票违反发票管理法规，会造成危害社会的结果，而希望和追求这种结果的发生。由于本条没有规定行为人主观上必须具备一定的目的，因此只要行为人故意实施了伪造、擅自制造或出售可以用于骗取国家税款的非专用发票的行为，则不论是何种动机和目的，也不论其是否营利，均应构成本罪。

根据《刑法》第209条第1款的规定，犯本罪，处三年以下有期徒刑、拘役或者管制，并处二万元以上二十万元以下罚金；数量巨大的，处三年以上七年以下有期徒刑，并处五万元以上五十万元以下罚金；数量特别巨大的，处七年以上有期徒刑，并处五万元以上五十万元以下罚金或者没收财产。

【疑难指导】

一、如何理解“伪造”“擅自制造”

《刑法》第209条规定的非法制造用于骗取出口退税、抵扣税款发票罪是指伪造、擅自制造增值税发票以外的可以用于骗取出口退税、抵扣税款的其他发票，其中，“伪造”是指仿照用于骗取出口退税、抵扣税款发票的图案、样式、颜色以及面额等，私自制造假发票的行为。“擅自制造”是指经税务机关指定印制发票的企业，未按照税务机关规定的数量和规模，擅自超额印制的行为。

二、如何理解本罪的犯罪对象

非法制造、出售非法制造的用于骗取出口退税、抵扣税款发票罪的对象是增值税专用发票以外的可以用于骗取出口退税、抵扣税款的其他发票，对此，2005年12月29日第十届全国人大常委会第十九次会议通过的《全国人民代表大会常务委员会关于〈中华人民共和国刑法〉有关出口退税、抵扣税款的其他发票规定的解释》规定，“出口退税、抵扣税款的其他发票”是指除增值税专用发票外的，具有出口退税、抵扣税款功能的收付款凭证或者完税凭证。国家税务总局在一定时期内根据国家税收和经济发展的需要，除增值税专用发票外又规定了一些可以直接抵扣税款或者办理出口退税的其他发票，主要包括废旧物资收购发票、运输发票、农业产品收购发票、海关代征增值税专用缴款书等。

【办案依据】

一、《刑法》规定

第二百零九条　伪造、擅自制造或者出售伪造、擅自制造的可以用于骗取出口退税、抵扣税款的其他发票的，处三年以下有期徒刑、拘役或者管制，并处二万元以上二十万元以下罚金；数量巨大的，处三年以上七年以下有期徒刑，并处五万元以上五十万元以下罚金；数量特别巨大的，处七年以上有期徒刑，并处五万元以上五十万元以下罚金或者没收财产。

伪造、擅自制造或者出售伪造、擅自制造的前款规定以外的其他发票的，处二年以下有期徒刑、拘役或者管制，并处或者单处一万元以上五万元以下罚金；情节严重的，处二年以上七年以下有期徒刑，并处五万元以上五十万元以下罚金。

非法出售可以用于骗取出口退税、抵扣税款的其他发票的，依照第一款的规定处罚。

非法出售第三款规定以外的其他发票的，依照第二款的规定处罚。

二、司法文件

《最高人民检察院、公安部关于公安机关管辖的刑事案件立案追诉标准的规定（二）》（2022年4月29日）

第六十一条　〔非法制造、出售非法制造的用于骗取出口退税、抵扣税款发票案（刑法第二百零九条第一款）〕伪造、擅自制造或者出售伪造、擅自制造的用于骗取出口退税、抵扣税款的其他发票，涉嫌下列情形之一的，应予立案追诉：

（一）票面可以退税、抵扣税额累计在十万元以上的；

（二）伪造、擅自制造或者出售伪造、擅自制造的发票十份以上且票面可以退税、抵扣税额在六万元以上的；

（三）非法获利数额在一万元以上的。

第十一章　非法制造、出售非法制造的发票罪

【立案追诉标准】

> 非法制造、出售非法制造的发票案（《刑法》第209条第2款）
>
> 伪造、擅自制造或者出售伪造、擅自制造的不具有骗取出口退税、抵扣税款功能的其他发票，涉嫌下列情形之一的，应予立案追诉：
>
> （一）伪造、擅自制造或者出售伪造、擅自制造的不具有骗取出口退税、抵扣税款功能的其他发票一百份以上且票面金额累计在三十万元以上的；
>
> （二）票面金额累计在五十万元以上的；
>
> （三）非法获利数额在一万元以上的。
>
> 《最高人民检察院、公安部关于公安机关管辖的刑事案件立案追诉标准的规定（二）》（2022年4月29日）第62条

【犯罪构成及刑事责任】

非法制造、出售非法制造的发票罪，是指违反发票管理法规，伪造、擅自制造不能用于出口退税、抵扣税款的发票，以及出售伪造、擅自制造的不能用于出口退税、抵扣税款的发票的行为。构成本罪需要具备以下四个要件：

1. 客体要件

本罪侵犯的客体为双重客体，即国家的发票管理秩序和税收秩序。《税收征收

管理法》规定："发票必须由省、自治区、直辖市人民政府税务主管部门指定的企业印制；未经省、自治区、直辖市人民政府税务主管部门指定，不得印制发票。"

2. 客观要件

本罪在客观方面表现为违反国家有关发票管理法规，实施了非法制造、出售非法制造的发票的行为。

（1）非法制造发票

根据《发票管理办法》的规定，发票须由防伪专用品制成并套印全国统一发票监制章才有效。非法制造普通发票有两种具体行为方式：一是伪造；二是擅自制造。

伪造，是指无权印制普通发票的人仿照真实的普通发票，非法制造假发票、冒充真发票的行为。其具体表现是：按照该类发票的联次、内容、版面排列、规格、色彩、图案等，使用印刷、复印、描绘、拓印等各种方法印制假发票。伪造该类发票，除了要将发票本身制成和真发票一样之外，还必须使用各种方法制造发票监制章、防伪水印、紫外线防伪措施等。

擅自制造，是指印制发票企业或生产发票防伪专用品企业，未经有关主管税务机关批准，私自印制发票或私自制造防伪专用品，或虽经批准，但未按发票印制通知书或发票防伪专用品生产通知书所规定的印制数量或生产产量，私自超量加印或制造的行为。此外，《发票管理办法》第 14 条第 1 款规定："各省、自治区、直辖市内的单位和个人使用的发票，除增值税专用发票外，应当在本省、自治区、直辖市内印制；确有必要到外省、自治区、直辖市印制的，应当由省、自治区、直辖市税务机关商印制地省、自治区、直辖市税务机关同意，由印制地省、自治区、直辖市税务机关确定的企业印制。"据此，如果印制发票企业未经本省（自治区、直辖市）税务机关同意，私自接受外省（自治区、直辖市）的单位或个人或外省、自治区、直辖市税务机关的委托而印制发票的，也应是擅自制造的行为。

（2）出售非法制造的发票

出售是指以一定的价格将非法制造的普通发票卖出的行为。有金钱交易，转移所有权是其本质特征。因此，没有此种特征的行为，如租用、转让、赠与等，就不是出售。出售的方法不限于私下成交，公开叫卖、大声吆喝、走街串巷、拦截强卖均可，出售的方式也不限于面对面的直接交货，邮寄、托运、托带均可。非法出售的发票，其来源有二：一是自己伪造、擅自制造的；二是盗窃、骗取、买入、拾得他人伪造、擅自制造的。出售的发票不限于假发票，真发票亦可，如擅自制造的发票，尽管其行为是非法的，但其制造出来的发票却是真实有效的。

3. 主体要件

本罪的主体是一般主体。依照我国《刑法》第 211 条的规定，单位也可以构成本罪的主体。单位犯本罪的，实行双罚制。

4. 主观要件

本罪在主观方面表现为直接故意，一般以营利为目的。过失造成超量印制发票的，不以犯罪论处。

根据《刑法》第 209 条第 2 款的规定，犯本罪，伪造、擅自制造或者出售伪造、擅自制造的前款规定以外的其他发票的，处二年以下有期徒刑、拘役或者管制，并处或者单处一万元以上五万元以下罚金；情节严重的，处二年以上七年以下有期徒刑，并处五万元以上五十万元以下罚金。

【疑难指导】

一、出售非法制造的发票罪与出售伪造的增值税专用发票罪，出售非法制造的用于骗取出口退税、抵扣税款发票罪的区别

上述三罪的主要区别即犯罪对象不同，出售非法制造的发票罪的对象是非法制造的普通发票；出售伪造的增值税专用发票罪的对象是伪造的增值税专用发票；出售非法制造的用于骗取出口退税、抵扣税款发票罪的对象是非法制造的增值税专用发票以外的用于骗取出口退税、抵扣税款的发票。司法实践中，行为人往往不会区分发票类型，同时出售两种以上发票，若均构成犯罪的，应实行数罪并罚。

二、如何理解出售非法制造的发票罪的犯罪对象

出售非法制造的发票罪的对象是非法制造的发票，非法制造的发票有两种来源：一种是伪造的发票，即无权印制普通发票的人或单位仿照真实的普通发票，制造的“假发票”；另一种则是擅自制造的发票，此类发票系真发票，但是印制发票企业未经主管税务机关批准，私自印制发票，或虽经批准，但未按发票印制通知书所规定的印制数量私自超量加印或制造的行为，所以擅自制造发票的主体只能是单位。出售这两类发票的，均有可能构成出售非法制造的发票罪。

【办案依据】

一、《刑法》规定

第二百零九条 伪造、擅自制造或者出售伪造、擅自制造的可以用于骗取出口退税、抵扣税款的其他发票的，处三年以下有期徒刑、拘役或者管制，并处二万元以上二十万元以下罚金；数量巨大的，处三年以上七年以下有期徒刑，并处五万元以上五十万元以下罚金；数量特别巨大的，处七年以上有期徒刑，并处五万元以上五十万元以下罚金或者没收财产。

伪造、擅自制造或者出售伪造、擅自制造的前款规定以外的其他发票的，处二年以下有期徒刑、拘役或者管制，并处或者单处一万元以上五万元以下罚金；情节严重的，处二年以上七年以下有期徒刑，并处五万元以上五十万元以下罚金。

非法出售可以用于骗取出口退税、抵扣税款的其他发票的，依照第一款的规定处罚。

非法出售第三款规定以外的其他发票的，依照第二款的规定处罚。

二、司法文件

《最高人民检察院、公安部关于公安机关管辖的刑事案件立案追诉标准的规定（二）》（2022年4月29日）

第六十二条 〔非法制造、出售非法制造的发票案（刑法第二百零九条第二款）〕伪造、擅自制造或者出售伪造、擅自制造的不具有骗取出口退税、抵扣税款功能的其他发票，涉嫌下列情形之一的，应予立案追诉：

（一）伪造、擅自制造或者出售伪造、擅自制造的不具有骗取出口退税、抵扣税款功能的其他发票一百份以上且票面金额累计在三十万元以上的；

（二）票面金额累计在五十万元以上的；

（三）非法获利数额在一万元以上的。

第十二章　非法出售用于骗取出口退税、抵扣税款发票罪

【立案追诉标准】

非法出售用于骗取出口退税、抵扣税款发票案（《刑法》第209条第3款）

非法出售可以用于骗取出口退税、抵扣税款的其他发票，涉嫌下列情形之一的，应予立案追诉：

（一）票面可以退税、抵扣税额累计在十万元以上的；

（二）非法出售用于骗取出口退税、抵扣税款的其他发票十份以上且票面可以退税、抵扣税额在六万元以上的；

（三）非法获利数额在一万元以上的。

《最高人民检察院、公安部关于公安机关管辖的刑事案件立案追诉标准的规定（二）》（2022年4月29日）第63条

【犯罪构成及刑事责任】

非法出售用于骗取出口退税、抵扣税款发票罪，是指违反发票管理规定，非法出售增值税专用发票以外可以用于出口退税、抵扣税款的发票的行为。构成本罪需要具备以下四个要件：

1. 客体要件

本罪侵犯的客体是国家对发票的管理制度。

2. 客观要件

本罪在具体行为方式上表现为非法出售增值税专用发票以外可以用于出口退税、抵扣税款的发票。根据《发票管理办法》的规定，开具发票仅限于销售商品、提供服务以及从事其他经营活动的单位和个人对外发生经营业务、收取款项的情况。在通常情况下，由收款方向付款方开具发票；在特殊情况下，则由付款方向收款方开具发票。任何单位和个人都不得转借、转让、代开发票；禁止倒买倒卖发票。从事生产、经营的企业事业单位或者个人，如果需要使用发票，只能依法向主管税务机关申请领购。因此，除税务机关可以依法发售各种发票外，其他一切出售发票的行为都是非法的。对于出售，应当作狭义的理解，不包括行为人没有从中牟利的转借发票的行为。对于名为转借，实为非法出售的，应当按其实际性质，认定为非法出售。对于非法购买不能用于出口退税、抵扣税款的发票的，应当根据行为人购买发票的目的和用途来确定。行为人购买发票的目的是转手倒卖的，其购买行为是倒卖发票犯罪的一个环节，应当认定为非法出售（未遂）；行为人购买发票是为了其他非法目的，供自己使用，不构成本罪，但可以构成其他行政违法或者犯罪，如利用购买的发票虚报冒领、贪污公款等。所谓增值税专用发票以外可以用于出口退税、抵扣税款的发票，是指废旧物品收购发票、运输发票、农业产品收购发票等既不是增值税专用发票，但又具有与增值税专用发票相同的功能，可以用于出口退税、抵扣税款的发票。

3. 主体要件

本罪的主体是一般主体，非法出售增值税专用发票以外可以用于出口退税、抵扣税款的发票的，只能是从税务机关依法领购此类发票的单位或者个人，以及负责发售此类发票的税务工作人员；而倒卖此类发票的则可以是任何达到刑事责任年龄并具有刑事责任能力的自然人。依照我国《刑法》第211条的规定，单位可以构成本罪的主体，单位犯本罪的，实行双罚制。

4. 主观要件

本罪是故意犯罪，只能由直接故意构成。行为人必须具有非法出售增值税专用发票以外可以用于出口退税、抵扣税款的发票的犯罪故意，既然是非法出售，必然就意味着具有营利的目的。

根据《刑法》第209条第3款的规定，犯本罪，非法出售用于骗取出口退税、抵扣税款的其他发票的，依照该条第1款的规定处罚。

【疑难指导】

一、已作废或过期的用于骗取出口退税、抵扣税款的专用发票，能否作为本罪的犯罪对象

非法出售用于骗取出口退税、抵扣税款发票罪的对象是增值税专用发票以外的可以用于出口退税、抵扣税款的其他特定发票。一般而言，非法出售的用于骗取出口退税、抵扣税款发票是由税务机关印制和出售的真实发票，但实践中，也有一些行为人出售的可用于骗取出口退税、抵扣税款的专用发票是已经作废或者过期的，并不能用于办理出口退税、抵扣税款，那么，此时能否认定为非法出售用于骗取出口退税、抵扣税款发票罪？

笔者认为，从对发票的管理上看，税务机关对此类发票采取严格的管理措施，对过期、作废的发票规定了相应的回收、注销、销毁程序，也不允许这些发票非法流转。由于这类发票系出自税务机关的真实发票，实践中，不法分子购得发票后可能对其进行涂改、变造户名和金额，用来骗取出口退税和抵扣税款。本罪罪名虽然是“非法出售用于骗取出口退税、抵扣税款发票罪”，但并不能狭义地将这种发票理解为只能是确实能够用于骗取出口退税、抵扣税款的真实有效的发票。非法出售已作废或过期的用于骗取出口退税、抵扣税款的专用发票也可以认定为非法出售用于骗取出口退税、抵扣税款发票罪。

二、非法出售用于骗取出口退税、抵扣税款发票罪与徇私舞弊发售发票罪的区别

《刑法》第405条规定的徇私舞弊发售发票罪是指税务机关工作人员违反法律、行政法规的规定，在办理发售发票工作中，利用职权、徇私舞弊，导致国家利益遭受重大损失的行为。该罪与非法出售用于骗取出口退税、抵扣税款发票罪的主要区别在于：（1）非法出售用于骗取出口退税、抵扣税款发票罪的主体是一般主体，包括自然人和单位；徇私舞弊发售发票罪的主体是特殊主体，仅限于国家税务机关的工作人员。（2）非法出售用于骗取出口退税、抵扣税款发票罪表现

为以营利或者其他目的，明知非法出售此类发票违法，却仍然追求犯罪结果的发生；徇私舞弊出售发票罪的主观方面是出于徇私情、谋私利的目的，明知出售发票会给国家利益造成损失，仍然希望或放任这种结果的发生。（3）非法出售用于骗取出口退税、抵扣税款发票罪是行为犯，只要行为人非法销售此类发票达到一定的份数或票面额即构成犯罪；徇私舞弊发售发票罪是结果犯，需要给国家利益造成重大损失才构成犯罪。

实践中，有的税务机关工作人员明知领购此类发票的单位或者个人不符合审核条件，却仍然把发票售予这些单位或个人。对此，如果同时符合两罪构成要件的，应按徇私舞弊发售发票罪处理。

【办案依据】

一、《刑法》规定

第二百零九条 伪造、擅自制造或者出售伪造、擅自制造的可以用于骗取出口退税、抵扣税款的其他发票的，处三年以下有期徒刑、拘役或者管制，并处二万元以上二十万元以下罚金；数量巨大的，处三年以上七年以下有期徒刑，并处五万元以上五十万元以下罚金；数量特别巨大的，处七年以上有期徒刑，并处五万元以上五十万元以下罚金或者没收财产。

伪造、擅自制造或者出售伪造、擅自制造的前款规定以外的其他发票的，处二年以下有期徒刑、拘役或者管制，并处或者单处一万元以上五万元以下罚金；情节严重的，处二年以上七年以下有期徒刑，并处五万元以上五十万元以下罚金。

非法出售可以用于骗取出口退税、抵扣税款的其他发票的，依照第一款的规定处罚。

非法出售第三款规定以外的其他发票的，依照第二款的规定处罚。

二、司法文件

《最高人民检察院、公安部关于公安机关管辖的刑事案件立案追诉标准的规定（二）》（2022年4月29日）

第六十三条 〔非法出售用于骗取出口退税、抵扣税款发票案（刑法第二百零九条第三款）〕非法出售可以用于骗取出口退税、抵扣税款的其他发票，涉嫌下列情形之一的，应予立案追诉：

（一）票面可以退税、抵扣税额累计在十万元以上的；

（二）非法出售用于骗取出口退税、抵扣税款的其他发票十份以上且票面可以退税、抵扣税额在六万元以上的；

（三）非法获利数额在一万元以上的。

第十三章　非法出售发票罪

【立案追诉标准】

非法出售发票案（《刑法》第 209 条第 4 款）

非法出售增值税专用发票、用于骗取出口退税、抵扣税款的其他发票以外的发票，涉嫌下列情形之一的，应予立案追诉：

（一）非法出售增值税专用发票、用于骗取出口退税、抵扣税款的其他发票以外的发票一百份以上且票面金额累计在三十万元以上的；

（二）票面金额累计在五十万元以上的；

（三）非法获利数额在一万元以上的。

《最高人民检察院、公安部关于公安机关管辖的刑事案件立案追诉标准的规定（二）》（2022 年 4 月 29 日）第 64 条

【犯罪构成及刑事责任】

非法出售发票罪，是指违反发票管理规定，非法出售各种不能用于出口退税、抵扣税款的发票的行为。构成本罪需要具备以下四个要件：

1. 客体要件

本罪侵犯的客体是国家的发票管理制度。犯罪对象是除增值税专用发票、可以用于骗取出口退税、抵扣税款的发票外的发票，即普通发票。普通发票虽然没有专用发票的功能，但如果被用于非法活动，其危害性也是很大的。因此，对于

非法出售的行为必须予以惩处。

2. 客观要件

本罪在具体行为方式上表现为非法出售各种不能用于出口退税、抵扣税款的发票。根据《发票管理办法》的规定，开具发票仅限于销售商品、提供服务以及从事其他经营活动的单位和个人对外发生经营业务，收取款项的情况。通常情况下，由收款方向付款方开具发票；在特殊情况下，则由付款方向收款方开具发票。任何单位和个人都不得转借、转让、代开发票；禁止倒买倒卖发票。从事生产、经营的企业事业单位或者个人，如果需要使用发票，只能依法向主管税务机关申请领购。因此，除税务机关可以依法发售各种发票外，其他一切出售发票的行为都是非法的。对于出售，应当作狭义的理解，不包括行为人没有从中牟利的转借发票的行为。对于名为转借，实为非法出售的，应当按其实际性质，认定为非法出售。对于非法购买不能用于出口退税、抵扣税款的发票的，应当根据行为人购买发票的目的和用途来确定。行为人购买发票的目的是转手倒卖的，其购买行为是倒卖发票犯罪的一个环节，应当认定为非法出售（未遂）；行为人购买发票是为了其他非法目的，供自己使用，不构成本罪，但可以构成其他行政违法或者犯罪，如利用购买的发票虚报冒领、贪污公款等。所谓增值税专用发票以外可以用于出口退税、抵扣税款的发票，是指废旧物品收购发票、运输发票、农业产品收购发票等既不是增值税专用发票，但又具有与增值税专用发票相同的功能，可以用于出口退税、抵扣税款的发票。

3. 主体要件

本罪的主体是一般主体。凡达到刑事责任年龄且具有刑事责任能力的自然人均能构成本罪，依《刑法》第 211 条之规定，单位可以构成非法出售发票罪的主体。单位犯非法出售发票罪的，实行双罚制。

4. 主观要件

本罪是故意犯罪，只能由直接故意构成，并且一般以营利为目的，间接故意和过失均不能构成本罪。

根据《刑法》第 209 条第 4 款的规定，犯本罪，即非法出售本条第 3 款规定以外的其他发票的，依照第 2 款的规定处罚。

【疑难指导】

为没有发生实际贸易内容的双方虚开发票，并从中赚取高额手续费的行为如何定性

绝大多数非法出售发票行为都附带“虚开”的行为，此时究竟是认定非法出售发票罪还是虚开发票罪存在争议。从犯罪构成分析，两罪的主要区别如下：

第一，非法出售发票罪的主观故意必须是直接故意，并且一般以营利为目的；虚开发票罪的主观方面也必须是直接故意，但不要求出于营利目的，如出于人情为他人虚开发票的行为，虽然未牟利但依然可以认定虚开发票罪。

第二，从发票来源分析，非法出售发票罪出售者的发票绝大多数是从网上购买或者从一些皮包公司购买的，还有为抽取佣金帮助他人送票的情况，换言之，此类犯罪的发票均不是出售发票者合法取得；而虚开发票罪的发票多是从税务机关申领的，系有权处置发票的单位或个人为他人、为自己虚开，既包括合法成立的单位为他人虚开，也包括为进行违法犯罪活动而专门设立的或者单位设立后主要从事违法犯罪活动的单位为他人虚开。结合以上两点，如果行为人系根据买票人的需求交付发票，其行为的目的是赚取出售发票的佣金，而非通过虚开发票挣取税金，应认定为非法出售发票罪。

【办案依据】

一、《刑法》规定

第二百零九条 伪造、擅自制造或者出售伪造、擅自制造的可以用于骗取出口退税、抵扣税款的其他发票的，处三年以下有期徒刑、拘役或者管制，并处二万元以上二十万元以下罚金；数量巨大的，处三年以上七年以下有期徒刑，并处五万元以上五十万元以下罚金；数量特别巨大的，处七年以上有期徒刑，并处五万元以上五十万元以下罚金或者没收财产。

伪造、擅自制造或者出售伪造、擅自制造的前款规定以外的其他发票的，处二年以下有期徒刑、拘役或者管制，并处或者单处一万元以上五万元以下罚金；情节严重的，处二年以上七年以下有期徒刑，并处五万元以上五十万元以下罚金。

非法出售可以用于骗取出口退税、抵扣税款的其他发票的，依照第一款的规定处罚。

非法出售第三款规定以外的其他发票的，依照第二款的规定处罚。

二、司法文件

《最高人民检察院、公安部关于公安机关管辖的刑事案件立案追诉标准的规定(二)》（2022年4月29日）

第六十四条 〔非法出售发票案（刑法第二百零九条第四款）〕非法出售增值税专用发票、用于骗取出口退税、抵扣税款的其他发票以外的发票，涉嫌下列情形之一的，应予立案追诉：

（一）非法出售增值税专用发票、用于骗取出口退税、抵扣税款的其他发票以外的发票一百份以上且票面金额累计在三十万元以上的；

（二）票面金额累计在五十万元以上的；

（三）非法获利数额在一万元以上的。

第十四章　持有伪造的发票罪

【立案追诉标准】

持有伪造的发票案（《刑法》第210条之一）

明知是伪造的发票而持有，涉嫌下列情形之一的，应予立案追诉：

（一）持有伪造的增值税专用发票或者可以用于骗取出口退税、抵扣税款的其他发票五十份以上且票面税额累计在二十五万元以上的；

（二）持有伪造的增值税专用发票或者可以用于骗取出口退税、抵扣税款的其他发票票面税额累计在五十万元以上的；

（三）持有伪造的第一项规定以外的其他发票一百份以上且票面金额在五十万元以上的；

（四）持有伪造的第一项规定以外的其他发票票面金额累计在一百万元以上的。

《最高人民检察院、公安部关于公安机关管辖的刑事案件立案追诉标准的规定（二）》（2022年4月29日）第65条

【犯罪构成及刑事责任】

持有伪造的发票罪，是指明知是伪造的发票而非法持有且数量较大的行为。本罪是《刑法修正案（八）》第35条增设的罪名。构成本罪需要具备以下四个要件：

1. 客体要件

本罪侵犯的客体是国家对发票的管理制度，犯罪对象是伪造的各种发票。

2. 客观要件

客观方面表现为非法持有伪造的发票数量较大的行为。“伪造的发票”是指仿照发票的内容、专用纸、荧光油墨、形状、图案、色彩等，使用印制、复印、描绘等手段制造的假发票。从司法实践的情况来看，“伪造发票”主要是非法印制。“非法”是指违反法律、法规和国家的有关规定。“持有”是指对伪造的发票实际占有、携有、藏有或者以其他方式持有伪造的发票的行为。

按照法律规定，持有伪造的发票的行为，除需具备以上构成要件外，还必须达到“数量较大”的程度，才构成犯罪。

3. 主体要件

犯罪主体为一般主体，既包括单位，也包括自然人。

4. 主观要件

主观方面由故意构成，即明知是伪造的发票而非法持有。过失不构成本罪。

根据《刑法》第 210 条之一的规定，犯本罪，明知是伪造的发票而持有，数量较大的，处二年以下有期徒刑、拘役或者管制，并处罚金；数量巨大的，处二年以上七年以下有期徒刑，并处罚金。

单位犯前款罪的，对单位判处罚金，并对其直接负责的主管人员和其他直接责任人员，依照前款的规定处罚。

【疑难指导】

一、如何理解持有伪造的发票罪的对象

《刑法》第 210 条之一规定，明知是伪造的发票而持有，数量较大的，构成持有伪造的发票罪。这里的发票与出售非法制造的发票罪中的发票外延不同，本罪规定的“伪造的发票”，包括伪造的增值税专用发票，伪造的其他用于出口退税、抵扣税款的其他发票以及伪造的普通发票。

二、为出售、虚开而持有发票的行为如何认定

实践中，行为人为出售、虚开或者伪造，往往持有大量的发票，对此应如何

处理，存在两种观点：一种观点认为，应以持有伪造的发票罪，与虚开发票罪、非法制造发票罪、出售非法制造的发票罪数罪并罚；[①] 另一种观点认为，如果行为人持有伪造的发票是为了出售、虚开或者伪造，应当以虚开发票罪、非法制造发票罪、出售非法制造的发票罪一罪论处，而不再单独认定持有伪造的发票罪。[②] 笔者同意第二种观点，持有伪造的发票罪属于持有型犯罪之一，该罪名系 2011 年《刑法修正案（八）》增加规定。在此之前，根据公安机关、税务机关反映，在查处发票犯罪案件时，经常在犯罪嫌疑人的身上、住处或者交通工具上查获大量假发票，但现有证据又无法证明系嫌疑人伪造，也无法证明嫌疑人系准备出售等，以非法出售发票罪等罪名追究刑事责任存在困难。为避免法律处理的盲区，加大对假发票的打击力度，2011 年 2 月 25 日第十一届全国人大常委会第十九次会议通过的《刑法修正案（八）》增加了持有伪造的发票罪。基于该立法意图，司法办案过程中，在行为人的身上、住所或者交通工具上查获大量假发票时，应当查明发票的来源及行为人持有伪造发票的目的和原因。如果能够查明行为人持有这些假发票的目的，符合出售非法制造的发票罪、逃税罪等相关的犯罪构成的，按照相应犯罪处理，但如果缺乏以出售非法制造发票、逃税等罪名追责的证据，无法查清行为人持有此类假发票的目的，可以以持有伪造的发票罪定罪量刑。

【办案依据】

一、《刑法》规定

第二百一十条之一 明知是伪造的发票而持有，数量较大的，处二年以下有期徒刑、拘役或者管制，并处罚金；数量巨大的，处二年以上七年以下有期徒刑，并处罚金。

单位犯前款罪的，对单位判处罚金，并对其直接负责的主管人员和其他直接责任人员，依照前款的规定处罚。

---

① 崔立美：《持有伪造的发票罪与出售非法制造的发票罪的界定》，载《中国检察官》2012 年第 18 期。

② 王伟波：《持有伪造的发票罪的认定标准探析》，载《中国检察官》2019 年第 18 期。

二、司法文件

《最高人民检察院、公安部关于公安机关管辖的刑事案件立案追诉标准的规定(二)》（2022年4月29日）

第六十五条 〔持有伪造的发票案（刑法第二百一十条之一）〕明知是伪造的发票而持有，涉嫌下列情形之一的，应予立案追诉：

（一）持有伪造的增值税专用发票或者可以用于骗取出口退税、抵扣税款的其他发票五十份以上且票面税额累计在二十五万元以上的；

（二）持有伪造的增值税专用发票或者可以用于骗取出口退税、抵扣税款的其他发票票面税额累计在五十万元以上的；

（三）持有伪造的第一项规定以外的其他发票一百份以上且票面金额在五十万元以上的；

（四）持有伪造的第一项规定以外的其他发票票面金额累计在一百万元以上的。

第二编　侵犯知识产权罪

第一章　假冒注册商标罪

【立案追诉标准】

假冒注册商标案（《刑法》第213条）

未经注册商标所有人许可，在同一种商品上使用与其注册商标相同的商标，具有下列情形之一的，属于刑法第二百一十三条规定的“情节严重”，应当以假冒注册商标罪判处三年以下有期徒刑或者拘役，并处或者单处罚金：

（一）非法经营数额在五万元以上或者违法所得数额在三万元以上的；

（二）假冒两种以上注册商标，非法经营数额在三万元以上或者违法所得数额在二万元以上的；

（三）其他情节严重的情形。

《最高人民法院、最高人民检察院关于办理侵犯知识产权刑事案件具体应用法律若干问题的解释》（2004年12月22日）第1条第1款

【犯罪构成及刑事责任】

假冒注册商标罪，是指未经注册商标所有人许可，在同一种商品、服务上使用与其注册商标相同的商标，情节严重的行为。构成本罪需要具备以下四个要件：

1. 客体要件

本罪侵犯的客体是国家有关商标的管理制度和他人的注册商标专用权。本罪

侵犯的对象是他人已经注册的商品商标。

2. 客观要件

客观方面表现为行为人未经注册商标所有人许可，在同一种商品、服务上使用与他人注册商标相同的商标，情节严重的行为。具体包括两个基本要素：

（1）行为人必须在同一种商品、服务上使用与他人注册商标相同的商标

一方面，行为人使用商标的商品与注册商标的商品必须是同一种商品或服务；另一方面，行为人所使用的商标与他人的注册商标相同。

（2）未经注册商标所有人许可

即如果经过注册商标所有人许可，在同一种商品、服务上使用该注册商标的，是合法行为，不构成假冒注册商标罪。

3. 主体要件

本罪主体为一般主体，自然人和单位均能成为本罪主体。就自然人而言，只要行为人达到了法定刑事责任年龄，具有刑事责任能力，实施了假冒注册商标的行为，即可构成犯罪。就单位而言，单位实施了假冒他人注册商标的行为，构成犯罪的，实行双罚制，即对单位判处罚金，对直接负责的主管人员和其他直接责任人员追究刑事责任。

4. 主观要件

本罪在主观方面表现为故意，即行为人明知某一商标是他人的注册商标，未经注册商标所有人的许可，在同一种商品或服务上使用与该注册商标相同的商标。如果是出于过失，即确实不知道自己所使用的商标是他人已注册的商标，则不构成本罪，可以按一般的商标侵权行为处理。

根据《刑法》第213条的规定，犯本罪，情节严重的，处三年以下有期徒刑，并处或者单处罚金；情节特别严重的，处三年以上十年以下有期徒刑，并处罚金。

【疑难指导】

一、对同一种商品、服务的认定

构成本罪，要求行为人在未经注册商标所有人许可的情况下，在同一种商品、服务上使用与其注册商标相同的商标。是否为同一种商品、服务，即行为人在其

生产销售的商品、提供的服务上使用被侵权的注册商标，该商品、服务是否和商标权人核定使用的商品、服务为同一种商品、服务，便成为界定行为人的行为是否构成本罪的关键，这也是理论界和司法实践中强调的“同一性”认定的问题。对于该问题，2011年1月10日《最高人民法院、最高人民检察院、公安部关于办理侵犯知识产权刑事案件适用法律若干问题的意见》第5条进行了规定。该司法解释对判断系争商品、服务是否为“同一种商品、服务”提供了科学的思维逻辑，为司法实践提供了较为具体的操作指引。[①] 依据该司法解释，可以分三个递进式的层次对系争商品、服务与注册商标核定使用的商品、服务是否为“同一种商品、服务”进行判断。首先，找准比较对象。认定系争商品、服务与注册商标核定使用的商品、服务是否为“同一种商品、服务”，应当在行为人实际生产销售的商品、提供的服务与权利人注册商标核定使用的商品、服务之间进行比较。其次，系争商品、服务的名称与注册商标核定使用的商品、服务名称是否相同。最后，名称虽然不同但需要进一步判断两者是否指向同一事物。当然，尽管该司法解释对如何判断系争商品、服务是否为“同一种商品、服务”进行了明确，但是无论在司法实践[②]中还是理论研究[③]中，对该问题的争议依然存在。在司法实践中，对系争商品、服

---

① 需要说明的是，尽管《最高人民法院、最高人民检察院、公安部关于办理侵犯知识产权刑事案件适用法律若干问题的意见》第5条规定的仅为商品，没有提到“服务”，但是，《刑法修正案（十一）》将假冒注册商标罪修改为“未经注册商标所有人许可，在同一种商品、服务上使用与其注册商标相同的商标”，即假冒注册商标罪将“服务”包含在内，而前述意见第5条提供的是一种判断的方法逻辑，虽然其并没有进行修改，但仍可以将其提供的判断方法运用到“服务”上。

② 如运动裤和裤子是否属于同一种商品的争议，检察机关认为两者系同一种商品；法院则认为裤子和运动裤分属于同种类物下的不同子类物，两者不是同一种商品。参见江西省都昌县人民法院（2014）都刑二初字第81号刑事判决书。

③ 对此，有学者将学界的纷争类型化为三种不同的观点：一是指要按照商品的原料、形状、性能、用途等因素以及习惯来判断，同一种商品一般指的是名称相同的商品，或者名称不同但所指的商品是相同的商品。二是根据《商标注册用商品和服务国际分类表》，只要是处于同一种目下的商品，无论其类型、重量、规格、型号等如何，均为同一种商品。三是认定“同一种商品”应在功能、用途、主要原料、消费对象、销售渠道等方面进行比对和分析，对于相同或者基本相同，相关公众一般认为是同一种事物的商品应视为“同一种商品”。参见李振林：《假冒注册商标罪之“同一种商品”认定》，载《法律适用》2015年第7期。

务和注册商标核定使用的商品、服务是否为“同一种商品、服务”的认定，需要从以下三个方面依次进行判定。

（一）将行为人实际生产销售的商品、提供的服务与权利人注册商标核定使用的商品、服务进行比较

行为人生产销售的商品、提供的服务，在认定上不存在争议。对于“注册商标核定使用的商品、服务”的认定，需要引起注意。实践中，商标注册人对注册商标在核定使用商品、服务上的使用情况纷繁复杂，主要有五种情况：[①]（1）严格按照核定范围使用，即将注册商标用于所有核定使用的商品、服务上；（2）超出核定范围使用，即在其他没有核定使用的商品、服务上使用注册商标；（3）仅将部分商标使用于核定商品、服务，即实际使用的商标仅为核定使用注册商标的一部分；（4）仅在部分核定商品、服务上使用商标，即在核定使用商品、服务中的某种或者某几种商品、服务上使用了注册商标，部分核定使用的商品、服务实际上并没有进行生产或销售；（5）虽然注册商标核定使用商品、服务的外延包含了某种商品、服务，但其没在注册表中登记该种商品、服务，且其本身也不生产销售该种商品、提供该种服务。对于第一种情况，直接进行判定即可，不存在争议。对于第二种情况，注册商标所有人超核定范围使用，其本身是一种违法行为，不受法律保护。这种情况下，判定系争商品、服务和注册商标核定使用的商品、服务是否为“同一种商品、服务”，仍应当以核定使用的商品、服务为参照，不能将注册商标所有人超范围使用的商品、服务作为参照。当然，需要明确的是，注册商标所有人超核定范围使用注册商标的情况，不能成为否定其核定范围商品、服务使用注册商标的合法性，即行为人将他人的注册商标使用在其生产销售的商品、提供的服务上，如果落入注册商标所有人核定使用的商品、服务范围，仍属于“同一种商品、服务”。对于第三种、第四种情况，尽管注册商标所有人仅使用部分注册商标，或仅在部分核定范围内的商品、服务上使用注册商标，但是由于我国注册商标采用的是“注册一元模式”，即注册后便受到保护，因此仍应当以注册登记的商标和核定使用的商品、服务范围为判断参照。对于第五种情况，虽然行

① 参见李振林：《假冒注册商标罪之“同一种商品”认定》，载《法律适用》2015 年第 7 期。

为人生产销售的商品、提供的服务属于注册商标核定使用的大类商品、服务下的某种小类商品、服务，但是按照我国注册登记取得商标权的法律规定，该种情况下注册商标所有人并没有将行为人生产销售的商品、服务进行登记，“尤其是在权利人在登记了某个大类商品的同时又登记了其所实际生产销售的大类商品下的小类商品的情况下，假冒注册商标行为的可责性或可罚性就大大降低”[①]。该种情况下，不应当将其纳入刑法评价，运用民事法律解决较为适宜。

（二）对“名称相同”进行判定

司法实践中，对名称是否相同的判定，主要依据是作为国际公约的《商标注册用商品和服务国际分类尼斯协定》[②] 和我国制定的《类似商品和服务区分表》。一般情况下，仅需判定行为人生产销售的商品、提供的服务是否与《商标注册用商品和服务国际分类尼斯协定》和《类似商品和服务区分表》中规定的商品、服务名称是否相同即可判定两者是否属于“同一种商品、服务”。但是，司法实践的情况纷繁复杂，这一看似清晰明了的判断标准在理论研究和司法实践中常常会引发争议。从理论研究和司法实践来看，“名称相同”的商品、服务主要有以下两种情况：一是名称完全相同的商品、服务；二是名称不同但指同一事物的商品、服务。据此，对“名称相同”应当分别进行“名称相同”和“名称不同但指同一事物”两个层面的判断。

一是名称完全相同的商品、服务。商品、服务的名称，是指《商标注册用商品和服务国际分类尼斯协定》和我国制定的《类似商品和服务区分表》中规定的商品的名称。消费者对商品、服务的认知具有动态变动性、模糊性、不确定性，不同的消费者对同一种商品的认知度也各不相同，即便是同一个消费者在不同的时间段或不同的境况下，也可能对商品、服务种类的划分具有不一致的情况。但是，相对消费者主观认知的动态变动性、模糊性、不确定性而言，《商标注册用商品和服务国际分类尼斯协定》和《类似商品和服务区分表》划分商品、服务种类

---

① 李振林：《假冒注册商标罪之“同一种商品”认定》，载《法律适用》2015 年第 7 期。

② 有人将其称为《商标注册用商品和服务国际分类表》。参见郑志：《民刑交叉视角下的假冒注册商标罪客观要件研究》，载《知识产权》2020 年第 5 期。

的标准是商品、服务的性质和功能，具有确定性、标准性。因此，以《商标注册用商品和服务国际分类尼斯协定》和《类似商品和服务区分表》作为判断“名称相同”的依据是比较客观、明确的。在《商标注册用商品和服务国际分类尼斯协定》和《类似商品和服务区分表》中，所有商品均是按照类、组、种三个级次进行分类的，同种商品、服务就是指同一种目下所列举的商品、服务。因此，只要是处于同一种目的商品、服务，无论其类型、重量、规格、型号等如何均为同一种商品。

二是名称不同但指同一事物的商品、服务。我国地大物博，南北、东西等地区地域文化和风俗习惯之间差异较大，俗话“三里不同风，五里不同俗”就是真实的写照。该种情况下，不同地域甚至是同一地域不同人之间，往往会用不同的称谓指称同一种商品、服务。这种情况当然也会发生在行为人和注册商标权利人之间，但是该商品在《商标注册用商品和服务国际分类尼斯协定》和《类似商品和服务区分表》中对应的却是同一个商品、服务名称，即名称实际相同的商品、服务。例如，权利人将其生产的某种商品命名为“电吹风”，行为人将其生产的同种商品命名为“插电式风力干发器”，但实际上两者在《类似商品和服务区分表》中对应的商品名称均为“电吹风（C110020）”，故而应判定为“名称相同”的“同一种商品”[①]。在真实的司法实践中，也经常出现利用对“名称相同”的曲解而实施侵犯注册商标权犯罪行为的案例。如，在郑州思×食品有限公司商标权被侵犯一案中，“思×”牌注册商标核定使用商品的范围为：饺子、元宵、馄饨、包子、春卷、方便米饭、八宝饭、粽子、馒头、冰淇淋。2007 年 6 月至 2008 年 1 月间，被告人孙某将在北京自行生产的水饺、汤圆，封装到标有“思×”牌商标水饺、汤圆的包装袋及包装箱中进行销售。孙某在庭审中辩称自己销售的水饺、汤圆与思×食品公司注册商标核定使用商品范围中的饺子、元宵在名称上是不同的，并不是法律和司法解释规定的“同一种商品”。但实际上，“水饺”与“饺子”、“汤圆”与“元宵”在《商标注册用商品和服务国际分类尼斯协定》中的名称均

① 参见逄锦温、刘福谦等：《〈关于办理侵犯知识产权刑事案件适用法律若干问题的意见〉的理解与适用》，载《人民司法（应用版）》2011 年第 5 期。

分别为饺子（C300070）和元宵（C300052）。并且，虽然“水饺”与“饺子”在字面上名称不同，但是绝大多数人都知道两者指称的事物是相同的：“水饺”体现出对“饺子”这种食品的烹饪方式，二者所指向的实际上是同一种事物，应当认定为“名称相同”的“同一种商品”；同样，“汤圆”与“元宵”这两种食品在主要原料、功能、用途等方面基本相同，仅仅是因为地域文化或风俗习惯等方面的差异，导致对两者的叫法不同而已，相关公众一般认为是同一事物的商品，二者指向的实际也是同一事物，故而也应当认定为“名称相同”的“同一种商品”。北京市第一中级人民法院最终也据此认定被告人假冒注册商标的罪名成立。[①] 因此，对于“名称不同但指同一事物的商品、服务”的认定，应当坚持客观和主观相结合的原则——一是在客观上，应判定两种商品、服务在功能、用途、主要原料、消费对象、销售渠道等方面是否全部相同或者全部基本相同。如果两种商品、服务的功能或用途不同，即便其主要原料、消费对象、销售渠道等方面相同，也不能认定为“同一种商品、服务”。如果两种商品、服务的功能和用途相同，但其主要原料或消费对象等方面有所不同，也不能认定为“同一种商品、服务”。二是在主观上，应判定相关公众对两种商品、服务的认识方面是否相同或基本相同。对于相关公众认识的采集和判断，有学者指出，可以借鉴“相同商标”认定制度中对相关公众的判断方法，即通过建立相关公众混淆度的调查制度，来完善我国同一种商品的认定制度。[②]

二、假冒两种以上注册商标的认定

《最高人民法院、最高人民检察院关于办理侵犯知识产权刑事案件具体应用法律若干问题的解释》规定，“假冒两种以上注册商标”会使得假冒注册商标罪的入罪条件与法定刑升格条件降低，即该种情形在达到司法解释规定的数额的情况下，会影响到罪与非罪的判定和刑罚的轻重，对行为人的惩罚会产生实质性的影响。所以，以何种标准认定行为人的行为是否属于“假冒两种以上注册商标”，在理论

---

① 参见最高人民法院刑事审判第一、二、三、四、五庭编：《刑事审判参考》2011 年第 1 集（总第 78 集），法律出版社 2011 年版，第 89 ~ 94 页。

② 参见李振林：《假冒注册商标罪之“同一种商品”认定》，载《法律适用》2015 年第 7 期。

界存在争议，在司法实践中也存在不同程度的分歧。比如，未经注册商标所有人许可，在自行车上同时使用“永久”文字商标和“永久”艺术字图案商标，该种情况能否认定为司法解释规定的“两种”商标?[①] 一种意见认为，虽然行为人使用了两个商标，但两个商标都和“永久”相关，权利人都是同一家公司，且反映了商品的同一来源，应当认定为“一种”；另一种意见认为，司法解释规定的“假冒两种以上注册商标”应当理解为“假冒两个以上不同注册商标”，只要行为人使用（假冒）两个以上具有独立注册商标证的商标，就应当认定为符合“假冒两种以上注册商标”，进而应当按照司法解释的规定定罪量刑。

在理论研究中，也存在否定说和肯定说之争。[②] 否定说认为，司法解释中规定的是“假冒两种以上注册商标”，而不是“假冒两个以上注册商标”。因此，即使行为人使用（假冒）的是两个有独立注册号的商标，但是只要使用在同一个商品上，反映特定商品的同一来源，就应当认定为“一种商标”，而不能依照“假冒两种以上注册商标”的数额标准对行为人进行定罪量刑。肯定说则认为，只要行为人在同一个商品上使用两个以上不同的、有独立注册号的商标，就属于司法解释规定的“假冒两种以上注册商标”。

对此，应当认为，只要行为人未经注册商标所有人许可，在同一个商品上使用（假冒）了两个以上有独立的注册号的商标，就应当认定为其行为符合“假冒两种以上注册商标”的情形。理由如下：一是从假冒注册商标犯罪侵犯的客体（法益）来看，该罪保护的法益是他人的注册商标专用权和国家的商标管理制度。商标权人的注册商标专用权和注册商标的个数是对应的，即注册一个商标就形成一个注册商标专用权，只要行为人假冒了注册商标，就是对注册商标专用权的侵犯，同时也是对商标管理制度的侵犯，不会因为不同的注册商标反映特定商品的

---

① 参见涂龙科：《假冒注册商标罪的司法疑难与理论解答》，载《政治与法律》2014 年第 10 期。

② 参见朱建华、甄航：《“假冒两种以上注册商标”的解构与反思》，载《人民检察》2020 年第 17 期。

同一来源、属于同一权利人等情形而改变。[①] 二是从刑法条文文理解释的角度来看，“假冒两种以上注册商标”的应有之义是“假冒两个以上不同注册商标”。对于量词“种”和“个”来说，“种”后面所跟的不同事物的性质是不同的，而“个”后面所跟的事物的性质可能相同也可能不同，如“三种玻璃杯”肯定是不同种类的玻璃杯，而“三个玻璃杯”只是强调个数，可能是三个相同种类的玻璃杯，也可能是三个不同种类的玻璃杯，量词“个”是在比“种”更大范围内使用的。否定说的观点指出，司法解释规定的是“假冒两种以上注册商标”而不是“假冒两个以上注册商标”，进而认为即使行为人使用（假冒）的是两个有独立注册号的商标，但是只要使用在同一个商品上，反映特定商品的同一来源，就应当认定为“一种商标”，这种逻辑推理和论证是不恰当的，因为如果司法解释的规定是“假冒两个以上注册商标”，那么就会造成在同一个商品上使用两个以上相同的注册商标的情形也应当降低入罪标准和法定刑升格的标准，这与该罪的法益保护目的和科学的逻辑推理都是不相符的。可以说，“两种以上”是对“两个以上”范围的限缩，在“种”和“个”量词同时存在的语境下，“假冒两种以上注册商标”的文理解释应当是“假冒两个以上不同注册商标”。[②] 三是从刑法体系解释的角度来看，刑法用语的含义解读应当遵循体系解释的规则，在同一章节体系中应当遵循章节体系的指引。[③] 在侵犯知识产权犯罪这一章节之下，在用语中涉及“两种以上”除了本罪司法解释之外，还有非法制造、销售非法制造的注册商标标识罪，该罪的立案追诉标准中规定，“伪造、擅自制造或者销售伪造、擅自制造两种以上注册商标标识”也会降低入罪条件和法定刑升格条件。这里的注册商标标识显然是以具有独立注册号为标准的，即一个注册号便成立一个独立的标识，多个注册号便会成立对应的多个标识，这里的“两种以上”显然是指两个以上具有不

---

① 参见涂龙科：《假冒注册商标罪的司法疑难与理论解答》，载《政治与法律》2014 年第 10 期。

② 参见朱建华、甄航：《“假冒两种以上注册商标”的解构与反思》，载《人民检察》2020 年第 17 期。

③ 刑法体系解释的“体系”，可以分为五个层次，即“条文”“章节”“刑法典”“法秩序统一体”“社会共同体价值”。参见高维俭、王东海：《刑法体系解释层次论——兼以“赵某案”为实践检验样本》，载《现代法学》2019 年第 3 期。

同注册号的标识，而不问其是否属于核定使用的商品类别为同一商品、是否为同一权利人所有、是否反映特定商品的同一来源等问题；而如果将这两个以上的标识用在同一个商品上，按照否定说的观点，在假冒注册商标罪中就仅成立“假冒一种注册商标”，这显然与前者相矛盾。也就是说，基于体系解释的原理，“假冒两种以上注册商标”应当解释为“假冒两个以上不同注册商标”。四是从注册商标所有权的取得来看，我国采取的是注册取得的一元模式，权利人向相关行政机关申请注册获得批准后便会取得对应的注册商标证，注册商标证即对应注册商标所有权。因此，以注册商标证的数量来认定注册商标的数量，在理论上具有合理性、合法性，在司法实践中易于辨析、便于操作。并且，在我国商标权取得采取注册一元模式的情况下，凡是经过注册审批的商标都应当获得平等的司法保护，如果仅仅依据两个以上的注册商标系核定使用的同一商品、为同一权利人所有、反映特定商品的同一来源，而将两个以上具有独立注册号的不同的注册商标认定为一种注册商标，显然与注册取得一元模式的立法矛盾，也将导致对注册商标保护的缺失。

此外，理论研究和司法实践中还存在关于假冒“两种以上”“联合商标”或“防御商标”，以及假冒一种主商标和一种以上“联合商标”或“防御商标”的认定问题。“联合商标也称‘卫星商标’，它是指同一个商标所有人在核准注册的商品或服务上注册的几个近似商标或在核准注册的同类不同商品上注册的几个近似商标的总称。”“防御商标是指同一个商标所有人为防止他人抢注将同一商标在非相同和非类似商品上注册的商标的总称。”[①] “联合商标”与“防御商标”是学理上的称谓，两者的目的是防止主商标被淡化。从商标保护的角度来说，不管是主商标还是辅助商标，不管是“联合商标”还是“防御商标”，只要是经过依法申请批准的，都应当受到平等保护。也就是说，只要假冒两个以上具有独立商标号的注册商标的行为，均属于司法解释规定的“假冒两种以上注册商标”。

在现实生活中，存在商标在注册后不使用的情形，特别是对于“联合商标”和“防御商标”来说，由于两者的主要目的在于防止主商标的淡化，因此对于该

---

① 张平：《知识产权法》，北京大学出版社2015年版，第209～210页。

两类商标来说，更容易发生连续三年不使用而被撤销的情况。在商标连续三年不使用而被撤销的情况下，商标便不被国家法律所保护；而在商标连续三年不使用，国家又没有对其进行撤销的情况下，该商标虽然从形式上看是有效的，但是根据我国法律规定，该类商标事实上已经失效。商标在事实上失效说明国家已经停止对其保护，在此情况下，行为人假冒国家停止保护的注册商标不能算入“假冒两种以上注册商标”中的一种。[①]

三、不宜认定为犯罪的几种情形[②]

（一）类似商品和类似商标

在类似商品上使用与他人有效的注册商标相同或者相似的商标的，或者在同一种商品上使用与他人有效的注册商标相似的商标的行为，不宜认定为假冒注册商标罪。因为，假冒注册商标罪成立的前提是“两个相同”：在“同一种商品、服务”上使用与其注册商标“相同的商标”，构成本罪必须满足“商品、服务相同”“商标相同”两个条件，“类似商品”和“类似商标”不能满足本罪的构成要件。相同商品、服务和相同商标的判定，参见前述一、二的论述。当然，对此也有反对观点，认为应当将“类似商品”和“类似服务”纳入刑事打击范围：“为了与世界范围内以刑事手段打击‘类似商品’与‘类似商标’侵权行为的潮流接轨，将严重‘类似商品’与‘类似商标’的假冒行为纳入刑法的规制视域势在必行。”[③] 但是，《刑法》规定的是“两同”，依据罪刑法定原则，不应当随意对入罪范围进行扩大。此外，不进行刑事打击并不意味着不进行法律规制，夸大刑法的功能可能会带来更严重的危害。

（二）假冒对象不存在或失效

假冒他人没有注册的商标的，或者假冒他人虽然注册但已经失效的商标的，

---

① 参见朱建华、甄航：《“假冒两种以上注册商标”的解构与反思》，载《人民检察》2020年第17期。

② 参见张明楷：《刑法学》，法律出版社2021年版，第1066～1067页。

③ 李永生、冯文杰：《实质解释视域下的假冒注册商标罪研究》，载《昆明理工大学学报（社会科学版）》2015年第6期。此外，还有学者也持相同观点，认为在“类似商品”和“近似商标”的假冒情形下，一般人难以辨析，对市场秩序有危害，其危害程度不亚于“两同”的情况，参见罗开卷：《TRIPS协议下我国假冒注册商标罪的立法完善》，载《法学论坛》2006年第3期。

不构成假冒注册商标罪。因为我国注册商标采用的是“注册取得的一元模式”，即只有注册生效的商标才受到法律的保护，对于没有注册的商标，不能构成本罪。并且，《商标法》对注册商标的保护是有条件的，如果注册商标权利人连续三年没有使用注册商标的话，行为人假冒他人“注册商标”的行为便不能以犯罪论处，即《商标法》第 49 条第 2 款规定：“注册商标成为其核定使用的商品的通用名称或者没有正当理由连续三年不使用的，任何单位或者个人可以向商标局申请撤销该注册商标……”第 64 条第 1 款规定：“注册商标专用权人请求赔偿，被控侵权人以注册商标专用权人未使用注册商标提出抗辩的，人民法院可以要求注册商标专用权人提供此前三年内实际使用该注册商标的证据。注册商标专用权人不能证明此前三年内实际使用过该注册商标，也不能证明因侵权行为受到其他损失的，被控侵权人不承担赔偿责任。”

（三）商标的在先使用

商标在先使用，符合商标在先使用权要件的，不构成假冒注册商标罪。商标的在先使用权，是指商标在注册之前已经使用的人在商标注册后有在原有范围内继续使用的权利。商标的在先使用权的构成要件主要包括四个方面：（1）商标在先使用人在商标注册申请之前已经在相同或者相似产品上使用。（2）在先使用人使用的商标与注册商标相同或者相近。（3）商标在先使用人在商标注册申请前已连续使用并且获得了一定的市场信誉。（4）商标在先使用权人必须出于善意，不能出于不正当竞争的目的。[①] 司法实践也对此进行了进一步的明确，如最高人民检察院检例第 99 号广州卡门实业有限公司涉嫌销售假冒注册商标的商品立案监督案指出，商标注册人申请商标注册前，他人已经在同一种商品或者类似商品上先于商标注册人使用与注册商标相同或者近似并有一定影响的商标的，注册商标专用权人无权禁止该使用人在原使用范围内继续使用该商标，注册商标所有人仅可以要求其附加适当区别标识。判断是否存在在先使用抗辩事由，需重点审查以下方面：一是在先使用人是否在商标注册人申请注册前先于商标注册人使用该商标。二是在先使用商标是否已产生一定影响。三是在先商标使用人主观上是否善意。

① 参见郭海宁：《商标权的限制及立法建议》，载《中华商标》2012 年第 3 期。

（四）商标权用尽

商标权用尽，是指注册商标所有人或者注册商标被许可使用人对该注册商标进行商标法上的利用，即使用于产品、商品或者服务上，该产品、商品一经出售或者该服务一经实现，则注册商标原权利人便无权再禁止或阻碍其他人使用、许诺销售或者销售附有该注册商标的商品。[①] 之所以规定商标权用尽，是因为[②]：第一，这是由所有权权能所决定的，人们依法购买商品后便对商品拥有所有权，商品所有权人有权对自己拥有的商品进行再次销售，这是毫无疑问的。第二，法律调整一定的社会关系，维护交易的安全，保障经济乃至社会的正常秩序，如果依法购买了商品的人不能对商品进行销售，显然不符合法律的价值和精神以及人们的期待。第三，注册商标权所有人或经其许可使用人在使用注册商标及销售商品时，已经获得相应利益，商标权的权益已然实现，不能对其进行无限保护。所以，对于一般的旧商品交易行为，以商标权用尽来限制商标权有其合理性。当然，商标权用尽需要符合四个要件：第一，商品上有权利存在。商标权必须附于商品之上，即系争商品上必须附有商标。[③] 第二，权利来源合法。商标权人未使用注册商标，或未经过注册商标权利人许可使用商标，绝对不会导致权利用尽。第三，附有商标的商品进入流通领域，能够通过转让所有权的方式进行流转。如果没有商品所有权的转移，自然没有适用商标权权利用尽理论的必要。第四，在进一步对商标进行利用的行为中，没有改变所附的商品的品质。即便是销售商需要分包或者改变包装，也应向消费者说明未改变包装的商品与改变包装后的商品之间的联系。[④]

四、旧货翻新行为的处理[⑤]

在日常生活中，常常会出现旧货翻新销售的情况。旧货翻新并不是一个法律

---

① 参见何敏：《知识产权基本理论》，法律出版社2011年版，第231页。

② 参见宁立志、芦加人：《旧货翻新销售行为的商标法检视》，载《暨南学报（哲学社会科学版）》2017年第10期。

③ 参见郑成思：《知识产权论》，法律出版社2007年版，第255页。

④ 参见刘宁：《知识产权若干理论热点问题探讨》，中国检察出版社2007年版，第62页。

⑤ 参见张明楷：《刑法学》，法律出版社2021年版，第1067页。

术语，而是一种生活现象，是指行为人自有旧商品或配件，以清洗、修补、修理修配、打磨美容等手段对商品进行翻新，再作为商品或者组成商品进行销售的行为。一般表现为三个步骤：一是获取旧商品；二是通过清洗、修补等手段进行翻新；三是将翻新的商品进行销售。对于收购他人使用过的标有注册商标的商品进行旧货翻新的行为，如果行为人使用原注册商标将商品出售给他人时说明真相的，不构成假冒注册商标罪，也不构成其他犯罪；如果没有说明真相，符合生产、销售伪劣产品罪构成要件的，以该罪论处，但不构成假冒注册商标罪。对于收集商品零部件组成商品或者将作废的商品加工成新商品这两种旧货翻新的情况，旧货翻新后使用他人注册商标再出售的，则构成假冒注册商标罪，也可能同时构成生产、销售伪劣产品罪，该种情况下，符合想象竞合犯的刑法原理，按照择一重罪处断的原则进行处理。

五、反向假冒行为的处理

所谓反向假冒，即未经注册商标所有人同意，更换商品的注册商标并将其再投入市场流通的行为。[①] 构成反向假冒，一般具有四个要件。一是商品来源于商标权人。正是因为商标权人在商品上使用该商标，商品成了商标权人与消费者之间的“纽带”。也是凭借该商品，商标权人逐渐获得并积累商誉，形成自己的“品牌”竞争力。二是商标权人有借助商标积累商誉的目的。日常生活中，许多经营者只希望更多地销售自己的商品，尽快地获得利润，并无经营“品牌”之意思，故其在销售的商品上往往不附加商标，此即没有借助商标积累商誉之目的。三是行为人未经商标权人同意，虚假表示商品来源。虚假表示商品来源的方式一般是“换标”，即除去商标权人的商标，换上自己的商标，如使用自己的商标“覆盖”原商标权人的商标，虽没有真正“揭掉”原商标权人的商标，但仍能使其达到虚假表示的目的行为，也属虚假表示行为。四是商标权人因虚假表示受到损害。这种损害并不能与直接的经济损失画等号，因为商标权人在把商标附于商品上，第一次投入市场进行流通时，就已获得与权利相对应的经济利益的回报。故而，此处所受到的损失，是从消费者处能够积累而没有积累的商誉上的损失。一般来说，

---

① 参见宁立志主编：《知识产权法》，武汉大学出版社2011年版，第330页。

对一次消费有满意体验的消费者，更有可能发生下一笔消费，即生活中常说的“回头客”“老顾客”。而“口碑效应”更能带来潜在的客户，增加市场占有率，获得更大的竞争优势。

对于反向假冒能否以犯罪处理？理论界存在两种不同的观点。出罪的观点认为，“反向假冒商标所造成的侵权问题是客观存在的，但是其尚未达到应受刑罚处罚的社会危害性”[①]。入罪的观点认为，应当将反向假冒情节严重的行为犯罪化处理，[②] 动用刑法加以处罚，认为将该种情形以假冒注册商品罪论处；[③] 还有人认为，应当增设独立的反向假冒注册商标罪。[④] 但是，根据现行刑法和相关司法解释的规定，将反向假冒纳入刑法打击的范围缺乏法律依据，以“反向假冒”为关键词通过裁判文书网进行搜索，也没有搜索到以刑法惩处的案例。因此，在目前情形下，反向假冒的行为不宜以犯罪论处。

六、正确处理本罪与生产、销售伪劣产品罪

司法实践中存在以假冒他人注册商标的方式生产、销售伪劣产品的现象，或者说行为人在假冒注册商标时易同时触犯生产、销售伪劣产品罪。对此，有人认为该种行为系刑法理论上的牵连犯，即假冒注册商标行为是生产、销售伪劣商品的手段行为；[⑤] 有人认为该种情况属于法条竞合；[⑥] 有人认为该种情况属于刑法理论上的想象竞合犯。[⑦] 尽管三种意见都没有对该种情况进行数罪并罚，但是依据何

---

① 参见齐文远、唐子艳：《反向假冒商标行为之刑法思考》，载《现代法学》2011 年第 2 期。

② 参见蒋巍：《基于利益平衡角度的商标权刑法保护研究》，载《广西大学学报（哲学社会科学版）》2020 年第 3 期；杨晓培：《利益均衡：商标权刑法保护的一种进化》，载《法学杂志》2017 年第 9 期。

③ 参见高继伟、陈丽：《建议刑法增设反向假冒商标罪》，载《中华商标》2007 年第 10 期。

④ 参见解琳：《反向假冒的刑法归罪及立法建议》，载《中华商标》2009 年第 4 期。

⑤ 肖晓祥：《假冒注册商标罪司法实务问题探讨》，载《铁道警官高等专科学校学报》2010 年第 6 期。

⑥ 刘娟娟、陈灵海：《从假冒商标犯罪看法条竞合的适用原则——从“林 × 粮液案”谈起》，载《黑龙江省政法管理干部学院学报》2000 年第 3 期。

⑦ 郭大磊：《侵犯注册商标权犯罪罪数形态问题研究》，载《太原师范学院学报（社会科学版）》2011 年第 2 期。

种理论对该种情况进行处理需要进一步明确。应当说，行为人以假冒注册商标的方式生产、销售伪劣产品，同时符合两罪的构成要件的，实际上是一种行为侵犯两个法益、触犯不同罪名，符合想象竞合犯的理论构造，应当择一重罪处罚。

【办案依据】

一、《刑法》规定

第二百一十三条　未经注册商标所有人许可，在同一种商品、服务上使用与其注册商标相同的商标，情节严重的，处三年以下有期徒刑，并处或者单处罚金；情节特别严重的，处三年以上十年以下有期徒刑，并处罚金。

二、司法解释

（一）《最高人民法院、最高人民检察院关于办理侵犯知识产权刑事案件具体应用法律若干问题的解释（三）》（2020年9月14日，法释〔2020〕10号）

第一条　具有下列情形之一的，可以认定为刑法第二百一十三条规定的“与其注册商标相同的商标”：

（一）改变注册商标的字体、字母大小写或者文字横竖排列，与注册商标之间基本无差别的；

（二）改变注册商标的文字、字母、数字等之间的间距，与注册商标之间基本无差别的；

（三）改变注册商标颜色，不影响体现注册商标显著特征的；

（四）在注册商标上仅增加商品通用名称、型号等缺乏显著特征要素，不影响体现注册商标显著特征的；

（五）与立体注册商标的三维标志及平面要素基本无差别的；

（六）其他与注册商标基本无差别、足以对公众产生误导的商标。

（二）《最高人民法院、最高人民检察院关于办理非法生产、销售烟草专卖品等刑事案件具体应用法律若干问题的解释》（2010年3月26日，法释〔2010〕7号）

第一条第二款　未经卷烟、雪茄烟等烟草专卖品注册商标所有人许可，在卷烟、雪茄烟等烟草专卖品上使用与其注册商标相同的商标，情节严重的，依照刑法第二百一十三条的规定，以假冒注册商标罪定罪处罚。

（三）《最高人民法院、最高人民检察院关于办理侵犯知识产权刑事案件具体应用法律若干问题的解释》（2004年12月22日，法释〔2004〕19号）

第一条 未经注册商标所有人许可，在同一种商品上使用与其注册商标相同的商标，具有下列情形之一的，属于刑法第二百一十三条规定的“情节严重”，应当以假冒注册商标罪判处三年以下有期徒刑或者拘役，并处或者单处罚金：

（一）非法经营数额在五万元以上或者违法所得数额在三万元以上的；

（二）假冒两种以上注册商标，非法经营数额在三万元以上或者违法所得数额在二万元以上的；

（三）其他情节严重的情形。

具有下列情形之一的，属于刑法第二百一十三条规定的“情节特别严重”，应当以假冒注册商标罪判处三年以上七年以下有期徒刑，并处罚金：

（一）非法经营数额在二十五万元以上或者违法所得数额在十五万元以上的；

（二）假冒两种以上注册商标，非法经营数额在十五万元以上或者违法所得数额在十万元以上的；

（三）其他情节特别严重的情形。

第八条 刑法第二百一十三条规定的“相同的商标”，是指与被假冒的注册商标完全相同，或者与被假冒的注册商标在视觉上基本无差别、足以对公众产生误导的商标。

刑法第二百一十三条规定的“使用”，是指将注册商标或者假冒的注册商标用于商品、商品包装或者容器以及产品说明书、商品交易文书，或者将注册商标或者假冒的注册商标用于广告宣传、展览以及其他商业活动等行为。

第十二条 本解释所称“非法经营数额”，是指行为人在实施侵犯知识产权行为过程中，制造、储存、运输、销售侵权产品的价值。已销售的侵权产品的价值，按照实际销售的价格计算。制造、储存、运输和未销售的侵权产品的价值，按照标价或者已经查清的侵权产品的实际销售平均价格计算。侵权产品没有标价或者无法查清其实际销售价格的，按照被侵权产品的市场中间价格计算。

多次实施侵犯知识产权行为，未经行政处理或者刑事处罚的，非法经营数额、违法所得数额或者销售金额累计计算。

本解释第三条所规定的“件”，是指标有完整商标图样的一份标识。

第十三条 实施刑法第二百一十三条规定的假冒注册商标犯罪，又销售该假冒注册商标的商品，构成犯罪的，应当依照刑法第二百一十三条的规定，以假冒注册商标罪定罪处罚。

实施刑法第二百一十三条规定的假冒注册商标犯罪，又销售明知是他人的假冒注册商标的商品，构成犯罪的，应当实行数罪并罚。

第十六条 明知他人实施侵犯知识产权犯罪，而为其提供贷款、资金、账号、发票、证明、许可证件，或者提供生产、经营场所或者运输、储存、代理进出口等便利条件、帮助的，以侵犯知识产权犯罪的共犯论处。

三、司法文件

《最高人民法院、最高人民检察院、公安部关于办理侵犯知识产权刑事案件适用法律若干问题的意见》（2011年1月10日）

五、关于刑法第二百一十三条规定的“同一种商品”的认定问题

名称相同的商品以及名称不同但指同一事物的商品，可以认定为“同一种商品”。“名称”是指国家工商行政管理总局商标局在商标注册工作中对商品使用的名称，通常即《商标注册用商品和服务国际分类》中规定的商品名称。“名称不同但指同一事物的商品”是指在功能、用途、主要原料、消费对象、销售渠道等方面相同或者基本相同，相关公众一般认为是同一种事物的商品。

认定“同一种商品”，应当在权利人注册商标核定使用的商品和行为人实际生产销售的商品之间进行比较。

六、关于刑法第二百一十三条规定的“与其注册商标相同的商标”的认定问题

具有下列情形之一，可以认定为“与其注册商标相同的商标”：

（一）改变注册商标的字体、字母大小写或者文字横竖排列，与注册商标之间仅有细微差别的；

（二）改变注册商标的文字、字母、数字等之间的间距，不影响体现注册商标显著特征的；

（三）改变注册商标颜色的；

（四）其他与注册商标在视觉上基本无差别、足以对公众产生误导的商标。

七、关于尚未附着或者尚未全部附着假冒注册商标标识的侵权产品价值是否计入非法经营数额的问题

在计算制造、储存、运输和未销售的假冒注册商标侵权产品价值时，对于已经制作完成但尚未附着（含加贴）或者尚未全部附着（含加贴）假冒注册商标标识的产品，如果有确实、充分证据证明该产品将假冒他人注册商标，其价值计入非法经营数额。

四、其他法规

《商标法》（2019年4月23日）

第三条 经商标局核准注册的商标为注册商标，包括商品商标、服务商标和集体商标、证明商标；商标注册人享有商标专用权，受法律保护。

本法所称集体商标，是指以团体、协会或者其他组织名义注册，供该组织成员在商事活动中使用，以表明使用者在该组织中的成员资格的标志。

本法所称证明商标，是指由对某种商品或者服务具有监督能力的组织所控制，而由该组织以外的单位或者个人使用于其商品或者服务，用以证明该商品或者服务的原产地、原料、制造方法、质量或者其他特定品质的标志。

集体商标、证明商标注册和管理的特殊事项，由国务院工商行政管理部门规定。

第六十七条 未经商标注册人许可，在同一种商品上使用与其注册商标相同的商标，构成犯罪的，除赔偿被侵权人的损失外，依法追究刑事责任。

伪造、擅自制造他人注册商标标识或者销售伪造、擅自制造的注册商标标识，构成犯罪的，除赔偿被侵权人的损失外，依法追究刑事责任。

销售明知是假冒注册商标的商品，构成犯罪的，除赔偿被侵权人的损失外，依法追究刑事责任。

第六十八条 商标代理机构有下列行为之一的，由工商行政管理部门责令限期改正，给予警告，处一万元以上十万元以下的罚款；对直接负责的主管人员和其他直接责任人员给予警告，处五千元以上五万元以下的罚款；构成犯罪的，依法追究刑事责任：

（一）办理商标事宜过程中，伪造、变造或者使用伪造、变造的法律文件、印

章、签名的；

（二）以诋毁其他商标代理机构等手段招徕商标代理业务或者以其他不正当手段扰乱商标代理市场秩序的；

（三）违反本法第四条、第十九条第三款和第四款规定的。

商标代理机构有前款规定行为的，由工商行政管理部门记入信用档案；情节严重的，商标局、商标评审委员会并可以决定停止受理其办理商标代理业务，予以公告。

商标代理机构违反诚实信用原则，侵害委托人合法利益的，应当依法承担民事责任，并由商标代理行业组织按照章程规定予以惩戒。

对恶意申请商标注册的，根据情节给予警告、罚款等行政处罚；对恶意提起商标诉讼的，由人民法院依法给予处罚。

【指导性案例】

一、郭明升、郭明锋、孙淑标假冒注册商标案

（最高人民法院指导案例 87 号）

【关键词】

刑事；假冒注册商标罪；非法经营数额；网络销售；刷信誉

【裁判要点】

假冒注册商标犯罪的非法经营数额、违法所得数额，应当综合被告人供述、证人证言、被害人陈述、网络销售电子数据、被告人银行账户往来记录、送货单、快递公司电脑系统记录、被告人等所作记账等证据认定。被告人辩解称网络销售记录存在刷信誉的不真实交易，但无证据证实的，对其辩解不予采纳。

【相关法条】

《中华人民共和国刑法》第二百一十三条

【基本案情】

公诉机关指控：2013 年 11 月底至 2014 年 6 月期间，被告人郭明升为谋取非法利益，伙同被告人孙淑标、郭明锋在未经三星（中国）投资有限公司授权许可的情况下，从他人处批发假冒三星手机裸机及配件进行组装，利用其在淘宝网上开设的“三星数码专柜”网店进行“正品行货”宣传，并以明显低于市场价格公开对外销售，共计销售假冒的三星手机 20000 余部，销售金额 2000 余万元，非法获利 200 余万元，应当以假冒注册商标罪追究其刑事责任。被告人郭明升在共同犯罪中起主要作用，系主犯。被告人郭明锋、孙淑标在共同犯罪中起辅助作用，系从犯，应当从轻处罚。

被告人郭明升、孙淑标、郭明锋及其辩护人对其未经“SAMSUNG”商标注册人授权许可，组装假冒的三星手机，并通过淘宝网店进行销售的犯罪事实无异议，但对非法经营额、非法获利提出异议，辩解称其淘宝网店存在请人刷信誉的行为，真实交易量只有 10000 多部。

法院经审理查明：“SAMSUNG”是三星电子株式会社在中国注册的商标，该商标有效期至 2021 年 7 月 27 日；三星（中国）投资有限公司是三星电子株式会社在中国投资设立，并经三星电子株式会社特别授权负责三星电子株式会社名下商标、专利、著作权等知识产权管理和法律事务的公司。2013 年 11 月，被告人郭明升通过网络中介购买店主为“汪亮”、账号为 play2011 - 1985 的淘宝店铺，并改名为“三星数码专柜”，在未经三星（中国）投资公司授权许可的情况下，从深圳市华强北远望数码城、深圳福田区通天地手机市场批发假冒的三星 I8552 手机裸机及配件进行组装，并通过“三星数码专柜”在淘宝网上以“正品行货”进行宣传、销售。被告人郭明锋负责该网店的客服工作及客服人员的管理，被告人孙淑标负责假冒的三星 I8552 手机裸机及配件的进货、包装及联系快递公司发货。至 2014 年 6 月，该网店共计组装、销售假冒三星 I8552 手机 20000 余部，非法经营额 2000 余万元，非法获利 200 余万元。

【裁判结果】

江苏省宿迁市中级人民法院于2015年9月8日作出（2015）宿中知刑初字第0004号刑事判决，以被告人郭明升犯假冒注册商标罪，判处有期徒刑五年，并处罚金人民币160万元；被告人孙淑标犯假冒注册商标罪，判处有期徒刑三年，缓刑五年，并处罚金人民币20万元。被告人郭明锋犯假冒注册商标罪，判处有期徒刑三年，缓刑四年，并处罚金人民币20万元。宣判后，三被告人均没有提出上诉，该判决已经生效。

【裁判理由】

法院生效裁判认为，被告人郭明升、郭明锋、孙淑标在未经"SAMSUNG"商标注册人授权许可的情况下，购进假冒"SAMSUNG"注册商标的手机机头及配件，组装假冒"SAMSUNG"注册商标的手机，并通过网店对外以"正品行货"销售，属于未经注册商标所有人许可在同一种商品上使用与其相同的商标的行为，非法经营数额达2000余万元，非法获利200余万元，属情节特别严重，其行为构成假冒注册商标罪。被告人郭明升、郭明锋、孙淑标虽然辩解称其网店售销记录存在刷信誉的情况，对公诉机关指控的非法经营数额、非法获利提出异议，但三被告人在公安机关的多次供述，以及公安机关查获的送货单、支付宝向被告人郭明锋银行账户付款记录、郭明锋银行账户对外付款记录、"三星数码专柜"淘宝记录、快递公司电脑系统记录、公安机关现场扣押的笔记等证据之间能够互相印证，综合公诉机关提供的证据，可以认定公诉机关关于三被告人共计销售假冒的三星I8552手机20000余部，销售金额2000余万元，非法获利200余万元的指控能够成立，三被告人关于销售记录存在刷信誉行为的辩解无证据予以证实，不予采信。被告人郭明升、郭明锋、孙淑标，系共同犯罪，被告人郭明升起主要作用，是主犯；被告人郭明锋、孙淑标在共同犯罪中起辅助作用，是从犯，依法可以从轻处罚。故依法作出上述判决。

二、姚常龙等五人假冒注册商标案

（最高人民检察院检例第101号）

【关键词】

假冒注册商标；境内制造境外销售；共同犯罪

【要旨】

凡在我国合法注册且在有效期内的商标，商标所有人享有的商标专用权依法受我国法律保护。未经商标所有人许可，无论假冒商品是否销往境外，情节严重构成犯罪的，依法应予追诉。判断侵犯注册商标犯罪案件是否构成共同犯罪，应重点审查假冒商品生产者和销售者之间的意思联络情况、对假冒违法性的认知程度、对销售价格与正品价格差价的认知情况等因素综合判断。

【相关规定】

《中华人民共和国刑法》第二十五条、第二十七条、第三十条、第六十四条、第六十七条、第二百一十三条

《最高人民法院、最高人民检察院关于办理侵犯知识产权刑事案件具体应用法律若干问题的解释》第一条、第十二条、第十三条

《最高人民法院关于审理单位犯罪案件具体应用法律有关问题的解释》第二条

【基本案情】

被告人姚常龙，男，1983年生，日照市东港区万能国际贸易有限公司（以下简称万能国际公司）法定代表人。

被告人古进，男，1989年生，万能国际公司采购员。

被告人魏子皓，男，1990年生，万能国际公司销售组长。

被告人张超，男，1990年生，万能国际公司销售组长。

被告人庄乾星，女，1989 年生，万能国际公司销售组长。

2015 年至 2019 年 4 月，被告人姚常龙安排被告人古进购进打印机、标签纸、光纤模块等材料，伪造“CISCO”“HP”“HUAWEI”光纤模块等商品，并安排被告人魏子皓、张超、庄乾星向境外销售。姚常龙、古进共生产、销售假冒上述注册商标的光纤模块 10 万余件，销售金额共计人民币 3162 万余元；现场扣押假冒光纤模块、交换机等 11975 件，价值 383 万余元；姚常龙、古进的违法所得数额分别为 400 万元、24 万余元。魏子皓、张超、庄乾星销售金额分别为 745 万余元、429 万余元、352 万余元；违法所得数额分别为 20 万元、18.5 万元和 14 万元。

【检察机关履职情况】

审查逮捕　2019 年 4 月，山东省日照市公安局（以下简称日照市公安局）接到惠普公司报案后立案侦查。同年 5 月 24 日，山东省日照市人民检察院（以下简称日照市检察院）以涉嫌假冒注册商标罪对被告人姚常龙、古进批准逮捕；对被告人魏子皓、张超、庄乾星因无法证实犯罪故意和犯罪数额不批准逮捕，同时要求公安机关调取国外买方证言及相关书证，以查明魏子皓、张超、庄乾星是否具有共同犯罪故意及各自的犯罪数额。

审查起诉　2019 年 7 月 19 日，日照市公安局补充证据后以被告人姚常龙、古进涉嫌假冒注册商标罪，被告人魏子皓、张超、庄乾星涉嫌销售假冒注册商标的商品罪，移送日照市检察院起诉。同年 7 月 23 日，日照市检察院将该案交由山东省日照市东港区人民检察院（以下简称东港区检察院）办理。

东港区检察院在审查起诉期间要求公安机关补充完善了以下证据：一是调取被告人姚常龙等 5 人之间的 QQ 聊天记录、往来电子邮件等电子数据，证实庄乾星、张超、魏子皓主观上明知销售的商品系姚常龙、古进假冒注册商标的商品，仍根据姚常龙的安排予以销售，构成无事前通谋的共同犯罪。二是调取电子合同、发货通知、订单等电子数据，结合扣押在案的销售台账及被告人供述、证人证言等证据，证实本案各被告人在共同犯罪中所起的作用大小。三是调取涉案商标的商标注册证、核准商标转让、续展注册证明等书证，证实涉案商标系在我国注册，且在有效期内。经对上述证据进行审查，东港区检察院认为，现有证据能够证实被告人庄乾星、张超、魏子皓三人在加入万能国际公司担任销售人员后，曾对公司产品的价格与正品进行对比，且收悉产品质量差的客户反馈意见，在售假过程中发现是由古进负责对问题产品更换序列号并换货等，上述证据足以证实庄乾星、张超、魏子皓三人对其销售的光纤模块系姚常龙、古进贴牌制作的假冒注册商标的商品具有主观明知。故认定该三人构成假冒注册商标罪，与姚常龙、古进构成共同犯罪。检察机关还依法对万能国际公司是否构成单位犯罪进行了审查，认定万能国际公司自2014年成立后截至案发，并未开展其他业务，实际以实施犯罪活动为主，相关犯罪收益也均未归属于万能国际公司。根据最高人民法院《关于办理单位犯罪案件具体应用法律有关问题的解释》第二条的规定，公司、企业、事业单位设立后，以实施犯罪为主要活动的，不以单位犯罪论处，故不构成单位犯罪。

2019年9月6日，东港区检察院变更公安机关移送起诉的罪名，以被告人姚常龙、古进、庄乾星、张超、魏子皓均构成假冒注册商标罪向山东省日照市东港区人民法院（以下简称东港区法院）提起公诉。

指控与证明犯罪　2019年10月10日，东港区法院依法公开开庭审理本案。庭审过程中，部分辩护人提出以下辩护意见：1. 被告人庄乾星、张超、魏子皓与被告人姚常龙不构成共同犯罪；2. 本案商品均销往境外，社会危害性较小。公诉人答辩如下：第一，庄乾星、张超、魏子皓明知自己销售的假冒注册商标的商品系姚常龙、古进贴牌生产仍继续销售，具有假冒注册商标的主观故意，构成假冒注册商标的共同犯罪。第二，本案中涉案商品均销往境外，但是被侵权商标均在我国注册登记，假冒注册商标犯罪行为发生在我国境内，无论涉案商品是否销往境外均对注册商标所有人合法权益造成侵害。合议庭对公诉意见予以采纳。

处理结果　2019年12月12日，东港区法院作出一审判决，以假冒注册商标罪分别判处被告人姚常龙、古进、庄乾星、张超、魏子皓有期徒刑二年二个月至四年不等，对古进、庄乾星、张超、魏子皓适用缓刑。同时对姚常龙判处罚金500万元，对古进等四人各处罚金14万元至25万元不等。一审判决后，上述被告人均未上诉，判决已生效。

【指导意义】

（一）假冒在我国取得注册商标的商品销往境外，情节严重构成犯罪的，依法应予追诉

凡在我国合法注册且在有效期内的商标，商标所有权人享有的商标专用权依法受我国法律保护。未经注册商标所有人许可，假冒在我国注册的商标的商品，无论由境内生产销往境外，还是由境外生产销往境内，均属违反我国商标管理法律法规，侵害商标专用权，损害商品信誉，情节严重的，构成犯罪。司法实践中，要加强对跨境侵犯注册商标类犯罪的惩治，营造良好营商环境。

（二）假冒注册商标犯罪中的上下游被告人是否构成共同犯罪，应结合假冒商品生产者和销售者之间的意思联络、对违法性的认知程度、对销售价格与正品价格差价认知情况等因素综合判断

侵犯注册商标犯罪案件往往涉案人数较多，呈现团伙作案、分工有序实施犯罪的特点。实践中，对被告人客观行为表现为生产、销售等分工负责情形的，检察机关应结合假冒商品生产者和销售者之间的意思联络情况，销售者对商品生产、商标标识制作等违法性认知程度，对销售价格与正品价格差价的认知情况，销售中对客户有无刻意隐瞒、回避商品系假冒，以及销售者的从业经历等因素，综合判断是否构成共同犯罪。对于部分被告人在假冒注册商标行为持续过程中产生主观明知，形成分工负责的共同意思联络，并继续维持或者实施帮助销售行为的，应认定构成共同犯罪。

三、丁某某、林某某等人假冒注册商标立案监督案

（最高人民检察院检例第93号）

【关键词】

制假售假；假冒注册商标；监督立案；关联案件管辖

【要旨】

检察机关在办理售假犯罪案件时，应当注意审查发现制假犯罪事实，强化对人民群众切身利益和企业知识产权的保护力度。对于公安机关未立案侦查的制假犯罪与已立案侦查的售假犯罪不属于共同犯罪的，应当按照立案监督程序，监督公安机关立案侦查。对于跨地域实施的关联制假售假犯罪，检察机关可以建议公安机关并案管辖。

【相关规定】

《中华人民共和国刑法》第二百一十三条、第二百一十四条

《中华人民共和国刑事诉讼法》第一百一十三条

《人民检察院刑事诉讼规则》第五百五十七条、第五百五十九条、第五百六十条

《最高人民法院、最高人民检察院、公安部关于办理侵犯知识产权刑事案件适用法律若干问题的意见》第一条

《最高人民法院、最高人民检察院、公安部、国家安全部、司法部、全国人大常委会法制工作委员会关于实施刑事诉讼法若干问题的规定》第三条

《最高人民检察院、公安部关于刑事立案监督有关问题的规定（试行）》第四条、第七条

【基本案情】

被告人丁某某，女，1969 年 9 月出生，福建省晋江市个体经营者。

被告人林某某，男，1986 年 8 月出生，福建省晋江市个体经营者。

被告人张某，男，1991 年 7 月出生，河南省光山县个体经营者。

其他被告人基本情况略。

玛氏食品（嘉兴）有限公司（以下简称玛氏公司）是注册于浙江省嘉兴市的一家知名食品生产企业，依法取得“德芙”商标专用权，该注册商标的核定使用商品为巧克力等。2016 年 8 月至 2016 年 12 月期间，丁某某等人雇佣多人在福建

省晋江市某小区民房生产假冒“德芙”巧克力，累计生产2400箱，价值人民币96万元。2017年9月至2018年1月期间，林某某等人雇佣多人在福建省晋江市某工业园区厂房生产假冒“德芙”巧克力，累计生产1392箱，价值人民币55.68万元。2016年下半年至2017年年底，张某等人购进上述部分假冒“德芙”巧克力，通过注册的网店向社会公开销售。

【检察机关履职过程】

线索发现。2018年1月23日，嘉兴市公安局接玛氏公司报案，称有网店销售假冒其公司生产的“德芙”巧克力，该局指定南湖公安分局立案侦查。2018年4月6日，南湖公安分局以涉嫌销售伪劣产品罪提请南湖区人民检察院审查批准逮捕网店经营者张某等人，南湖区人民检察院进行审查后，作出批准逮捕决定。在审查批准逮捕过程中，南湖区人民检察院发现，公安机关只对销售假冒“德芙”巧克力的行为进行立案侦查，而没有继续追查假冒“德芙”巧克力的供货渠道、生产源头，可能存在对制假犯罪应当立案侦查而未立案侦查的情况。

调查核实。南湖区人民检察院根据犯罪嫌疑人张某等人关于进货渠道的供述，调阅、梳理公安机关提取的相关微信聊天记录、网络交易记录、账户资金流水等电子数据，并主动联系被害单位玛氏公司，深入了解“德芙”商标的注册、许可使用情况、产品生产工艺流程、成分配料、质量标准等。经调查核实发现，本案中的制假行为涉嫌生产销售伪劣产品、侵犯知识产权等犯罪。

监督意见。经与公安机关沟通，南湖公安分局认为，本案的造假窝点位于福建省晋江市，销售下家散布于福建、浙江等地，案件涉及多个侵权行为实施地，制假犯罪不属本地管辖。南湖区人民检察院认为，本案是注册地位于嘉兴市的玛氏公司最先报案，且有南湖区消费者网购收到假冒“德芙”巧克力的证据，无论是根据最初受理地、侵权结果发生地管辖原则，还是基于制假售假行为的关联案件管辖原则，南湖公安分局对本案中的制假犯罪均具有管辖权。鉴于此，2018年5月15日，南湖区人民检察院向南湖公安分局发出《要求说明不立案理由通知书》。

监督结果。南湖公安分局收到《要求说明不立案理由通知书》后，审查认为该案现有事实证据符合立案条件，决定以涉嫌生产、销售伪劣产品罪对丁某某、林某某等人立案侦查，其后陆续将犯罪嫌疑人抓获归案，并一举捣毁位于福建省晋江市的造假窝点。南湖公安分局侦查终结，以丁某某、林某某、张某等人涉嫌生产、销售伪劣产品罪移送起诉。南湖区人民检察院经委托食品检验机构进行检验，不能认定本案中的假冒“德芙”巧克力为伪劣产品和有毒有害食品，但丁某某、林某某等人未经注册商标所有人许可，在生产巧克力上使用“德芙”商标，应当按假冒注册商标罪起诉，张某等人通过网络公开销售假冒“德芙”巧克力，应当按销售假冒注册商标的商品罪起诉。2019 年 1 月 14 日，南湖区人民检察院以被告人丁某某、林某某等人犯假冒注册商标罪，被告人张某等人犯销售假冒注册商标的商品罪，向南湖区人民法院提起公诉。2019 年 11 月 1 日，南湖区人民法院以假冒注册商标罪判处丁某某、林某某等 7 人有期徒刑一年二个月至四年二个月，并处罚金；以销售假冒注册商标的商品罪判处张某等 4 人有期徒刑一年至三年四个月，并处罚金。一审宣判后，被告人均未提出上诉，判决已生效。

【指导意义】

（一）检察机关审查批准逮捕售假犯罪嫌疑人时，发现公安机关对制假犯罪未立案侦查的，应当履行监督职责。制假售假犯罪严重损害国家和人民利益，危及广大人民群众的生命和财产安全，侵害企业的合法权益，破坏社会主义市场经济秩序，应当依法惩治。检察机关办理售假犯罪案件时，应当注意全面审查、追根溯源，防止遗漏对制假犯罪的打击。对于公安机关未立案侦查的制假犯罪与已立案侦查的售假犯罪不属于共同犯罪的，按照立案监督程序办理；属于共同犯罪的，按照纠正漏捕漏诉程序办理。

（二）加强对企业知识产权的保护，依法惩治侵犯商标专用权犯罪。保护知识产权就是保护创新，检察机关应当依法追诉破坏企业创新发展的侵犯商标专用权、专利权、著作权、商业秘密等知识产权犯罪，营造公平竞争、诚信有序的市场环境。对于实施刑法第二百一十三条规定的假冒注册商标行为，又销售该假冒注册商标的商品，构成犯罪的，以假冒注册商标罪予以追诉。如果同时构成刑法分则第三章第一节生产、销售伪劣商品罪各条规定之罪的，应当依照处罚较重的罪名予以追诉。

（三）对于跨地域实施的关联制假售假案件，检察机关可以建议公安机关并案管辖。根据《最高人民法院、最高人民检察院、公安部、国家安全部、司法部、全国人大常委会法制工作委员会关于实施刑事诉讼法若干问题的规定》第三条第四项和《最高人民法院、最高人民检察院、公安部关于办理侵犯知识产权刑事案件适用法律若干问题的意见》第一条的规定，对于跨地域实施的关联制假售假犯罪，并案处理有利于查明案件事实、及时打击制假售假犯罪的，检察机关可以建议公安机关并案管辖。

第二章　销售假冒注册商标的商品罪

【立案追诉标准】①

销售假冒注册商标的商品案（《刑法》第214条）

销售明知是假冒注册商标的商品，销售金额在五万元以上的，属于刑法第二百一十四条规定的“数额较大”，应当以销售假冒注册商标的商品罪判处三年以下有期徒刑或者拘役，并处或者单处罚金。

《最高人民法院、最高人民检察院关于办理侵犯知识产权刑事案件具体应用法律若干问题的解释》（2004年12月22日）第2条第1款

【犯罪构成及刑事责任】

销售假冒注册商标的商品罪，是指销售明知是假冒注册商标的商品，违法所得数额较大或者有其他严重情节的行为。构成本罪需要具备以下四个要件：

1. 客体要件

本罪侵犯的客体是国家对商标的管理制度和他人注册商标的专用权。本罪侵犯的对象是假冒注册商标的商品，这种商品多属伪、劣、次甚至有害物品。

---

① 需要说明的是，《刑法修正案（十一）》将该罪的罪状由原来的“销售金额数额较大”修改为“违法所得数额较大或者有其他严重情节”，对此，在新的司法解释尚未出台，尚未对该立案追诉标准进行修改的情况下，依然可以援用该立案追诉标准。待新的立案追诉标准出台后，采用新的立案追诉标准。

2. 客观要件

客观方面表现为行为人非法销售明知是假冒注册商标的商品，违法所得数额较大的行为。具体包括三个基本要素：（1）销售，是指以采购、推销、出售或兜售等方法将商品出卖给他人的行为，包括批发和零售、请人代销、委托销售等多种形式。（2）所销售的商品不应是自己生产、制造或加工的商品。倘若销售的不是假冒他人注册商标的商品，如没有商标的商品，或者虽有商标但不是注册商标的商品，或者虽有注册商标但不是他人而是自己的注册商标的商品，或者虽有他人注册商标但不是使用在与该商品相同的商品上的注册商标的商品等，则不构成本罪。（3）违法所得数额较大。违法所得是指销售金额扣除成本的实际获利数额。

3. 主体要件

本罪主体是一般主体，自然人和单位均能构成本罪的主体。

4. 主观要件

本罪在主观方面表现为故意犯罪。即明知是假冒注册商标的商品，而故意销售给他人。过失不能构成本罪。对“明知”的范围不能要求过于狭窄，“明知”并不等于“确知”，只要行为人应该知道所销售的商品是假货即可。这是由于假冒注册商标的商品的流通是处于非法状态，经营者在交易时往往是心领神会，另外还可避免有些不法分子假借不知是假冒注册商标的商品而逃避法律制裁。

司法实践中认定“明知”的标准主要有：

（1）有证据证明行为人曾被告知销售的是假冒注册商标的商品；

（2）销售商品的进价和质量明显低于市场上被假冒的注册商标商品的进价和质量；

（3）根据行为人本人的经验和知识，能够知道自己销售的是假冒注册商标的商品。

根据《刑法》第214条的规定，犯本罪，违法所得数额较大或者有其他严重情节的，处三年以下有期徒刑或者拘役，并处或者单处罚金；违法所得数额巨大或者有其他特别严重情节的，处三年以上十年以下有期徒刑，并处罚金。

【疑难指导】

一、关于主观明知的判断

构成销售假冒注册商标的商品罪，要求行为人主观上明知其销售的商品是假冒他人注册商标的商品。刑法理论和司法实践中，关于主观明知的判断历来都是一个存在争议和困难的问题。主观明知是行为人内心的活动，而洞察人的内心是十分困难的，主要依靠行为人的供述，但是，人都有趋利避害的本性，让行为人做出对自己不利的供述是非常困难的。因此，如何判断行为人主观上明知其销售的商品系假冒他人注册商标的商品便至关重要。

对此，理论界的通说和司法实践的通常做法，都是根据主客观相一致的原则进行判断，即应当综合考虑行为人的供述，交易的场所、时间、价格等客观因素。《最高人民法院、最高人民检察院关于办理侵犯知识产权刑事案件具体应用法律若干问题的解释》对销售假冒注册商标的商品的“明知”行为作了四个方面界定：（1）知道自己销售的商品上的注册商标被涂改、调换或者覆盖的；（2）因销售假冒注册商标的商品受到过行政处罚或者承担过民事责任，又销售同一种假冒注册商标的商品的；（3）伪造、涂改商标注册人授权文件或者知道该文件被伪造、涂改的；（4）其他知道或者应当知道是假冒注册商标的商品的情形。

有学者指出，在司法实践中，具有下列情形之一的，可以认定或推定行为人主观上明知：[①]（1）知道自己销售的商品上的注册商标被涂改、调换或者覆盖的；（2）因销售假冒注册商标的商品受到过刑事处罚、行政处罚、承担过民事责任，又销售同一种假冒注册商标的商品的；（3）伪造、涂改商标注册人授权文件，或者知道该文件被伪造、涂改的；（4）行为人曾被有关部门或消费者告知所销售的商品是假冒注册商标的商品的；（5）销售商品的进价和质量明显低于被假冒的注册商标商品的进价和质量的；（6）从非正常渠道取得商品后销售的；（7）根据行为人本人的经验和知识，知道自己销售的是假冒注册商标的商品的；（8）其他能够推定行为人知道是假冒注册商标的商品的情形。需要说明的是，虽然在证据的

---

① 参见张明楷：《刑法学》，法律出版社2021年版，第1068页。

收集过程中，作为国家代理人的侦控机关占据了绝对的主导地位，但是如果只关注外部的合理性问题，忽视了人的认识能力的局限性，显然不具有妥当性；并且，犯罪往往是在“暗处”进行，而侦查可以说是在“明处”开展，以“明处”的侦查收集“暗处”的证据存在难度也是一个不可回避的问题。当然，在适用推定规则时，允许犯罪嫌疑人、被告人提出反证。

二、违法所得、情节严重的认定

《刑法修正案（十一）》对《刑法》第 214 条进行了修改：一是将本罪定罪量刑标准从销售金额数额修改为违法所得数额和情节；二是取消本罪的拘役刑；三是提升了法定最高刑。其中和定罪直接相关的是将销售金额数额修改为违法所得数额和情节。如何认定违法所得数额、何为情节严重可以入刑，成为当下适用该条法律规定的关键。关于违法所得如何计算，笔者认为，应当以销售金额减去购进金额进行计算，即违法所得数额 = 销售金额 - 购买金额，至于行为人购买、销售时所投入的运费、人工成本等系其犯罪投入，不能进行去除。至于情节是否严重，有观点认为，相关司法解释关于“销售金额数额较大”的规定，可以作为认定行为人犯罪行为情节严重程度的参考标准。[①] 也有学者认为，情节是否严重的判断，应当综合考量销售的数量、次数、结果等因素。[②]

当然，对于上述违法所得如何计算、何种情形属于情节严重，如果后续有出台新的司法解释，应当以新的司法解释规定为准。

三、犯罪数额的认定规则[③]

自销售假冒注册商标的商品罪入刑以来，该罪名的犯罪数额如何认定问题一直在学界和司法界存在争议。关于犯罪数额的认定规则，最高人民法院、最高人民检察院发布了《关于办理侵犯知识产权刑事案件具体应用法律若干问题的解释》，其第 9 条规定，销售金额是指销售假冒注册商标商品后所得和应得的全部违

---

① 参见何帆：《刑法注释书》，中国民主法制出版社 2021 年版，第 486 页。

② 参见张明楷：《刑法学》，法律出版社 2021 年版，第 1068 页。

③ 需要说明的是，这里讨论的犯罪数额的认定方法，也适用于假冒注册商标罪犯罪数额的认定方法，考虑到篇章体量的平衡问题，将本应在假冒注册商标罪中讨论的问题放在此处进行讨论。其原理也适用于本节中其他涉及标价规则、市场中间价规则、实际销售平均价规则的罪名。

法收入，同时为了解决其他类型侵犯知识产权罪的入罪标准问题，该解释创设了“非法经营数额”术语，并规定“非法经营数额”是指行为人在实施侵犯知识产权行为过程中，制造、储存、运输、销售侵权产品的价值。其中，已销售侵权产品的价值按照其实际销售价格计算，制造、储存、运输和未销售的侵权产品价值，首先按照标价或者已经查清的侵权产品的实际销售平均价计算，其次按照被侵权产品的市场中间价格计算。最高人民法院、最高人民检察院、公安部还发布了《关于办理侵犯知识产权刑事案件适用法律若干问题的意见》，就销售假冒注册商标的商品中待售或者部分销售情形的定罪量刑问题进行了规定，并创设了“货值金额”术语，以此指代假冒注册商标商品案件中未售侵权品的产品价值。但是，不管是从理论研究的角度来看，还是从司法实践的操作来看，现有的犯罪数额认定规则存在一定的不当之处。具体分析如下：

第一，适用标价认定货值金额的合理性问题。有观点认为，售假行为中的标价多数情况下并不能准确反映假冒品的实际售价，不能真实反映犯罪嫌疑人、被告人侵权行为的社会危害程度。一方面，犯罪嫌疑人、被告人在实际销售过程中极可能与购买者进行大幅讨价还价，由此实际销售价格会远低于标价，如果以商品标价为认定标准，犯罪嫌疑人、被告人可能受到过当的刑罚。另一方面，犯罪嫌疑人、被告人可能故意将价格标低以逃避法律制裁。①

第二，标价和实际销售平均价的适用排序问题。实践中，适用此规则存在以下五种情形：一是无法查清标价；二是无法查清实际销售平均价；三是两者均无法查清；四是两者均能查清且完全吻合；五是两者均能查清但不吻合。前四种情形适用现有规则均能得以解决，但在第五种情形中，是适用标价还是适用销售平均价，抑或是适用较低的认定数额还是适用较高的认定数额，司法解释没有提及。对此，理论上有观点倾向于优先适用实际销售平均价的认定标准，因为实际销售平均价“能够反映出销售侵权商品犯罪行为的隐蔽性以及量多价低、量少价高的

① 参见朱铁军、蔡丽明：《未销售假冒注册商标商品“货值金额”的认定》，载《人民法院报》2008 年 1 月 30 日；杜文俊、储国晖：《销售假冒注册商标的商品罪的认定》，载《上海法治报》2014 年 6 月 18 日。

市场交易惯例，也能够较为精确地反映出侵权商品在市场上的销售金额和社会危害性”[①]。

针对上述认定规则存在的问题，有人给出了解决的方案，即调整认定规则：一方面，进行法律拟制，即认为只要出现了假冒注册商标的商品，就构成对注册商标真品及其权利人的侵害，且其侵害程度等同于注册商标真品减少了相应数量的市场份额和商业利益。另一方面，犯罪嫌疑人、被告人可以推翻这种拟制，但是必须提供相关材料并且能够证明这种拟制状态不符合其实际情况。无论在认定已售侵权商品的销售金额还是在认定未售侵权商品的货值金额时，均应以被侵权商品的市场中间价作为第一位阶的计算因素，结合查获的侵权商品数量计算犯罪数额。同时，犯罪嫌疑人、被告人能够证明其实际销售平均价和货值平均值的，可据此计算其犯罪数额。不再单独提及标价问题，而是将标价作为认定犯罪嫌疑人、被告人实际销售平均价和货值平均值的一种方式和手段，由司法者在司法过程中自行定夺是否采用。[②]

笔者认为，司法实践应当采取这样的认定规则，因为，采取此种规则，一方面能够对售假者形成最大限度的震慑，有利于更好地治理假货横行的市场状态。另一方面，能够大幅降低刑事司法成本，提高刑事司法效率。[③]

四、销售无实际被假冒对象的注册商标商品行为定性

不管是从理论推演的角度来看，还是从司法实践来看，都会发现存在这样一种情形——行为人销售了假冒他人注册商标的商品，但是注册商标所有权人自己并没有实际生产该种商品，也没有委托授权他人生产注册商标核定的商品。即，对于商标权人并未将其注册商标使用于核定使用的具体某种商品，而行为人假冒或销售此种商品的行为如何认定存在争议。

---

① 杜文俊、储国晖：《销售假冒注册商标的商品罪的认定》，载《上海法治报》2014 年 6 月 18 日。

② 参见邓洪涛、阮齐林：《论销售假冒注册商标商品之犯罪数额》，载《人民检察》2016 年第 17 期。

③ 参见邓洪涛、阮齐林：《论销售假冒注册商标商品之犯罪数额》，载《人民检察》2016 年第 17 期。

如2013年5月至2014年9月期间，犯罪嫌疑人陈某因销售“×兰”插座被查获，在其店铺和库房内共起获地插4110个，经鉴定价值人民币846150元。侦查机关以其涉嫌销售假冒注册商标的商品罪立案侦查后移交检察院审查起诉。经查，该涉案产品使用的“×兰”商标未经注册商标权利人——某电气公司的授权和许可。某电气公司一直未使用“×兰”文字商标也未授权他人将该商标用于与该案犯罪嫌疑人陈某所销售的同一种商品上。检察机关对于该案中陈某的行为是否构成销售假冒注册商标的商品罪存在争议。一种观点认为，因为陈某销售的插座属于“×兰”商标核定使用的商品之一，即使某电气公司没有实际生产也没有授权他人生产“×兰”商标的插座，陈某的行为也成立销售假冒注册商标的商品罪。另一种观点则认为，由于某电气公司事实上没有生产“×兰”商标的插座，被假冒的商品不存在，因此陈某销售“×兰”商标插座的行为就不符合销售假冒注册商标的商品罪的客观要件，不能认定陈某的行为构成销售假冒注册商标的商品罪。[①]

对此，该种行为依然应当认定为构成销售假冒注册商标的商品罪。因为，销售假冒注册商标的商品罪侵犯的客体或者说法益，是国家对商标的管理制度和他人注册商标的专用权。商标专用权是商标权人依法对自己已注册商标的专有使用权，它构成我国商标管理制度的主要内容。我国《商标法》明确指出要保护商标专用权。并且，我国采取的是“注册取得的一元模式”，即权利人向相关行政机关申请注册获得批准后便会取得对应的注册商标证，注册商标证对应注册商标所有权，也就是说注册商标所有权的生成系取得注册登记时，而不是对应的商品生产出来时。认为“对于商标权人并未将其注册商标使用于核定使用的具体某种商品，而行为人假冒或销售此种商品的行为”构成销售假冒注册商标的商品罪的观点，其背后的逻辑是注册商标所有权的取得依托于注册商标核定商品的产出，这与我国法律规定是不符的，也不利于防御商标、备用商标的保护。

---

① 参见周洁：《无实际被假冒对象的销售假冒注册商标商品行为不宜入罪——以“×兰”商标案为例》，载《知识产权》2016年第2期。

五、划清一罪与数罪的界限

销售假冒注册商标的商品罪可能同时触犯销售伪劣产品罪，毕竟假冒他人注册商标的行为是用非注册商标核定的商品冒充注册商标核定的商品，即行为人销售的商品与注册商标核定的商品进行比较的话属于伪劣产品。但是，此时行为人仅实施了一个销售行为，也是基于同一个犯罪故意，符合想象竞合犯的理论构造，应当按照择一重罪处断的原则进行处理。

对于既假冒他人注册商标，又故意销售自己假冒注册商标的商品，构成犯罪的，属于牵连犯，应当以假冒注册商标罪定罪处罚，不实行数罪并罚。如果行为人既实施假冒注册商标犯罪，又销售明知是他人的假冒注册商标的商品，构成犯罪的，则属实质的数罪，应当实行数罪并罚。[①]

六、本罪与假冒注册商标罪的界限

根据我国《刑法》第213条的规定，假冒注册商标罪是指未经注册商标所有人的许可，在同一种商品、服务上使用与其注册商标相同的商标，情节严重的行为。本罪与假冒注册商标罪的区别主要是：（1）犯罪对象不同。本罪的犯罪对象是假冒注册商标的商品，假冒注册商标罪的犯罪对象是他人注册的商标。（2）犯罪客观方面不同。本罪在客观方面主要表现为行为人销售明知是假冒注册商标的商品，假冒注册商标罪则表现为行为人未经注册商标所有人许可，在同种商品上使用与他人已注册商标相同的商标。

在实践中，需要注意两种情况：一种情况是，行为人未经注册所有人许可，在同种商品上使用与他人已注册商标相同的商标后，又将该种商品出售，获取非法利益，该如何定性？这种情况应当属于刑法理论上的吸收犯，前行为是吸收行为，后行为是被吸收行为，前后两种行为构成假冒注册商标罪整个犯罪过程，彼此间存在密切的联系，后行为是前行为的必然结果。这种情况只按假冒注册商标罪一罪认定，而不再认定为两罪实行并罚。另一种情况是，数个行为人出于假冒注册商标的共同故意，彼此进行分工协作，有的人制造假冒注册商标的商品，有的人销售这类商品，对于不同分工的行为人该如何定性？笔者认为，这种情况下，

---

① 参见张明楷：《刑法学》，法律出版社2021年版，第1068～1069页。

销售假冒注册商标的商品的行为是假冒注册商标共同犯罪的一个组成部分，只能以假冒注册商标罪一罪认定，销售这类商品的人实际上是假冒注册商标罪的共同犯罪人，只是分工不同而已，对实施该类行为的犯罪嫌疑人、被告人不能按照销售假冒注册商标的商品罪论处。

【办案依据】

一、《刑法》规定

第二百一十四条 销售明知是假冒注册商标的商品，违法所得数额较大或者有其他严重情节的，处三年以下有期徒刑，并处或者单处罚金；违法所得数额巨大或者有其他特别严重情节的，处三年以上十年以下有期徒刑，并处罚金。

二、司法解释

（一）《最高人民法院、最高人民检察院关于办理非法生产、销售烟草专卖品等刑事案件具体应用法律若干问题的解释》（2010年3月26日，法释〔2010〕7号）

第一条第三款 销售明知是假冒他人注册商标的卷烟、雪茄烟等烟草专卖品，销售金额较大的，依照刑法第二百一十四条的规定，以销售假冒注册商标的商品罪定罪处罚。

（二）《最高人民法院、最高人民检察院关于办理侵犯知识产权刑事案件具体应用法律若干问题的解释》（2004年12月22日，法释〔2004〕19号）

第二条 销售明知是假冒注册商标的商品，销售金额在五万元以上的，属于刑法第二百一十四条规定的“数额较大”，应当以销售假冒注册商标的商品罪判处三年以下有期徒刑或者拘役，并处或者单处罚金。

销售金额在二十五万元以上的，属于刑法第二百一十四条规定的“数额巨大”，应当以销售假冒注册商标的商品罪判处三年以上七年以下有期徒刑，并处罚金。

第九条 刑法第二百一十四条规定的“销售金额”，是指销售假冒注册商标的商品后所得和应得的全部违法收入。

具有下列情形之一的，应当认定为属于刑法第二百一十四条规定的“明知”：

（一）知道自己销售的商品上的注册商标被涂改、调换或者覆盖的；

（二）因销售假冒注册商标的商品受到过行政处罚或者承担过民事责任、又销售同一种假冒注册商标的商品的；

（三）伪造、涂改商标注册人授权文件或者知道该文件被伪造、涂改的；

（四）其他知道或者应当知道是假冒注册商标的商品的情形。

第十二条 本解释所称"非法经营数额"，是指行为人在实施侵犯知识产权行为过程中，制造、储存、运输、销售侵权产品的价值。已销售的侵权产品的价值，按照实际销售的价格计算。制造、储存、运输和未销售的侵权产品的价值，按照标价或者已经查清的侵权产品的实际销售平均价格计算。侵权产品没有标价或者无法查清其实际销售价格的，按照被侵权产品的市场中间价格计算。

多次实施侵犯知识产权行为，未经行政处理或者刑事处罚的，非法经营数额、违法所得数额或者销售金额累计计算。

本解释第三条所规定的"件"，是指标有完整商标图样的一份标识。

第十五条 单位实施刑法第二百一十三条至第二百一十九条规定的行为，按照本解释规定的相应个人犯罪的定罪量刑标准的三倍定罪量刑。

第十六条 明知他人实施侵犯知识产权犯罪，而为其提供贷款、资金、账号、发票、证明、许可证件，或者提供生产、经营场所或者运输、储存、代理进出口等便利条件、帮助的，以侵犯知识产权犯罪的共犯论处。

三、司法文件

《最高人民法院、最高人民检察院、公安部关于办理侵犯知识产权刑事案件适用法律若干问题的意见》（2011年1月10日）

八、关于销售假冒注册商标的商品犯罪案件中尚未销售或者部分销售情形的定罪量刑问题

销售明知是假冒注册商标的商品，具有下列情形之一的，依照刑法第二百一十四条的规定，以销售假冒注册商标的商品罪（未遂）定罪处罚：

（一）假冒注册商标的商品尚未销售，货值金额在十五万元以上的；

（二）假冒注册商标的商品部分销售，已销售金额不满五万元，但与尚未销售的假冒注册商标的商品的货值金额合计在十五万元以上的。

假冒注册商标的商品尚未销售，货值金额分别达到十五万元以上不满二十五

万元、二十五万元以上的，分别依照刑法第二百一十四条规定的各法定刑幅度定罪处罚。

销售金额和未销售货值金额分别达到不同的法定刑幅度或者均达到同一法定刑幅度的，在处罚较重的法定刑或者同一法定刑幅度内酌情从重处罚。

【指导性案例】

一、郭明升、郭明锋、孙淑标假冒注册商标案

（详见第二编第一章假冒注册商标罪）

二、邓秋城、双善食品（厦门）有限公司等销售假冒注册商标的商品案

（最高人民检察院检例第98号）

【关键词】

销售假冒注册商标的商品；食品安全；上下游犯罪；公益诉讼

【要旨】

办理侵犯注册商标类犯罪案件，应注意结合被告人销售假冒商品数量、扩散范围、非法获利数额及在上下游犯罪中的地位、作用等因素，综合判断犯罪行为的社会危害性，确保罪责刑相适应。在认定犯罪的主观明知时，不仅考虑被告人供述，还应综合考虑交易场所、交易时间、交易价格等客观行为，坚持主客观相一致。对侵害众多消费者利益的情形，可以建议相关社会组织或自行提起公益诉讼。

【相关规定】

《中华人民共和国刑法》第二十三条、第二十六条、第二十七条、第二百一十三条、第二百一十四条

《最高人民法院、最高人民检察院关于办理侵犯知识产权刑事案件具体应用法

律若干问题的解释》第九条

《最高人民法院关于审理单位犯罪案件具体应用法律有关问题的解释》第二条

【基本案情】

被告人邓秋城，男，1981 年生，广州市百益食品贸易有限公司（以下简称百益公司）负责人。

被告单位双善食品（厦门）有限公司（以下简称双善公司），住所地福建省厦门市。

被告人陈新文，男，1981 年生，双善公司实际控制人。

被告人甄连连，女，1984 年生，双善公司法定代表人。

被告人张泗泉，男，1984 年生，双善公司销售员。

被告人甄政，男，1986 年生，双善公司发货员。

2017 年 5 月至 2019 年 1 月初，被告人邓秋城明知从香港购入的速溶咖啡为假冒“星巴克”“STARBUCKS VIA”等注册商标的商品，仍伙同张晓建（在逃）以每件人民币 180 元这一明显低于市场价（正品每件 800 元，每件 20 盒，每盒 4 条）的价格，将 21304 件假冒速溶咖啡（每件 20 盒，每盒 5 条，下同）销售给被告单位双善公司，销售金额 383 万余元。被告人邓秋城、陈新文明知百益公司没有“星巴克”公司授权，为便于假冒咖啡销往商业超市，伪造了百益公司许可双善公司销售“星巴克”咖啡的授权文书。2017 年 12 月至 2019 年 1 月初，被告人陈新文、甄连连、张泗泉、甄政以双善公司名义从邓秋城处购入假冒“星巴克”速溶咖啡后，使用伪造的授权文书，以双善公司名义将 19264 件假冒“星巴克”速溶咖啡销售给无锡、杭州、汕头、乌鲁木齐等全国 18 个省份 50 余家商户，销售金额共计 724 万余元。

案发后，公安机关在百益公司仓库内查获待售假冒“星巴克”速溶咖啡 6480 余件，按实际销售价格每件 180 元计算，价值 116 万余元；在被告单位双善公司仓库内查获假冒“星巴克”速溶咖啡 2040 件，由于双善公司向不同销售商销售的价格不同，对于尚未销售的假冒商品的货值金额以每件 340 元的最低销售价格计算，价值 69 万余元。

【检察机关履职情况】

审查起诉　2019年4月1日，江苏省无锡市公安局新吴分局（以下简称新吴分局）以犯罪单位双善公司、被告人陈新文、甄连连、甄政涉嫌销售假冒注册商标的商品罪向江苏省无锡市新吴区人民检察院（以下简称新吴区检察院）移送起诉。同年8月22日，新吴分局以被告人邓秋城涉嫌假冒注册商标罪、销售假冒注册商标的商品罪移送起诉。新吴区检察院并案审查，重点开展以下工作：

一是准确认定罪名及犯罪主体。涉案咖啡系假冒注册商标的商品，是否属于有毒有害或不符合安全标准的食品，将影响案件定性，但在案证据没有关于假冒咖啡是否含有有毒有害成分、是否符合安全标准及咖啡质量的鉴定意见。鉴于该部分事实不清，检察机关要求公安机关对照GB7101－2015《食品安全国家标准 饮料》等的规定，对扣押在案的多批次咖啡分别抽样鉴定。经鉴定，涉案咖啡符合我国食品安全标准，不构成生产、销售有毒、有害食品罪等罪名。公安机关基于被告人邓秋城销售假冒咖啡的行为，认定其涉嫌构成销售假冒注册商标的商品罪；基于在百益公司仓库内查获的假冒咖啡的制作和灌装工具，认为邓秋城亦实施了生产、制造假冒咖啡的行为，认定其同时构成假冒注册商标罪，故以涉嫌两罪移送起诉。检察机关经审查认为，现场仅有咖啡制作和罐装工具，无其他证据，且同案犯未到案，证明邓秋城实施制造假冒咖啡行为的证据不足，在案证据只能证实邓秋城将涉案假冒咖啡销售给犯罪单位双善公司，故改变邓秋城行为的定性，只认定销售假冒注册商标的商品罪一罪。检察机关还依职权主动对百益公司是否构成单位犯罪、是否需要追加起诉进行了审查，认定百益公司系邓秋城等为经营假冒咖啡于2018年4月专门设立。根据最高人民法院《关于办理单位犯罪案件具体应用法律有关问题的解释》第二条的规定，个人为进行违法犯罪活动而设立的公司、企业、事业单位实施犯罪的，不以单位犯罪论，故对百益公司的行为不应认定为单位犯罪。

二是追加认定犯罪数额。检察机关从销售单和买家证言等证据材料中发现，除公安机关移送起诉的被告人邓秋城销售金额121万元、犯罪单位双善公司销售金额324万元的事实外，邓秋城、双善公司还另有向其他客户销售大量假冒咖啡的行为。检察机关就百益公司、双善公司收取、使用货款的交易明细、公司员工聊天记录等证据退回公安机关补充侦查，公安机关补充调取了百益公司与双善公司以及邓秋城与被告人甄连连个人账户之间合计600万余元的转账记录、双善公司员工工作微信内涉案咖啡发货单照片120余份后，检察机关全面梳理核对销售单、快递单、汇款记录等证据，对邓秋城销售金额补充认定了172万余元，对双善公司销售金额补充认定了400万余元。

三是综合判断被告人主观上是否明知是假冒注册商标的商品。被告人邓秋城、陈新文、甄连连处于售假上游，有伪造并使用虚假授权文书、以明显低于市场价格进行交易的行为，应认定三人具有主观明知。在侦查阶段初期，被告人甄政否认自己明知涉案咖啡系假冒注册商标的商品，公安机关根据其他被告人供述、证人证言等证据，证实其采用夜间收发货、隐蔽包装运输等异常交易方式，认定其对售假行为具有主观明知。后甄政供认了自己的罪行，并表示愿意认罪认罚。经补充侦查，公安机关结合销售商证言，查明被告人张泗泉明知涉案咖啡被超市认定为假货被下架、退货，但仍继续销售涉案咖啡，金额达364万余元，可认定张泗泉具有主观明知。鉴于公安机关未将张泗泉一并移送，检察机关遂书面通知对张泗泉补充移送起诉。

四是综合考量量刑情节，提出量刑建议。针对销售假冒注册商标的商品罪的特点，在根据销售金额确定基准刑的前提下，充分考虑各被告人所处售假环节、假冒产品类别、销售数量、扩散范围等各项情节，在辩护人或值班律师的见证下，5名被告人均自愿认罪认罚，认可检察机关指控的全部犯罪事实和罪名，接受检察机关提出的有期徒刑一年九个月至五年不等，罚金10万元至300万元不等的量刑建议。2019年9月26日，新吴区检察院以被告人邓秋城、被告单位双善公司及陈新文、甄连连、张泗泉、甄政构成销售假冒注册商标的商品罪向江苏省无锡市新吴区人民法院（以下简称新吴区法院）提起公诉。

指控与证明犯罪　2019年11月7日，新吴区法院依法公开开庭审理本案。庭审过程中，部分辩护人提出以下辩护意见：1. 商品已销售，但仅收到部分货款，货款未收到的部分事实应当认定为犯罪未遂；2. 被告人邓秋城获利较少，且涉案重大事项均由未到案的同案犯决定，制假售假源头均来自未到案同案犯，其在全案中作用较小，在共同犯罪中起次要作用，系从犯。公诉人答辩如下：第一，根据被告单位双善公司内部销售流程，销售员已向被告人甄连连发送销售确认单，表明相关假冒商品已发至客户，销售行为已经完成，应认定为犯罪既遂，是否收到货款不影响犯罪既遂的认定。第二，邓秋城处于整个售假环节上游，在全案中地位作用突出，不应认定为从犯。首先，邓秋城实施了从香港进货、骗取报关单据、出具虚假授权书、与下家双善公司签订购销合同、收账走账等关键行为；其次，邓秋城销售金额低于双善公司，是因为其处于售假产业链的上游环节，销售单价低于下游经销商所致，但其销售数量高于双善公司。正是由于邓秋城实施伪造授权文书、提供进口报关单等行为，导致假冒咖啡得以进入大型商业超市，销售范围遍布全国，受害消费者数量众多，被侵权商标知名度高，媒体高度关注。合议庭对公诉意见和量刑建议予以采纳。

处理结果　2019 年 12 月 6 日，新吴区法院作出一审判决，以销售假冒注册商标的商品罪判处被告单位双善公司罚金 320 万元；分别判处被告人邓秋城、陈新文等五人有期徒刑一年九个月至五年不等，对被告人张泗泉、甄政适用缓刑，并对邓秋城等五人各处罚金 10 万元至 300 万元不等。判决宣告后，被告单位和被告人均未提出上诉，判决已生效。

鉴于此案侵害众多消费者合法权益，损害社会公共利益，新吴区检察院提出检察建议，建议江苏省消费者权益保护委员会（以下简称江苏消保委）对双善公司提起消费民事公益诉讼。江苏消保委依法向江苏省无锡市中级人民法院（以下简称无锡中院）提起侵害消费者权益民事公益诉讼，主张涉案金额三倍的惩罚性赔偿。无锡中院于 2020 年 9 月 18 日立案受理。

【指导意义】

（一）依法严惩假冒注册商标类犯罪，切实维护权利人和消费者合法权益

依法严厉惩治侵犯注册商标犯罪行为，保护权利人对注册商标的合法权益是检察机关贯彻国家知识产权战略，营造良好知识产权法治环境的重要方面。在办理侵犯注册商标犯罪案件中，检察机关应当全面强化职责担当。对于商品可能涉及危害食品药品安全、社会公共安全的，应当引导公安机关通过鉴定检验等方式

就产品质量进行调查取证，查明假冒商品是否符合国家产品安全标准，是否涉嫌构成生产、销售有毒有害食品罪等罪名。如果一行为同时触犯数个罪名，则应当按照法定刑较重的犯罪进行追诉。制假售假犯罪链条中由于层层加价销售，往往出现上游制售假冒商品数量大但销售金额小、下游销售数量小而销售金额大的现象。检察机关在提出量刑建议时，不能仅考虑犯罪金额，还要综合考虑被告人在上下游犯罪中的地位与作用、所处的制假售假环节、销售数量、扩散范围、非法获利数额、社会影响等多种因素，客观评价社会危害性，体现重点打击制假售假源头的政策导向，做到罪刑相适应，有效惩治犯罪行为。

（二）对销售假冒注册商标的商品犯罪的上下游人员，应注意结合相关证据准确认定不同环节被告人的主观明知

司法实践中，对于销售主观明知的认定，应注意审查被告人在上下游犯罪中的客观行为。对售假源头者，可以通过是否伪造授权文件等进行认定；对批发环节的经营者，可以通过进出货价格是否明显低于市场价格，以及交易场所与交易方式是否合乎常理等因素进行甄别；对终端销售人员，可以通过客户反馈是否异常等情况进行判断；对确受伪造变造文件蒙蔽或主观明知证据不足的人员，应坚持主客观相一致原则，依法不予追诉。

（三）一体发挥刑事检察和公益诉讼检察职能，维护社会公共利益

检察机关依法履职的同时，要善于发挥刑事检察和公益诉讼检察职能合力，用好检察建议等法律监督措施，以此推动解决刑事案件涉及的公共利益保护和社会治理问题。对于侵害众多消费者利益，涉案金额大，侵权行为严重的，检察机关可以建议有关社会组织提起民事公益诉讼，也可以自行提起民事公益诉讼，以维护社会公众合法权益。

三、广州卡门实业有限公司涉嫌销售假冒注册商标的商品立案监督案

（最高人民检察院检例第99号）

【关键词】

在先使用；听证；监督撤案；民营企业保护

【要旨】

在办理注册商标类犯罪的立案监督案件时，对符合商标法规定的正当合理使用情形而未侵犯注册商标专用权的，应依法监督公安机关撤销案件，以保护涉案企业合法权益。必要时可组织听证，增强办案透明度和监督公信力。

【相关规定】

《中华人民共和国商标法》第五十九条
《中华人民共和国刑事诉讼法》第八条
《最高人民检察院关于充分履行检察职能加强产权司法保护的意见》第十二条
《人民检察院刑事诉讼规则（试行）》第五百五十二条至五百六十三条
《人民检察院审查案件听证工作规定》

【基本案情】

申请人广州卡门实业有限公司（以下简称卡门公司），住所地广东省广州市。

2013 年 3 月，卡门公司开始在服装上使用“KM”商标。2014 年 10 月 30 日，卡门公司向原国家工商行政管理总局商标局（以下简称商标局）申请注册该商标在服装、帽子等商品上使用，商标局以该商标与在先注册的商标近似为由，驳回申请。2016 年 6 月 14 日，卡门公司再次申请在服装、帽子等商品上注册“KM”商标，2017 年 2 月 14 日，商标局以该商标与在先注册的商标近似为由，仅核准“KM”商标在睡眠用眼罩类别上使用，但卡门公司继续在服装上使用“KM”商标。其间，卡门公司逐渐发展为在全国拥有门店近600 家、员工近 10000 余名的企业。

2015 年 11 月 20 日，北京锦衣堂企业文化发展有限公司（以下简称锦衣堂公司）申请在服装等商品上注册“KM”商标，商标局以该商标与在先注册的商标近似为由，驳回申请。2016 年 11 月 22 日，锦衣堂公司再次申请在服装等商品上使用“KM”商标。因在先注册的近似商标被撤销，商标局于 2018 年 1 月 7 日核准该申请。后锦衣堂公司授权北京京津联行房地产经纪有限公司（以下简称京津联行公司）使用该商标。2018 年 1 月，京津联行公司授权周某经营的服装专卖店使用“KM”商标。2018 年 5 月，京津联行公司向全国多地市场监管部门举报卡门公司在服装上使用“KM”商标，并以卡门公司涉嫌销售假冒注册商标的商品罪向广东省佛山市公安局南海分局（以下简称南海分局）报案。南海分局于同年 5 月 31 日立案，并随后扣押卡门公司物流仓库中约 9 万件标记“KM”商标的服装。

【检察机关履职情况】

受理立案监督 2018 年 5 月 31 日，南海分局以卡门公司涉嫌销售假冒注册商标的商品罪立案侦查。6 月 8 日，卡门公司不服公安机关立案决定，向广东省佛山市南海区人民检察院（以下简称南海区检察院）申请监督撤案。南海区检察院依法启动立案监督程序。

调查核实 南海区检察院向公安机关发出《要求说明立案理由通知书》。公安机关在《立案理由说明书》中认为，卡门公司未取得“KM”商标服装类别的商标权，且未经“KM”商标所有人锦衣堂公司许可，在服装上使用“KM”商标，情节严重，涉嫌犯罪，故立案侦查。经南海区检察院审查发现，公安机关认定卡门公司涉嫌销售假冒注册商标的商品罪存在以下问题：一是欠缺卡门公司申请过“KM”商标的相关证据；二是卡门公司与锦衣堂公司申请“KM”商标的先后时间不清晰；三是欠缺卡门公司“KM”商标的使用情况、销售金额、销售规模等证据。

针对上述问题，南海区检察院进行了调查核实：一是调取卡门公司申请商标注册的材料、“KM”商标使用情况、服装生产、销售业绩表、对外宣传材料及京津联行公司委托生产、销售“KM”服装数量和规模等证据，查明卡门公司两次申请注册“KM”商标的时间均早于锦衣堂公司，卡门公司自成立时已使用并一直沿用“KM”商标，且卡门公司在全国拥有多家门店，具有一定规模和影响力。二是主动联系佛山市南海区市场监督局、广州市工商行政管理局，了解卡门公司“KM”服装被行政扣押后又解除扣押的原因，查明广东省工商行政管理局认定卡门公司“KM”商标使用行为属于在先使用。三是两次召开听证会，邀请公安机关、行政执法部门人员及卡门公司代理律师参加听证，并听取了京津联行公司的意见，充分了解公安机关立案、扣押财物及涉案企业对立案所持异议的理由及依据，并征求行政执法部门意见。四是咨询法律专家，详细了解近似商标的判断标准、在先使用抗辩等。

监督意见 南海区检察院经审查认为，公安机关刑事立案的理由不能成立。一是卡门公司存在在先使用的事实。卡门公司在锦衣堂公司取得“KM”商标之前，已经长期使用“KM”商标。二是卡门公司主观上没有犯罪故意。卡门公司在生产、销售服装期间，一直沿用该商标，从未对外宣称是锦衣堂公司或京津联行公司产品，且卡门公司经营的“KM”服装品牌影响力远大于上述两家公司，并无假冒他人注册商标的故意。卡门公司生产、销售“KM”服装的行为不构成销售假冒注册商标的商品罪，公安机关立案错误，应予纠正。

处理结果 2018年8月3日，南海区检察院发出《通知撤销案件书》。同年8月10日，南海分局撤销案件，并发还扣押货物。卡门公司及时出售货物，避免了上千万元经济损失。

【指导意义】

（一）检察机关办理侵犯知识产权犯罪案件，应注意审查是否存在法定的正当合理使用情形

办理侵犯知识产权犯罪案件，检察机关在依法惩治侵犯知识产权犯罪的同时，还应注意保护权利人的正当权益免遭损害。其中一个重要方面是应注意审查是否存在不构成知识产权侵权的法定情形。如《商标法》第五十九条规定的商标描述性使用、在先使用，《著作权法》第二十四条规定的合理使用，第二十五条、第三十五条第二款、第四十二条第二款、第四十六条第二款规定的法定许可，《专利法》第六十七条规定的现有技术、第七十五条规定的专利先用权等正当合理使用的情形，防止不当启动刑事追诉。对于当事人提出的立案监督申请，检察机关经过审查和调查核实，认定有在先使用等正当合理使用情形，侵权事由不成立的，应依法通知公安机关撤销案件。

（二）正确把握商标在先使用的抗辩事由

商标注册人申请商标注册前，他人已经在同一种商品或者类似商品上先于商标注册人使用与注册商标相同或者近似并有一定影响的商标的，注册商标专用权

人无权禁止该使用人在原使用范围内继续使用该商标，注册商标所有人仅可以要求其附加适当区别标识。判断是否存在在先使用抗辩事由，需重点审查以下方面：一是在先使用人是否在商标注册人申请注册前先于商标注册人使用该商标。二是在先使用商标是否已产生一定影响。三是在先商标使用人主观上是否善意。只有在全面审查案件证据事实的基础上综合判断商标使用的情况，才能确保立案监督依据充分、意见正确，才能说服参与诉讼的各方接受监督结果，做到案结事了。

（三）开展立案监督工作必要时可组织听证，增强办案透明度和监督公信力

听证是检察机关贯彻以人民为中心，充分尊重和保障当事人的知情权、参与权、监督权，健全完善涉检矛盾纠纷排查化解机制的有效举措。检察机关组织听证应当提前通知各方做好听证准备，整理好争议点，选取合适的听证员。听证中应围绕涉案当事人对刑事立案所持异议的理由和依据、公安机关立案的证据和理由、行政执法部门及听证员的意见展开，重点就侵权抗辩事由是否成立、是否具有犯罪的主观故意等焦点问题进行询问，全面审查在案证据，以准确认定公安机关立案的理由是否成立。通过听证开展立案监督工作，有助于解决在事实认定、法律适用问题上的分歧，化解矛盾纠纷，既推动规范执法，又增强检察监督公信力。

四、姚常龙等五人假冒注册商标案

（详见第二编第一章假冒注册商标罪）

第三章　非法制造、销售非法制造的注册商标标识罪

【立案追诉标准】

非法制造、销售非法制造的注册商标标识案（《刑法》第215条）

伪造、擅自制造他人注册商标标识或者销售伪造、擅自制造的注册商标标识，具有下列情形之一的，属于刑法第二百一十五条规定的“情节严重”，应当以非法制造、销售非法制造的注册商标标识罪判处三年以下有期徒刑、拘役或者管制，并处或者单处罚金：

（一）伪造、擅自制造或者销售伪造、擅自制造的注册商标标识数量在二万件以上，或者非法经营数额在五万元以上，或者违法所得数额在三万元以上的；

（二）伪造、擅自制造或者销售伪造、擅自制造两种以上注册商标标识数量在一万件以上，或者非法经营数额在三万元以上，或者违法所得数额在二万元以上的；

（三）其他情节严重的情形。

《最高人民法院、最高人民检察院关于办理侵犯知识产权刑事案件具体应用法律若干问题的解释》（2004年12月22日）第3条第1款

【犯罪构成及刑事责任】

非法制造、销售非法制造的注册商标标识罪，是指伪造、擅自制造他人注册

商标标识或者销售伪造、擅自制造的注册商标标识，情节严重的行为。构成本罪需要具备以下四个要件：

1. 客体要件

本罪侵犯的客体是国家的商标管理制度和他人注册商标的专用权。本罪侵犯的对象是他人的注册商标标识。所谓商标标识，是指附有商标图样、商标注册标记、“注册商标”字样、注册商标标志、核准注册的名称等的物质载体，如商标纸、商标片、商标织带等。它是表明注册商标的商品显著特征的识别标志，包括：

第一，在商品上或者商品包装、说明书以及其他附着物上所标明的“注册商标”字样或者注册商标标识以及注册标记。

第二，在商品或者包装物上印制的注册商标图形，即注册商标的文字、字母、图形及其组合图样。

第三，经商标局核准注册或能起到商标作用的商品特定名称及外观装潢部分。商标超过有效期限或因其他原因而被注销，其标识就不能构成本罪之对象。成为本罪犯罪对象的必须是他人的商标标识，如果是自己的商标标识，就根本谈不上伪造或擅自制造。

2. 客观要件

客观方面表现为违反商标管理法规，伪造、擅自制造他人注册商标标识或者销售伪造、擅自制造的商标标识，情节严重之行为。具体包括两个基本要素：

（1）违反商标管理法规

如果没有违反商标管理法规，即使有伪造、擅自制造销售的行为，也不能以本罪论处。如伪造、擅自制造的是未经注册的商标标识或虽经注册但已超过有效期限的商标标识，就不构成本罪。

（2）情节严重

即销售金额数额较大或者具有其他严重情节。《最高人民法院、最高人民检察院关于办理侵犯知识产权刑事案件具体应用法律若干问题的解释》第 3 条第 1 款规定：“伪造、擅自制造他人注册商标标识或者销售伪造、擅自制造的注册商标标识，具有下列情形之一的，属于刑法第二百一十五条规定的‘情节严重’，应当以非法制造、销售非法制造的注册商标标识罪判处三年以下有期徒刑、拘役或者管制，并处或者单处罚金：（一）伪造、擅自制造或者销售伪造、擅自制造的注册商标标识数量在二万件以上，或者非法经营数额在五万元以上，或者违法所得数额在三万元以上的；（二）伪造、擅自制造或者销售伪造、擅自制造两种以上注册商标标识数量在一万件以上，或者非法经营数额在三万元以上，或者违法所得数额在二万元以上的；（三）其他情节严重的情形。”

3. 主体要件

本罪主体是企业事业单位或个人，单位既可以是法人，也可以是非法人；个人既包括持有工商营业执照的个体工商户，亦包括没有营业执照的其他个人。

4. 主观要件

本罪在主观方面只能是故意，即明知是他人的注册商标标识而仍故意伪造，或明知违反注册商标标识印制委托合同的规定，仍然故意超量制造，或明知是伪造的或擅自制造的他人注册商标标识，却仍故意销售。

根据《刑法》第 215 条的规定，犯本罪，情节严重的，处三年以下有期徒刑，并处或者单处罚金；情节特别严重的，处三年以上十年以下有期徒刑，并处罚金。

【疑难指导】

一、非法制造的认定

该罪中的非法制造包括两种情形：一是伪造；二是非法制造。不管是伪造，还是非法制造，都是本罪的客观行为方式。那么，何为伪造、何为非法制造，在理论研究和司法实践中需要进行区分。

伪造，是指按照他人注册商标标识的式样、文字、图形、颜色、质地及制作技术制作假的注册商标标识。首先，伪造的主体是没有注册商标标识制造权的人。这与擅自制造的主体存在区别。擅自制造的主体是有注册商标标识制造权的人。本罪的伪造是指有形伪造。其次，本罪的伪造不包括变造。变造是指没有变更注册商标标识权限的人，对真实的注册商标标识的非主体部分，进行不法变更。变造的主体是没有变更注册商标标识权限的人。变造的对象是已经制造完成的真实的注册商标标识；对未制造完成的注册商标标识进行改造，不属于变造。变造必须是对注册商标标识的非主体部分进行变更。如果行为人对注册商标标识的主体部分进行改造，则属于伪造。最后，伪造的商标标识应当与被伪造的注册商标标识相同。在伪造的情况下，行为人并没有得到注册商标权人的委托、许可，而是在没有和注册商标所有权人进行任何沟通甚至是公然对抗的情况下，伪造所有权人的注册商标。[①]

对于何为擅自制造，存在不同的观点：有人认为，擅自制造，是指未经工商行政管理机关审批，未取得制定印制商标标识单位的资格；或者虽已取得制定印制商标标识单位资格，但违反商标管理法规，非法印制他人注册商标标识的。[②] 有人认为，擅自制造，是指从事印刷业务的企业或个体工商户，没有取得“制定印制商标单位”资格和“制定印刷商标单位证书”，而非法承揽印制他人注册商标标识业务。[③] 有人认为，擅自制造，是指商标印制单位在与注册商标所有人的商标印制合同规定的印数之外，又私自加印商标标识的行为，商标标识本身是真的。[④] 还有人认为，擅自制造，是指从事印制业务的单位或者个人，未经注册商标权人的许可而制造其注册商标标识，或者超过注册商标权人委托的数量而制造其注册商标标识。[⑤]

司法实践中，如何认定擅自制造，需要从两个方面加以考量。一是行为人是否具有印制商标标识的经营权；二是行为人是否经过注册商标所有权人的授权许可。即，擅自制造必须以制造者有印制商标标识的经营权和受商标所有人委托这两个条件同时存在为前提，只有具有印制商标标识经营权的单位或个人，在商标所有人委托其印制商标标识后，超出规定印制商标标识的行为才能称为擅自制造。首先，擅自制造的主体只包括有商标印制权的人，不包括未取得商标印刷资格的人。未取得商标印刷资格的人，私自印刷他人注册商标标识，应属于伪造他人注册商标标识的行为。其次，擅自制造的行为，是违反商标管理法规，或违反与注

---

① 参见武化吉：《论非法制造、销售非法制造的注册商标标识罪》，载《河南师范大学学报（哲学社会科学版）》2007 年第 6 期。

② 参见党建军：《侵犯知识产权罪》，中国人民公安大学出版社 2003 年版，第 44 页。

③ 参见高晓莹：《侵犯知识产权罪的认定与处理》，中国检察出版社 1998 年版，第 108 页。

④ 参见胡康生、李福成：《中华人民共和国刑法释义》，法律出版社 1997 年版，第 303 页。

⑤ 参见肖中华：《侵犯知识产权犯罪的司法适用难题》，载《刑法论丛》2007 年第 12 卷。

册商标所有人签订的印制合同约定，私自印刷或超量印刷他人注册商标标识。最后，擅自制造的商标标识与他人的注册商标标识，在外观上，既可以是完全相同，也可以是基本相同，只是因违反规定或约定，而属于非法制造的商标标识。[①]

二、对商标标识“件数”如何认定

根据刑法和相关司法解释的规定，可以看出，构成该罪的“量”的方面有三种条件：一是伪造、擅自制造的注册商标标识的数量；二是非法经营数额；三是其他情节严重的情况。那么，对件数如何认定？《最高人民法院、最高人民检察院关于办理侵犯知识产权刑事案件具体应用法律若干问题的解释》第12条第3款规定，制造注册商标标识数量中的“件”，是指“标有完整商标图样的一份标识”。尽管司法解释对此进行了规定，但是在司法实践和理论研究中，对注册商标标识“件数”的认定仍存在较大争议。[②]

如，2018年8月15日，某市公安局某区分局以李某某涉嫌非法制造注册商标标识罪移送某区检察院审查起诉。审查起诉中，检察官认为在李某某处查获的侵权产品涉及两种注册商标，标识数量合计约6.5万件，属情节特别严重。案件起诉至某区法院后，某区法院认为，所查获侵权产品涉及的商标标识数量合计为4.5万余件，属情节严重。2019年1月18日，某区法院判决李某某犯非法制造注册商标标识罪，判决撤销前罪缓刑，数罪并罚，决定执行有期徒刑二年零六个月，合并执行罚金11万元。某区检察院经审查认为一审判决认定侵权产品商标标识数量错误，对一审判决提出抗诉。该案的争议焦点在于：某区检察院认为，在包装物上存在“标有完整商标图样的一个标识”为一件商标标识，即应以标识个数确定商标标识件数。某区法院则认为，对商标标识数量的认定应从是否单独具有使用功能来认定，对于由数个独立的包装盒及说明书组成的一套包装物（即使每个独立包装盒上均印制有商标标识），应认定为一件商标标识，即应以成套的包装物数

---

① 参见武化吉：《论非法制造、销售非法制造的注册商标标识罪》，载《河南师范大学学报（哲学社会科学版）》2007年第6期。

② 当然，对非法经营数额的认定也存在争议，但是对犯罪数额的认定方法，在销售假冒注册商标的商品罪中已经论述，相关的原理同样适用于该罪名。

量确定商标标识件数。[①] 当然，这只是司法实践中的一个案例，在真实的司法实践中，涉及这类问题的争议更多。[②]

理论研究中，存在不同的观点。[③] 第一种观点是“折算说”。该种观点以实质正义解释理念为依据展开，认为非法制造、销售非法制造的注册商标标识罪所侵犯被害人的商标权法益的表现样态，只能是依附于具体商品之上的注册商标标识，没有依附、粘贴于具体商品之上的注册商标标识不可能侵害商标权利人的法益。因此，对于商标标识“件数”的认定，要依托于具体的商品，多个注册商标标识附着于一个商品上时，只能认定为一件。即，对于同一件商品上贴有的数枚注册商标标识的规范性评价，应该认为只有一枚注册商标标识具有代表商品本身价值的意义，其他剩余的注册商标标识仅仅是商品装潢的需要而没有任何代表性价值和意义。

第二种观点是“实际数量说”。该种观点以形式主义刑法解释理念为基本坐标，认为对“件数”的认定应该严格以《最高人民法院、最高人民检察院关于办理侵犯知识产权刑事案件具体应用法律若干问题的解释》第 12 条第 3 款规定的“标有完整商标图样的一份标识”为标准，将包装盒等外观存在样态上所有能评价为“完整商标图样的一份标识”的注册商标标识均认定为《刑法》第 215 条规定的非法制造、销售非法制造的注册商标标识罪中的“一件”。即，对于同一件商品上贴有的数枚注册商标标识的，每一个标有完整商标图样的标识都应该算作一件。

第三种观点是“区分说”。该种观点认为，本罪“件数”的认定，应该以非法制造、销售非法制造的注册商标标识罪的行为人在客观上对生产或者销售伪劣产品的制假者、售假者在使用非法制造、销售的注册商标标识的方式和范围这一事实层面是否明知为切入点，以此来决定应该适用“折算说”还是应该适用“实

---

① 参见黄锐意：《把握立法原意平衡法益保护——一起非法制造注册商标标识抗诉案办理纪实》，载《人民检察》2020 年第 16 期。

② 参见庄绪龙、包文炯：《论非法制造、销售非法制造的注册商标标识罪中“件数”的司法认定》，载《中国刑事法杂志》2013 年第 9 期。另外，笔者曾对西南区域某市 10 个区县通过电话、微信、走访等方式进行调研，发现关于该类问题的争议比比皆是。

③ 参见庄绪龙、包文炯：《论非法制造、销售非法制造的注册商标标识罪中“件数”的司法认定》，载《中国刑事法杂志》2013 年第 9 期。

际数量说”。行为人客观上对生产销售伪劣产品的制假者、售假者在使用非法制造的注册商标标识方式和范围这一事实层面是明知的，那么应该以“折算说”为计算本罪构成要件要素——“件数”——的标准。行为人客观上对生产或者销售伪劣产品的制假者、售假者在使用非法制造的注册商标标识范围这一事实层面并不明知，那么应该以“实际数量说”作为计算本罪构成要件要素——“件数”——的标准。

应当说，在当下的司法实践中，“折算说”似乎较为大家所接受，但是如上所述，“折算说”也有反对的观点。从理论论证和实现法的公平正义的角度来说，“折算说”和“实际数量说”均存在合理之处，当然也存在各自的不足和缺陷。“折算说”的弊端在于，行为人非法制造、销售非法制造的注册商标标识的数量计算要依赖于他人对商标标识的用法，如：甲要求乙非法制造某注册商标标识 12 万件，乙制作完毕后交给甲，甲在每个商品上粘贴 4 枚，如果按照折算说，乙非法制造的注册商标标识的件数应该为 3 万件；而如果甲在每个商品上只粘贴 1 枚，乙非法制造注册商标标识的件数应该为 12 万件。前者系数量较大，后者系数额巨大，两者量刑完全不同。可见，同样的行为，乙量刑的轻重完全依赖于甲如何使用该非法制造的注册商标标识。这显然是不合理的。“实际数量说”的弊端在于，存在“无价值重复评价”或者说是违反禁止重复评价的危险，即将多个注册商标标识粘贴到同一个商品上后，多余的标识仅具有装潢、包装的价值，将这些仅充当商品装潢材料、不具备独立性代表价值的注册商标标识评价为具有独立性价值刑法意义上的“注册商标标识”，显然具有重复评价的危险。

犯罪是主观与客观相结合的产物，是违法与责任的结合体，对犯罪的认定不能进行主观归罪或客观归罪，这一认定犯罪的铁律是一以贯之的。非法制造、销售非法制造的注册商标标识罪的认定，毫无疑问应当遵循这一铁律。而在上述三种观点中，宜摒弃“折算说”“实际数量说”的静态思维，采取动态性分析的“区分”方法，将非法制造、销售非法制造的注册商标标识的行为人对买卖相对人生产经营情况的知晓程度为事实依据进行综合判断，即行为人明知他人使用方式和范围的，则依照“折算说”计算“件数”；不明知他人使用注册商标标识范围和方式的，则依照“实际数量说”计算“件数”。

【办案依据】

一、《刑法》规定

第二百一十五条　伪造、擅自制造他人注册商标标识或者销售伪造、擅自制造的注册商标标识，情节严重的，处三年以下有期徒刑，并处或者单处罚金；情节特别严重的，处三年以上十年以下有期徒刑，并处罚金。

二、司法解释

（一）《最高人民法院、最高人民检察院关于办理非法生产、销售烟草专卖品等刑事案件具体应用法律若干问题的解释》（2010年3月26日，法释〔2010〕7号）

第一条第四款　伪造、擅自制造他人卷烟、雪茄烟注册商标标识或者销售伪造、擅自制造的卷烟、雪茄烟注册商标标识，情节严重的，依照刑法第二百一十五条的规定，以非法制造、销售非法制造的注册商标标识罪定罪处罚。

（二）《最高人民法院、最高人民检察院关于办理侵犯知识产权刑事案件具体应用法律若干问题的解释》（2004年12月22日，法释〔2004〕19号）

第三条　伪造、擅自制造他人注册商标标识或者销售伪造、擅自制造的注册商标标识，具有下列情形之一的，属于刑法第二百一十五条规定的“情节严重”，应当以非法制造、销售非法制造的注册商标标识罪判处三年以下有期徒刑、拘役或者管制[①]，并处或者单处罚金：

（一）伪造、擅自制造或者销售伪造、擅自制造的注册商标标识数量在二万件以上，或者非法经营数额在五万元以上，或者违法所得数额在三万元以上的；

（二）伪造、擅自制造或者销售伪造、擅自制造两种以上注册商标标识数量在一万件以上，或者非法经营数额在三万元以上，或者违法所得数额在二万元以上的；

（三）其他情节严重的情形。

具有下列情形之一的，属于刑法第二百一十五条规定的“情节特别严重”，应

---

① 根据《刑法修正案（十一）》，应当判处三年以下有期徒刑。

当以非法制造、销售非法制造的注册商标标识罪判处三年以上七年以下有期徒刑[①]，并处罚金：

（一）伪造、擅自制造或者销售伪造、擅自制造的注册商标标识数量在十万件以上，或者非法经营数额在二十五万元以上，或者违法所得数额在十五万元以上的；

（二）伪造、擅自制造或者销售伪造、擅自制造两种以上注册商标标识数量在五万件以上，或者非法经营数额在十五万元以上，或者违法所得数额在十万元以上的；

（三）其他情节特别严重的情形。

第十二条 本解释所称"非法经营数额"，是指行为人在实施侵犯知识产权行为过程中，制造、储存、运输、销售侵权产品的价值。已销售的侵权产品的价值，按照实际销售的价格计算。制造、储存、运输和未销售的侵权产品的价值，按照标价或者已经查清的侵权产品的实际销售平均价格计算。侵权产品没有标价或者无法查清其实际销售价格的，按照被侵权产品的市场中间价格计算。

多次实施侵犯知识产权行为，未经行政处理或者刑事处罚的，非法经营数额、违法所得数额或者销售金额累计计算。

本解释第三条所规定的"件"，是指标有完整商标图样的一份标识。

三、司法文件

《最高人民法院、最高人民检察院、公安部关于办理侵犯知识产权刑事案件适用法律若干问题的意见》（2011年1月10日）

九、关于销售他人非法制造的注册商标标识犯罪案件中尚未销售或者部分销售情形的定罪问题

销售他人伪造、擅自制造的注册商标标识，具有下列情形之一的，依照刑法第二百一十五条的规定，以销售非法制造的注册商标标识罪（未遂）定罪处罚：

（一）尚未销售他人伪造、擅自制造的注册商标标识数量在六万件以上的；

（二）尚未销售他人伪造、擅自制造的两种以上注册商标标识数量在三万件以

---

① 根据《刑法修正案（十一）》，应当判处三年以上十年以下有期徒刑。

上的；

（三）部分销售他人伪造、擅自制造的注册商标标识，已销售标识数量不满二万件，但与尚未销售标识数量合计在六万件以上的；

（四）部分销售他人伪造、擅自制造的两种以上注册商标标识，已销售标识数量不满一万件，但与尚未销售标识数量合计在三万件以上的。

四、其他法规

《商标法》（2019年4月23日）

第五十七条　有下列行为之一的，均属侵犯注册商标专用权：

（一）未经商标注册人的许可，在同一种商品上使用与其注册商标相同的商标的；

（二）未经商标注册人的许可，在同一种商品上使用与其注册商标近似的商标，或者在类似商品上使用与其注册商标相同或者近似的商标，容易导致混淆的；

（三）销售侵犯注册商标专用权的商品的；

（四）伪造、擅自制造他人注册商标标识或者销售伪造、擅自制造的注册商标标识的；

（五）未经商标注册人同意，更换其注册商标并将该更换商标的商品又投入市场的；

（六）故意为侵犯他人商标专用权行为提供便利条件，帮助他人实施侵犯商标专用权行为的；

（七）给他人的注册商标专用权造成其他损害的。

第六十七条　未经商标注册人许可，在同一种商品上使用与其注册商标相同的商标，构成犯罪的，除赔偿被侵权人的损失外，依法追究刑事责任。

伪造、擅自制造他人注册商标标识或者销售伪造、擅自制造的注册商标标识，构成犯罪的，除赔偿被侵权人的损失外，依法追究刑事责任。

销售明知是假冒注册商标的商品，构成犯罪的，除赔偿被侵权人的损失外，依法追究刑事责任。

第四章 假冒专利罪

【立案追诉标准】

假冒专利案（《刑法》第216条）

假冒他人专利，具有下列情形之一的，属于刑法第二百一十六条规定的“情节严重”，应当以假冒专利罪判处三年以下有期徒刑或者拘役，并处或者单处罚金：

（一）非法经营数额在二十万元以上或者违法所得数额在十万元以上的；

（二）给专利权人造成直接经济损失五十万元以上的；

（三）假冒两项以上他人专利，非法经营数额在十万元以上或者违法所得数额在五万元以上的；

（四）其他情节严重的情形。

《最高人民法院、最高人民检察院关于办理侵犯知识产权刑事案件具体应用法律若干问题的解释》（2004年12月22日）第4条

【犯罪构成及刑事责任】

假冒专利罪，是指假冒他人专利，情节严重的行为。构成本罪需要具备以下四个要件：

1. 客体要件

本罪侵犯的客体是复杂客体，它既侵害了国家专利管理部门的正常活动，也侵害了单位或者个人的专利权利。

2. 客观要件

客观方面表现为违反国家专利管理法规规定，在法律规定的有效期限内，假冒他人或单位已向国家专利主管部门提出申请并经审查获得批准的专利，情节严重的行为。具体包括三个基本要素：

（1）假冒他人专利的行为

表现为两个方面：一方面，未经专利权人同意，在其制造、使用或者出售的产品上标注、缀附或者在与该产品有关的广告中冒用专利权人的姓名或名称、专利名称、专利号或者专利权人的其他专利标记的行为。另一方面，未经专利权人许可，而实施其专利的行为，即未经专利权人许可，以生产经营为目的而非法制造、使用或者销售其专利产品，或者使用其专利方法。

（2）发生在专利权期限内

为了防止专利权人无限期地垄断技术，阻碍技术进步，专利权人只能在法定的期限内享有对其发明创造专有利用的权利。

（3）侵犯了专利权

《专利法》第75条规定，下列行为不视为侵犯专利权：

①专利产品或者依照专利方法直接获得的产品，由专利权人或者经其许可的单位、个人售出后，使用、许诺销售、销售、进口该产品的；

②在专利申请日前已经制造相同产品、使用相同方法或者已经作好制造、使用的必要准备，并且仅在原有范围内继续制造、使用的；

③临时通过中国领陆、领水、领空的外国运输工具，依照其所属国同中国签订的协议或者共同参加的国际条约，或者依照互惠原则，为运输工具自身需要而在其装置和设备中使用有关专利的；

④专为科学研究和实验而使用有关专利的；

⑤为提供行政审批所需要的信息，制造、使用、进口专利药品或者专利医疗器械的，以及专门为其制造、进口专利药品或者专利医疗器械的。

没有实施侵犯专利权的行为，也就不构成假冒专利罪。

3. 主体要件

本罪主体为一般主体，自然人和单位均能成为本罪主体。单位犯本罪的，实行双罚制，即对单位判处罚金，对直接负责的主管人员和其他直接责任人员追究刑事责任。

4. 主观要件

本罪在主观方面必须出于故意，即明知自己在假冒他人专利侵犯他人专利权而仍故意实施该行为。对于过失行为，不能构成本罪。至于犯罪的动机则多种多样，有的为了营利，有的为了获取荣誉，有的为了损坏他人名誉等，但无论动机如何，都不影响本罪的成立。

根据《刑法》第216条的规定，犯本罪，情节严重的，处三年以下有期徒刑或拘役，并处或者单处罚金。

【疑难指导】

一、本罪与假冒注册商标罪的界限

二者特征基本相同，客观上都有假冒行为，主观上都是故意犯罪，目的一般都是牟取非法利益，主体相同。二者主要区别表现在：（1）侵害的客体不同。假冒专利罪侵犯的直接客体是国家的专利管理制度，而假冒商标罪侵犯的直接客体是国家的商标管理制度。（2）假冒专利罪的侵害对象不是注册商标，而是被授予的专利。这也是二者在假冒内容上的差别。

二、冒充专利行为不宜入罪

假冒他人专利的行为侵犯的是他人的有效专利，而冒充专利的行为使用的专利号或为虚构或已失效。可以看到，假冒专利行为中，行为人假冒的必须是他人真实存在且有效的专利标记，假冒专利属于“以假乱真”。而冒充专利则不同，冒充专利是指行为人冒充实际上并不存在的专利，是“无中生有”。①

---

① “假冒他人专利”强调的是假冒行为侵犯他人的专利权，其标注、使用的专利号、专利标记应当是经授权且仍具有效力的他人的专利权。“冒充专利”的行为是指该假冒行为并不侵犯他人的专利权，其标注、使用的专利号并不存在或者已经失效。《专利法实施细则》第84条第1款第1项规定的“在未被授予专利权的产品或者其包装上标注专利标识，专利权被宣告无效后或者终止后继续在产品或者其包装上标注专利标识”即属于此种情形。参见田鹏辉：《经济安全与经济刑法立法模式选择》，载《法商研究》2018年第3期。

相关的司法解释对何种行为属于假冒专利的行为进行了细化和明确。但是，我国立法和相关的司法解释并没有将冒充专利的行为纳入刑法规制的视野。针对冒充专利的行为能否入罪，存在不同的观点。

主张应当将冒充专利的行为入罪的观点认为，不管是假冒他人专利还是冒充专利，实质上都是欺骗公众的行为，行为人的目的都在于影响消费者的认知，使消费者误认为其产品是专利产品，以提高其产品的销售量。可以说，冒充专利行为的效果与在产品上标注他人真实有效的专利号或专利标记非常接近，其社会危害性不亚于假冒他人专利的行为。[①] 行为人不管是实施假冒专利的行为，还是实施冒充专利的行为，目的都在于诱导甚至是欺骗消费者购买其产品，以此来提高其产品的市场占有份额并获得利益。并且，从实践来看，两种行为获得的非法利润并无实质上的差别，可以说两种行为的社会危害性不分伯仲。如果只对假冒专利的行为进行入罪化处理，而对冒充专利的行为仅进行行政或民事处罚，其违法成本显然低于假冒专利的违法成本。在此情况下，行为人必然会采取冒充专利的方式进行非法获利，以此既达到非法获利的目的又达到规避刑事责任的目的，如此必定不利于对专利权的保护，进而影响市场经济秩序和经济安全。[②] 《专利法》《专利法实施细则》已将假冒他人专利的行为与冒充专利的行为予以整合，统一为假冒专利的行为。现行《刑法》第216条属于空白罪状，其前置性规范（补充规范）是《专利法》《专利法实施细则》的有关规定。作为空白罪状的刑法规范与其前置性规范之间必须协调、统一，才能形成明确、完备的犯罪构成要件。对这两类行为在构罪上区别对待，不仅会导致与假冒他人专利行为有同等社会危害性的冒充专利行为未纳入犯罪范围，还会造成专利保护法律体系不协调。为堵塞这一立法漏洞，应当将冒充专利的行为犯罪化。[③]

反对将冒充专利的行为入罪的观点指出，1997年《刑法》采用的罪名为"假冒专利罪"而非"假冒他人专利罪""非法实施他人专利罪""冒充专利罪"等，

---

① 参见尹新天：《中国专利法详解》，知识产权出版社2012年版，第555页。
② 参见田鹏辉：《经济安全与经济刑法立法模式选择》，载《法商研究》2018年第3期。
③ 参见刘少谷：《刑法规制假冒专利行为的困境与对策》，载《中州学刊》2019年第3期。

在以后的司法解释中也一直使用“假冒专利罪”的罪名，2004 年《最高人民法院、最高人民检察院关于办理侵犯知识产权刑事案件具体应用法律若干问题的解释》第 10 条对“假冒他人专利”行为的列举规定中，并不包括冒充专利行为。因此，尽管《专利法》弃用冒充专利行为与假冒专利行为的二元划分模式，统称为“假冒专利”行为，但此“假冒专利”并非刑法“假冒专利罪”中的“假冒专利”。从目前的刑法条文和司法解释规定看，假冒专利罪仅指向假冒他人专利，情节严重的行为，并不包括冒充专利行为，所以，假冒专利罪的内涵界定应当坚持罪刑法定的严格解释原则。对于情节严重的冒充专利行为，虽然不能按照现行《刑法》第 216 条来定罪，但对于冒充专利行为中部分行为而言，因其行为的手段、方式或者结果的特殊性，可以以符合《刑法》第 280 条“伪造、变造、买卖国家机关公文、证件、印章罪”、第 222 条“虚假广告罪”、第 224 条“合同诈骗罪”等罪名来论处，从而有效遏制此类违法行为的发生。①

对于该争论，赞成入罪的观点和反对入罪的观点都存在合理之处。但是，对于司法实践而言，应当明确，虽然依据《专利法实施细则》，专利行政部门可以对冒充专利的行为进行查处，但我国《刑法》一直没有增加冒充专利的罪名，司法解释也一直未扩大假冒专利罪的外延，即冒充专利的行为不在《刑法》和司法解释的规制范围内。根据罪刑法定原则，由于司法解释已明确将冒充专利的行为排除在刑法规制范围之外，目前尚不能将该种行为作为犯罪处理。

三、非法实施专利行为不宜入罪

实施专利的行为，就产品发明专利和实用新型专利而言，是指为生产经营目的制造、使用、许诺销售、销售、进口专利产品；就方法发明专利而言，是指为生产经营目的使用专利方法以及使用、许诺销售、销售、进口依照专利方法直接获得的产品；就外观设计专利而言，是指为生产经营目的制造、许诺销售、销售、进口外观设计专利产品。专利法中所指实施与一般意义上实施的含义有很大区别，它不仅包括对专利本身之技术方案或外观设计的执行——制造行为、使用专利方

---

① 参见李晓秋、喻志强：《假冒专利罪内涵界定应坚持严格解释原则》，载《检察日报》2016 年 11 月 28 日。

法行为，还包括对专利产品的销售、许诺销售、进口等行为，是对实施一词之通常意义的扩张；但是，《专利法》又规定这种实施行为的目的必须是生产经营，这是对实施一词之通常意义的限缩。所谓“非法”，根据《专利法》第11条规定，是指未经专利权人许可，也未按《专利法》第14条关于专利推广应用或《专利法》第六章关于专利实施的强制许可等规定取得专利实施权而实施的非正当专利权行为。[1]

对非法实施专利的行为是否应当纳入刑法规制的范围，也存在不同的观点。持反对意见的观点认为，不管是从刑法原则考虑，还是从技术层面考虑，都不能将该行为以犯罪化处理。从刑法原则考虑，非法实施他人专利行为一般不侵害公共利益，仅侵犯专利权人的利益。对这种侵犯私权行为进行规制，动用民事、行政手段处理即可，没有必要用刑法调整；从技术层面考虑，对非法实施他人专利是否构成侵权的判断，往往涉及复杂的技术事实，如果将这种行为犯罪化，司法实践中可能很难达到证明犯罪的要求，把一种是否存在侵权尚具有相对不确定性的行为上升到刑法规制的范围，从技术上考虑并不成熟。[2]

持赞成意见的观点认为，现实生活中非法实施他人专利行为的大量存在甚至不断增加，不仅是对专利权人利益的侵犯，也是对我国市场竞争秩序的破坏，其所造成的危害甚至超过了假冒专利行为。一方面，非法实施他人专利的行为不仅侵害了专利权人的财产法益，还侵害了国家法益和社会法益；另一方面，非法实施他人专利行为的入罪，可以强力震慑和遏制现实生活中大量存在且不断增加的专利侵权行为。[3] 在国家大力实施创新驱动发展战略和知识产权战略的大背景下，为了实现对专利权的实质性刑事保护，将严重的非法实施他人专利而未假冒他人专利的行为纳入《刑法》规制范围十分必要和迫切。[4]

---

① 参见石圣科：《假冒他人专利罪实证研究》，载《四川师范大学学报（社会科学版）》2010年第3期。

② 参见孙伟：《假冒专利罪的立法现状与完善》，载《人民检察》2016年第8期。

③ 参见傅启国、夏丽、王梦婷：《完善专利权刑事保护之构想》，载《广西政法管理干部学院学报》2021年第2期。

④ 参见李宗辉：《论〈刑法〉专利犯罪制度之体系化重构》，载《时代法学》2017年第5期。

对此，笔者认为，在司法实践中必须恪守罪刑法定原则，保持刑法的谦抑性，特别是刑事司法的谦抑性，不能盲目扩大入罪范围。因此，对于非法实施专利的行为，在我国《刑法》和相关司法解释没有明确将其入罪的情况下，司法人员必须对泛犯罪化保持警醒和慎重，即在目前情况下不能将该行为作为犯罪处理。

【办案依据】

一、《刑法》规定

第二百一十六条 假冒他人专利，情节严重的，处三年以下有期徒刑或者拘役，并处或者单处罚金。

二、司法解释

《最高人民法院、最高人民检察院关于办理侵犯知识产权刑事案件具体应用法律若干问题的解释》（2004年12月22日，法释〔2004〕19号）

第四条 假冒他人专利，具有下列情形之一的，属于刑法第二百一十六条规定的“情节严重”，应当以假冒专利罪判处三年以下有期徒刑或者拘役，并处或者单处罚金：

（一）非法经营数额在二十万元以上或者违法所得数额在十万元以上的；

（二）给专利权人造成直接经济损失五十万元以上的；

（三）假冒两项以上他人专利，非法经营数额在十万元以上或者违法所得数额在五万元以上的；

（四）其他情节严重的情形。

第十条 实施下列行为之一的，属于刑法第二百一十六条规定的“假冒他人专利”的行为：

（一）未经许可，在其制造或者销售的产品、产品的包装上标注他人专利号的；

（二）未经许可，在广告或者其他宣传材料中使用他人的专利号，使人将所涉及的技术误认为是他人专利技术的；

（三）未经许可，在合同中使用他人的专利号，使人将合同涉及的技术误认为是他人专利技术的；

（四）伪造或者变造他人的专利证书、专利文件或者专利申请文件的。

三、其他法规

《专利法》（2020年10月17日）

第二条　本法所称的发明创造是指发明、实用新型和外观设计。

发明，是指对产品、方法或者其改进所提出的新的技术方案。

实用新型，是指对产品的形状、构造或者其结合所提出的适于实用的新的技术方案。

外观设计，是指对产品的整体或者局部的形状、图案或者其结合以及色彩与形状、图案的结合所作出的富有美感并适于工业应用的新设计。

第十一条　发明和实用新型专利权被授予后，除本法另有规定的以外，任何单位或者个人未经专利权人许可，都不得实施其专利，即不得为生产经营目的制造、使用、许诺销售、销售、进口其专利产品，或者使用其专利方法以及使用、许诺销售、销售、进口依照该专利方法直接获得的产品。

外观设计专利权被授予后，任何单位或者个人未经专利权人许可，都不得实施其专利，即不得为生产经营目的制造、许诺销售、销售、进口其外观设计专利产品。

第十二条　任何单位或者个人实施他人专利的，应当与专利权人订立实施许可合同，向专利权人支付专利使用费。被许可人无权允许合同规定以外的任何单位或者个人实施该专利。

第四十四条　有下列情形之一的，专利权在期限届满前终止：

（一）没有按照规定缴纳年费的；

（二）专利权人以书面声明放弃其专利权的。

专利权在期限届满前终止的，由国务院专利行政部门登记和公告。

第四十七条　宣告无效的专利权视为自始即不存在。

宣告专利权无效的决定，对在宣告专利权无效前人民法院作出并已执行的专利侵权的判决、调解书，已经履行或者强制执行的专利侵权纠纷处理决定，以及已经履行的专利实施许可合同和专利权转让合同，不具有追溯力。但是因专利权人的恶意给他人造成的损失，应当给予赔偿。

依照前款规定不返还专利侵权赔偿金、专利使用费、专利权转让费，明显违反公平原则的，应当全部或者部分返还。

第六十五条 未经专利权人许可，实施其专利，即侵犯其专利权，引起纠纷的，由当事人协商解决；不愿协商或者协商不成的，专利权人或者利害关系人可以向人民法院起诉，也可以请求管理专利工作的部门处理。管理专利工作的部门处理时，认定侵权行为成立的，可以责令侵权人立即停止侵权行为，当事人不服的，可以自收到处理通知之日起十五日内依照《中华人民共和国行政诉讼法》向人民法院起诉；侵权人期满不起诉又不停止侵权行为的，管理专利工作的部门可以申请人民法院强制执行。进行处理的管理专利工作的部门应当事人的请求，可以就侵犯专利权的赔偿数额进行调解；调解不成的，当事人可以依照《中华人民共和国民事诉讼法》向人民法院起诉。

第六十七条 在专利侵权纠纷中，被控侵权人有证据证明其实施的技术或者设计属于现有技术或者现有设计的，不构成侵犯专利权。

第六十八条 假冒专利的，除依法承担民事责任外，由负责专利执法的部门责令改正并予公告，没收违法所得，可以处违法所得五倍以下的罚款；没有违法所得或者违法所得在五万元以下的，可以处二十五万元以下的罚款；构成犯罪的，依法追究刑事责任。

第七十五条 有下列情形之一的，不视为侵犯专利权：

（一）专利产品或者依照专利方法直接获得的产品，由专利权人或者经其许可的单位、个人售出后，使用、许诺销售、销售、进口该产品的；

（二）在专利申请日前已经制造相同产品、使用相同方法或者已经作好制造、使用的必要准备，并且仅在原有范围内继续制造、使用的；

（三）临时通过中国领陆、领水、领空的外国运输工具，依照其所属国同中国签订的协议或者共同参加的国际条约，或者依照互惠原则，为运输工具自身需要而在其装置和设备中使用有关专利的；

（四）专为科学研究和实验而使用有关专利的；

（五）为提供行政审批所需要的信息，制造、使用、进口专利药品或者专利医疗器械的，以及专门为其制造、进口专利药品或者专利医疗器械的。

第五章 侵犯著作权罪

【立案追诉标准】

侵犯著作权案（《刑法》第217条）

以营利为目的，未经著作权人许可，复制发行其文字作品、音乐、电影、电视、录像作品、计算机软件及其他作品，或者出版他人享有专有出版权的图书，或者未经录音录像制作者许可，复制发行其制作的录音录像，或者制作、出售假冒他人署名的美术作品，涉嫌下列情形之一的，应予立案追诉：

（一）违法所得数额三万元以上的；

（二）非法经营数额五万元以上的；

（三）未经著作权人许可，复制发行其文字作品、音乐、电影、电视、录像作品、计算机软件及其他作品，复制品数量合计五百张（份）以上的；

（四）未经录音录像制作者许可，复制发行其制作的录音录像制品，复制品数量合计五百张（份）以上的；

（五）其他情节严重的情形。

以刊登收费广告等方式直接或者间接收取费用的情形，属于本条规定的“以营利为目的”。

本条规定的“未经著作权人许可”，是指没有得到著作权人授权或者伪造、涂改著作权人授权许可文件或者超出授权许可范围的情形。

本条规定的"复制发行"，包括复制、发行或者既复制又发行的行为。

通过信息网络向公众传播他人文字作品、音乐、电影、电视、录像作品、计算机软件及其他作品，或者通过信息网络传播他人制作的录音录像制品的行为，应当视为本条规定的"复制发行"。

侵权产品的持有人通过广告、征订等方式推销侵权产品的，属于本条规定的"发行"。

本条规定的"非法经营数额"，是指行为人在实施侵犯知识产权行为过程中，制造、储存、运输、销售侵权产品的价值。已销售的侵权产品的价值，按照实际销售的价格计算。制造、储存、运输和未销售的侵权产品的价值，按照标价或者已经查清的侵权产品的实际销售平均价格计算。侵权产品没有标价或者无法查清其实际销售价格的，按照被侵权产品的市场中间价格计算。

《最高人民检察院、公安部关于公安机关管辖的刑事案件立案追诉标准的规定（一）》（2008年6月25日）第26条

【犯罪构成及刑事责任】

侵犯著作权罪，是指以营利为目的，有侵犯著作权或者与著作权有关的权利的情形，违法所得数额较大或者有其他严重情节的行为。构成本罪需要具备以下四个要件：

1. 客体要件

本罪侵犯的客体是国家的著作权管理制度以及他人的著作权和与著作权有关的权益。著作权，也称版权，是作者或其他著作权人对已经创作出来的文学、艺术和科学作品所享有的专有权利。本罪的犯罪对象是他人的作品、图书、录音、录像制品和假冒他人署名的美术作品等。所谓作品，是指人们借以表现自己思想、情感的文学、艺术和科学方面的智力成果。

2. 客观要件

客观方面表现为侵犯著作权和与著作权有关权益，情节严重的行为。

3. 主体要件

本罪主体为一般主体，既包括达到刑事责任年龄，并具有刑事责任能力的自然人，也包括经国家批准或未经国家批准从事出版、发行活动的单位。单位犯本罪的，实行双罚制，即对单位判处罚金，对直接负责的主管人员和其他直接责任人员追究刑事责任。

4. 主观要件

本罪在主观方面表现为故意，并且具有营利的目的。如果行为人出于过失，如误认为他人作品已过保护期而复制发行，或虽系故意，但由于追求名誉等非营利目的的，则不能构成本罪。

根据《刑法》第 217 条的规定，犯本罪，违法所得数额较大或者有其他严重情节的，处三年以下有期徒刑，并处或者单处罚金；违法所得数额巨大或者有其他特别严重情节的，处三年以上十年以下有期徒刑，并处罚金。

【疑难指导】

一、不构成侵犯著作权的情形

（一）著作权的合理使用

侵犯著作权犯罪专业性较强，可能存在合理使用的情形。因此，司法实践中，必须时刻牢记公安司法人员办理的不仅是案子，还是别人的人生，应当全面审查行为人的行为是否具有出罪的情节——著作权的合理使用便是其一。著作权合理使用是著作权限制制度的一种，是指在特定的条件下，法律允许他人自由使用享有著作权的作品，而不必征得权利人的许可，不向其支付报酬的合法行为。其目的在于防止著作权人权利的滥用，损害他人的学习、欣赏、创作的自由，妨碍社会科学文化技术的进步。《著作权法》第 24 条规定了著作权合理使用的情形，即在下列情况下使用作品，可以不经著作权人许可，不向其支付报酬，但应当指明作者姓名或者名称、作品名称，并且不得影响该作品的正常使用，也不得不合理地损害著作权人的合法权益：

1. 为个人学习、研究或者欣赏，使用他人已经发表的作品；

2. 为介绍、评论某一作品或者说明某一问题，在作品中适当引用他人已经发表的作品；

3. 为报道新闻，在报纸、期刊、广播电台、电视台等媒体中不可避免地再现或者引用已经发表的作品；

4. 报纸、期刊、广播电台、电视台等媒体刊登或者播放其他报纸、期刊、广播电台、电视台等媒体已经发表的关于政治、经济、宗教问题的时事性文章，但著作权人声明不许刊登、播放的除外；

5. 报纸、期刊、广播电台、电视台等媒体刊登或者播放在公众集会上发表的讲话，但作者声明不许刊登、播放的除外；

6. 为学校课堂教学或者科学研究，翻译、改编、汇编、播放或者少量复制已经发表的作品，供教学或者科研人员使用，但不得出版发行；

7. 国家机关为执行公务在合理范围内使用已经发表的作品；

8. 图书馆、档案馆、纪念馆、博物馆、美术馆、文化馆等为陈列或者保存版本的需要，复制本馆收藏的作品；

9. 免费表演已经发表的作品，该表演未向公众收取费用，也未向表演者支付报酬，且不以营利为目的；

10. 对设置或者陈列在公共场所的艺术作品进行临摹、绘画、摄影、录像；

11. 将中国公民、法人或者非法人组织已经发表的以国家通用语言文字创作的作品翻译成少数民族语言文字作品在国内出版发行；

12. 以阅读障碍者能够感知的无障碍方式向其提供已经发表的作品；

13. 法律、行政法规规定的其他情形。

同时，《著作权法》第25条也规定，为实施义务教育和国家教育规划而编写出版教科书，可以不经著作权人许可，在教科书中汇编已经发表的作品片段或者短小的文字作品、音乐作品或者单幅的美术作品、摄影作品、图形作品，但应当按照规定向著作权人支付报酬，指明作者姓名或者名称、作品名称，并且不得侵犯著作权人依照本法享有的其他权利。也就是说，行为人采取上述方式，对他人享有著作权的作品进行合理使用的，不构成著作权侵权，更不能纳入刑法打击的视野。

（二）著作权的保护期限届满

著作权必须受到保护，但不是无期限的保护，否则会妨碍社会科学文化技术的进步。因此，《著作权法》规定了相应权利的保护期限。《著作权法》第22条规定，作者的署名权、修改权、保护作品完整权的保护期不受限制。第23条规定，自然人的作品，其发表权、本法第10条第1款第5项至第17项规定的权利的保护期为作者终生及其死亡后五十年，截止于作者死亡后第五十年的12月31日；如果是合作作品，截止于最后死亡的作者死亡后第五十年的12月31日。法人或者非法人组织的作品、著作权（署名权除外）由法人或者非法人组织享有的职务作品，其发表权的保护期为五十年，截止于作品创作完成后第五十年的12月31日；本法第10条第1款第5项至第17项规定的权利的保护期为五十年，截止于作品首次发表后第五十年的12月31日，但作品自创作完成后五十年内未发表的，本法不再保护。视听作品，其发表权的保护期为五十年，截止于作品创作完成后第五十年的12月31日；本法第10条第1款第5项至第17项规定的权利的保护期为五十年，截止于作品首次发表后第五十年的12月31日，但作品自创作完成后五十年内未发表的，本法不再保护。

在办理侵犯著作权案件时，应认真审查著作权是否在法定保护期限内，如果保护期限已经届满则著作权不再受法律保护，对其进行使用的行为不必承担法律责任。

（三）未达到入罪数额标准

我国对犯罪的规定采取的是“定性+定量”的方式，侵犯著作权罪也不例外，构成该罪必须达到一定的“量”的要求。根据《最高人民检察院、公安部关于公安机关管辖的刑事案件立案追诉标准的规定（一）》《最高人民法院、最高人民检察院关于办理侵犯知识产权刑事案件具体应用法律若干问题的解释（二）》等司法解释和司法文件的规定，构成侵犯著作权罪，需要在非法经营数额、违法所得数额、复制品数量等方面达到入罪的标准，在司法办案中应当认真查找并严格依照相关司法解释或司法文件的规定进行处理。

二、以营利为目的的认定

侵犯著作权罪的主观要件是故意，且要求行为人具有营利目的。该罪中的

"营利目的"是主观要素，即构成本罪，并不要求客观上存在与之相对应的客观事实。且该罪中的"以营利为目的"属于主观要素中的目的犯。[①] 对于该罪规定的目的犯，从刑法理论上来说属于"短缩的二行为犯"，即"完整"的犯罪行为原本由两个行为组成，但是刑法规定只要行为人以实施第二个行为为目的实施了第一个行为，就以犯罪论处。就侵犯著作权罪而言，行为人故意实施侵犯他人著作权的行为，只有在主观上是为了营利时才构成犯罪，实施侵犯著作权的行为是第一个行为，营利可以通过行为人自己或者第三人销售以达到目的，这是第二个行为；而构成该罪，第二个行为未必要实现，即前述并不要求存在与之相对应的客观营利事实，只需要行为人有第二个行为的目的即可，二行为犯（营利）目的的实现与否，既不影响犯罪的成立，也不影响犯罪既遂的认定。但应当明确的是，不要求行为人具体实施第二个行为或者说不需要与之相对应的客观事实的存在，并不等于不要求行为人主观上具有"以营利为目的"。也就是说，"以营利为目的"这个主观的要素，是法律规范施加的，如果行为人不以营利为目的，则不构成本罪，因此，本罪"以营利为目的"相应地在司法实践中也需要得到特殊的证明。[②]

关于本罪"以营利为目的"的认定，需要以行为人的客观行为为中心，结合行为人的供述和其他人的言词证据综合评判，因为行为人的行为会从犯罪前、犯罪中、犯罪后的一系列客观外在活动表现出来。但是，这里的"以营利为目的"并不意味着行为人一定要从当下的行为中获得利益，或者直接从其侵犯他人著作权的行为中获得利益。在网络日益发达的情况下，有的行为人在初创阶段可能为了吸引"流量"、"促销"、打造"知名度"等，并没有及时获利，有的甚至是赔钱，但其行为性质是为了远期的营利，这种情况下并不影响对其"以营利为目的"的认定。例如，为了提高网站的知名度、提高点击率等，许可他人免费使用自己侵犯他人著作权而得到的作品；免费将盗版作品通过网络进行分发，积累到一定

---

① 参见张明楷：《刑法分则的解释原理》，中国人民大学出版社2011年版，第414~418页。

② 参见谢炎：《"以营利为目的"在网络著作权案件中的刑法适用》，载《东方法学》2017年第4期。

用户流量和会员数量后，便将网站出售获利。当然，对于尚未实施的后期行为，对于前期侵犯著作权的行为能否认定为“以营利为目的”，应当综合全案证据进行判定，即应当结合行为人的客观行为表现、透露出的意图、远期的目标打算等进行综合考量。[①] 此外，根据《最高人民法院、最高人民检察院、公安部关于办理侵犯知识产权刑事案件适用法律若干问题的意见》的规定，除销售外，具有下列情形之一的，可以认定为“以营利为目的”：（1）以在他人作品中刊登收费广告、捆绑第三方作品等方式直接或者间接收取费用的；（2）通过信息网络传播他人作品，或者利用他人上传的侵权作品，在网站或者网页上提供刊登收费广告服务，直接或者间接收取费用的；（3）以会员制方式通过信息网络传播他人作品，收取会员注册费或者其他费用的；（4）其他利用他人作品牟利的情形。

在此，应当注意的是，行为人为了课堂教学、科学研究等公益或自己使用的目的，没有营利目的的，不构成犯罪。单纯制作他人署名的美术作品，不出售、交付他人，即不具有营利目的的，也不构成犯罪。[②]

三、未经著作权人许可的认定

构成侵犯著作权罪的条件之一是“未经著作权人许可”，即如果行为人复制发行或通过网络传播他人作品等行为经过了著作权人许可，则不构成侵犯著作权罪。“未经著作权人许可”，是指没有获得著作权人的授权，或者通过伪造、涂改著作权人的授权许可文件，或者超出著作权人的授权许可范围的情形。根据《最高人民法院、最高人民检察院、公安部关于办理侵犯知识产权刑事案件适用法律若干问题的意见》的规定，“未经著作权人许可”一般应当依据著作权人或者其授权的代理人、著作权集体管理组织、国家著作权行政管理部门指定的著作权认证机构出具的涉案作品版权认证文书，或者证明出版者、复制发行者伪造、涂改授权许可文件或者超出授权许可范围的证据，结合其他证据综合予以认定。在涉案作品种类众多且权利人分散的案件中，上述证据确实难以一一取得，但有证据证明涉案复制品系非法出版、复制发行的，且出版者、复制发行者不能提供获得著作权

---

① 参见何帆：《刑法注释书》，中国民主法制出版社 2021 年版，第 493 页。

② 参见张明楷：《刑法学》，法律出版社 2021 年版，第 1074 页。

人许可的相关证明材料的，可以认定为“未经著作权人许可”。但是，有证据证明权利人放弃权利、涉案作品的著作权不受我国《著作权法》保护，或者著作权保护期限已经届满的除外。《最高人民法院、最高人民检察院关于办理侵犯知识产权刑事案件具体应用法律若干问题的解释（三）》进一步明确规定，在《刑法》第217条规定的作品、录音制品上以通常方式署名的自然人、法人或者非法人组织，应当推定为著作权人或者录音制作者，且该作品、录音制品上存在着相应权利，但有相反证明的除外。

在司法实践中，应正确运用“刑事推定”的方法，科学认定“未经著作权人许可”这一事实。最高人民检察院检例第100号陈力等八人侵犯著作权案对“未经著作权人许可”的认定方法值得司法实践借鉴——对于涉案作品种类众多且权利人分散的案件，在认定“未经著作权人许可”时，应围绕涉案复制品是否系非法出版、复制发行，被告人能否提供获得著作权人许可的相关证明材料予以综合判断。为证明涉案网站系非法提供网络视听服务的网站，可以收集“信息网络传播视听节目许可证”持证机构名单等证据，补强对涉案复制品系非法出版、复制发行的证明。涉案侵权作品数量众多时，可进行抽样取证，但应注意审查所抽取的样本是否具有代表性、抽样范围与其他在案证据是否相符、抽样是否具备随机性等影响抽样客观性的因素。在达到追诉标准的侵权数量基础上，对抽样作品提交著作权人进行权属认证，以确认涉案作品是否均系侵权作品。

四、本罪与其他犯罪的界限

（一）与生产伪劣产品罪的界限

两者在犯罪对象上不同，侵犯著作权罪的犯罪对象是受《著作权法》保护的精神文化产品，这与生产伪劣产品罪的犯罪对象不同。生产伪劣产品罪的犯罪对象是掺杂、掺假，以假充真，以次充好或者以不合格的产品冒充合格的产品，这些产品一般为生产、生活资料用品。

（二）与制作、贩卖、传播淫秽物品犯罪的界限

两者的区别在于：一是侵犯的客体不同。本罪侵犯的客体是著作权人的著作权、与著作权相关的权益以及国家的著作权管理制度。传播淫秽物品犯罪侵犯的客体是社会主义道德风尚和国家对文化娱乐制品市场的管理制度。二是犯罪对象

不同。本罪的犯罪对象是受法律保护的他人依法享有著作权的作品，传播淫秽物品犯罪的犯罪对象则是法律所禁止的淫秽物品。

（三）与假冒注册商标罪、假冒专利罪的界限

两者区别主要在于：前者侵犯的客体是著作权管理制度以及他人的著作权和与著作权有关的权益，对象是他人作品、图书、音像制品或假冒美术作品；后者侵犯的客体主要是注册商标专用权和专利权及其国家管理制度，对象是注册商标或专利。前者要求行为人主观上有营利目的，后者不要求；前者客观上表现为复制发行、出版或制作、出售行为，后者表现为假冒行为。[①]

五、复制发行的理解

《刑法》第217条第1项规定了“复制发行”，第218条又规定了“销售”，如何理解第217条规定的“复制发行”和第218条规定的“销售”涉及两罪名的适用问题。当然，在《刑法修正案（十一）》出台之前，对“复制发行”的理解还涉及如何理解“通过信息网络向公众传播”的问题，这一问题随着《刑法修正案（十一）》对该条的修订得以解决——“通过信息网络向公众传播”成为与“复制发行”并列的行为方式。《著作权法》规定，“复制”是指以印刷、复印、拓印、录音、录像、翻录、翻拍、数字化等方式将作品制作一份或者多份；“发行”是指以出售或者赠与方式向公众提供作品的原件或者复制件。我国《刑法》没有对“复制发行”进行明确，《最高人民检察院、公安部关于公安机关管辖的刑事案件立案追诉标准的规定（一）》规定，“复制发行”，包括复制、发行或者既复制又发行的行为。通过信息网络向公众传播他人文字作品、音乐、电影、电视、录像作品、计算机软件及其他作品，或者通过信息网络传播他人制作的录音录像制品的行为，应当视为“复制发行”。《最高人民法院、最高人民检察院关于办理侵犯知识产权刑事案件具体应用法律若干问题的解释（二）》指出，《刑法》第217条侵犯著作权罪中的“复制发行”，包括复制、发行或者既复制又发行的行为。侵权产品的持有人通过广告、征订等方式推销侵权产品的，属于《刑法》第217条规

① 参见刘远山：《论我国著作权犯罪的定罪和处罚及其刑法完善》，载《河北法学》2006年第4期。

定的“发行”。《最高人民法院、最高人民检察院、公安部关于办理侵犯知识产权刑事案件适用法律若干问题的意见》规定，“发行”，包括总发行、批发、零售、通过信息网络传播以及出租、展销等活动。

然而，上述司法解释和司法文件对“复制发行”的规定与《著作权法》中的“复制”“发行”并不相同；且上述司法解释对“复制发行”“发行”的规定，并没有消除理论研究和司法实践中的争议。这种争议不但在《刑法修正案（十一）》和2020年《著作权法》颁布之前存在，[①] 在此之后依然存在。[②] 这些争议不仅涉及理论研究上的争论，更涉及侵犯著作权罪和销售侵权复制品罪的纷争。[③] 对此，有学者建议，应当通过进一步修法的形式，在第217条第1项列举的行为中增加“复制”，将“复制”行为单列为一种行为方式，以实现既刑民衔接又让“复制”入刑的目的。[④] 在司法实践中，如何对“复制发行”进行理解和适用，需要司法者动态解释刑法规定，结合司法解释的进一步说明，并结合《著作权法》的相关规定，对此进行符合常识常情常理的解读，以使侵犯著作权的行为人受到应有的惩罚，将严厉打击知识产权犯罪的精神落实到司法实践中。刑法规范不仅是裁判规范，还是行为规范，当法定犯专业术语的专业性理解与社会公众一般理解差异过大时，从刑法一般预防目的出发，应采用“日常性理解”。据此，将《刑法》第217条中的“发行”解释为“第一次总发行”“第一次总发行、分发行”或“批发”，将《刑法》第218条中的“销售”解释为除上述行为之外的分批发、零售或“分批发+零售”的观点，可以作为司法实践的参照。

---

① 第一种观点认为，复制发行是指复制或者发行，或者既复制又发行的行为。第二种观点认为，复制发行是指复制且发行。第三种观点认为，复制发行仅指复制。参见张明楷：《刑法学》，法律出版社2021年版，第1070～1071页；姜维主编：《知识产权刑事保护研究》，法律出版社2004年版，第239～242页；赵永红：《知识产权犯罪研究》，中国法制出版社2004年版，第297～298页。

② 参见王迁：《论著作权保护刑民衔接的正当性》，载《法学》2021年第8期；张明楷：《刑法学》，法律出版社2021年版，第1070～1071页。

③ 为行文和章节篇幅安排的需要，两罪的具体纷争参见“销售侵权复制品罪”章。

④ 参见王迁：《论著作权保护刑民衔接的正当性》，载《法学》2021年第8期。

【办案依据】

一、《刑法》规定

第二百一十七条　以营利为目的，有下列侵犯著作权或者与著作权有关的权利的情形之一，违法所得数额较大或者有其他严重情节的，处三年以下有期徒刑，并处或者单处罚金；违法所得数额巨大或者有其他特别严重情节的，处三年以上十年以下有期徒刑，并处罚金：

（一）未经著作权人许可，复制发行、通过信息网络向公众传播其文字作品、音乐、美术、视听作品、计算机软件及法律、行政法规规定的其他作品的；

（二）出版他人享有专有出版权的图书的；

（三）未经录音录像制作者许可，复制发行、通过信息网络向公众传播其制作的录音录像的；

（四）未经表演者许可，复制发行录有其表演的录音录像制品，或者通过信息网络向公众传播其表演的；

（五）制作、出售假冒他人署名的美术作品的；

（六）未经著作权人或者与著作权有关的权利人许可，故意避开或者破坏权利人为其作品、录音录像制品等采取的保护著作权或者与著作权有关的权利的技术措施的。

二、司法解释

（一）《最高人民法院、最高人民检察院关于办理侵犯知识产权刑事案件具体应用法律若干问题的解释（三）》（2020年9月14日，法释〔2020〕10号）

第二条　在刑法第二百一十七条规定的作品、录音制品上以通常方式署名的自然人、法人或者非法人组织，应当推定为著作权人或者录音制作者，且该作品、录音制品上存在着相应权利，但有相反证明的除外。

在涉案作品、录音制品种类众多且权利人分散的案件中，有证据证明涉案复制品系非法出版、复制发行，且出版者、复制发行者不能提供获得著作权人、录音制作者许可的相关证据材料的，可以认定为刑法第二百一十七条规定的“未经著作权人许可”“未经录音制作者许可”。但是，有证据证明权利人放弃权利、涉案作品的著作权或者录音制品的有关权利不受我国著作权法保护、权利保护期限已经届满的除外。

（二）《最高人民法院、最高人民检察院关于办理侵犯知识产权刑事案件具体应用法律若干问题的解释（二）》（2007年4月5日，法释〔2007〕6号）

第一条 以营利为目的，未经著作权人许可，复制发行其文字作品、音乐、电影、电视、录像作品、计算机软件及其他作品，复制品数量合计在五百张（份）以上的，属于刑法第二百一十七条规定的“有其他严重情节”；复制品数量在二千五百张（份）以上的，属于刑法第二百一十七条规定的“有其他特别严重情节”。

第二条 刑法第二百一十七条侵犯著作权罪中的“复制发行”，包括复制、发行或者既复制又发行的行为。

侵权产品的持有人通过广告、征订等方式推销侵权产品的，属于刑法第二百一十七条规定的“发行”。

非法出版、复制、发行他人作品，侵犯著作权构成犯罪的，按照侵犯著作权罪定罪处罚。

（三）《最高人民法院、最高人民检察院关于办理侵犯知识产权刑事案件具体应用法律若干问题的解释》（2004年12月22日，法释〔2004〕19号）

第五条 以营利为目的，实施刑法第二百一十七条所列侵犯著作权行为之一，违法所得数额在三万元以上的，属于“违法所得数额较大”；具有下列情形之一的，属于“有其他严重情节”，应当以侵犯著作权罪判处三年以下有期徒刑或者拘役，并处或者单处罚金：

（一）非法经营数额在五万元以上的；

（二）未经著作权人许可，复制发行其文字作品、音乐、电影、电视、录像作品、计算机软件及其他作品，复制品数量合计在一千张（份）以上的；

（三）其他严重情节的情形。

以营利为目的，实施刑法第二百一十七条所列侵犯著作权行为之一，违法所得数额在十五万元以上的，属于“违法所得数额巨大”；具有下列情形之一的，属于“有其他特别严重情节”，应当以侵犯著作权罪判处三年以上七年以下有期徒刑，并处罚金：

（一）非法经营数额在二十五万元以上的；

（二）未经著作权人许可，复制发行其文字作品、音乐、电影、电视、录像作品、计算机软件及其他作品，复制品数量合计在五千张（份）以上的；

（三）其他特别严重情节的情形。

第十一条 以刊登收费广告等方式直接或者间接收取费用的情形，属于刑法第二百一十七条规定的“以营利为目的”。

刑法第二百一十七条规定的“未经著作权人许可”，是指没有得到著作权人授权或者伪造、涂改著作权人授权许可文件或者超出授权许可范围的情形。

通过信息网络向公众传播他人文字作品、音乐、电影、电视、录像作品、计算机软件及其他作品的行为，应当视为刑法第二百一十七条规定的“复制发行”。

第十四条 实施刑法第二百一十七条规定的侵犯著作权犯罪，又销售该侵权复制品，构成犯罪的，应当依照刑法第二百一十七条的规定，以侵犯著作权罪定罪处罚。

实施刑法第二百一十七条规定的侵犯著作权犯罪，又销售明知是他人的侵权复制品，构成犯罪的，应当实行数罪并罚。

（四）《最高人民法院关于审理非法出版物刑事案件具体应用法律若干问题的解释》（1998年12月23日，法释〔1998〕30号）

第二条 以营利为目的，实施刑法第二百一十七条所列侵犯著作权行为之一，个人违法所得数额在5万元以上，单位违法所得数额在20万元以上的，属于“违法所得数额较大”；具有下列情形之一的，属于“有其他严重情节”：

（一）因侵犯著作权曾经两次以上被追究行政责任或者民事责任，两年内又实施刑法第二百一十七条所列侵犯著作权行为之一的；

（二）个人非法经营数额在20万元以上，单位非法经营数额在100万元以上的；

（三）造成其他严重后果的。

以营利为目的，实施刑法第二百一十七条所列侵犯著作权行为之一，个人违法所得数额在20万元以上，单位违法所得数额在100万元以上的，属于“违法所得数额巨大”；具有下列情形之一的，属于“有其他特别严重情节”：

（一）个人非法经营数额在 100 万元以上，单位非法经营数额在 500 万元以上的；

（二）造成其他特别严重后果的。

第三条 刑法第二百一十七条第（一）项中规定的“复制发行”，是指行为人以营利为目的，未经著作权人许可而实施的复制、发行或者既复制又发行其文字作品、音乐、电影、电视、录像作品、计算机软件及其他作品的行为。

第五条 实施刑法第二百一十七条规定的侵犯著作权行为，又销售该侵权复制品，违法所得数额巨大的，只定侵犯著作权罪，不实行数罪并罚。

实施刑法第二百一十七条规定的侵犯著作权的犯罪行为，又明知是他人的侵权复制品而予以销售，构成犯罪的，应当实行数罪并罚。

第十七条 本解释所称“经营数额”，是指以非法出版物的定价数额乘以行为人经营的非法出版物数量所得的数额。

本解释所称“违法所得数额”，是指获利数额。

非法出版物没有定价或者以境外货币定价的，其单价数额应当按照行为人实际出售的价格认定。

三、司法文件

《最高人民法院、最高人民检察院、公安部关于办理侵犯知识产权刑事案件适用法律若干问题的意见》（2011 年 1 月 10 日）

十、关于侵犯著作权犯罪案件“以营利为目的”的认定问题

除销售外，具有下列情形之一的，可以认定为“以营利为目的”：

（一）以在他人作品中刊登收费广告、捆绑第三方作品等方式直接或者间接收取费用的；

（二）通过信息网络传播他人作品，或者利用他人上传的侵权作品，在网站或者网页上提供刊登收费广告服务，直接或者间接收取费用的；

（三）以会员制方式通过信息网络传播他人作品，收取会员注册费或者其他费用的；

（四）其他利用他人作品牟利的情形。

十一、关于侵犯著作权犯罪案件“未经著作权人许可”的认定问题

“未经著作权人许可”一般应当依据著作权人或者其授权的代理人、著作权集体管理组织、国家著作权行政管理部门指定的著作权认证机构出具的涉案作品版权认证文书，或者证明出版者、复制发行者伪造、涂改授权许可文件或者超出授权许可范围的证据，结合其他证据综合予以认定。

在涉案作品种类众多且权利人分散的案件中，上述证据确实难以一一取得，但有证据证明涉案复制品系非法出版、复制发行的，且出版者、复制发行者不能提供获得著作权人许可的相关证明材料的，可以认定为“未经著作权人许可”。但是，有证据证明权利人放弃权利、涉案作品的著作权不受我国著作权法保护，或者著作权保护期限已经届满的除外。

十二、关于刑法第二百一十七条规定的“发行”的认定及相关问题

“发行”，包括总发行、批发、零售、通过信息网络传播以及出租、展销等活动。

非法出版、复制、发行他人作品，侵犯著作权构成犯罪的，按照侵犯著作权罪定罪处罚，不认定为非法经营罪等其他犯罪。

十三、关于通过信息网络传播侵权作品行为的定罪处罚标准问题

以营利为目的，未经著作权人许可，通过信息网络向公众传播他人文字作品、音乐、电影、电视、美术、摄影、录像作品、录音录像制品、计算机软件及其他作品，具有下列情形之一的，属于刑法第二百一十七条规定的“其他严重情节”：

（一）非法经营数额在五万元以上的；

（二）传播他人作品的数量合计在五百件（部）以上的；

（三）传播他人作品的实际被点击数达到五万次以上的；

（四）以会员制方式传播他人作品，注册会员达到一千人以上的；

（五）数额或者数量虽未达到第（一）项至第（四）项规定标准，但分别达到其中两项以上标准一半以上的；

（六）其他严重情节的情形。

实施前款规定的行为，数额或者数量达到前款第（一）项至第（五）项规定标准五倍以上的，属于刑法第二百一十七条规定的“其他特别严重情节”。

四、其他法规

《著作权法》（2021年6月1日）

第三条 本法所称的作品，是指文学、艺术和科学领域内具有独创性并能以一定形式表现的智力成果，包括：

（一）文字作品；

（二）口述作品；

（三）音乐、戏剧、曲艺、舞蹈、杂技艺术作品；

（四）美术、建筑作品；

（五）摄影作品；

（六）视听作品；

（七）工程设计图、产品设计图、地图、示意图等图形作品和模型作品；

（八）计算机软件；

（九）符合作品特征的其他智力成果。

第二十二条 作者的署名权、修改权、保护作品完整权的保护期不受限制。

第二十三条 自然人的作品，其发表权、本法第十条第一款第五项至第十七项规定的权利的保护期为作者终生及其死亡后五十年，截止于作者死亡后第五十年的12月31日；如果是合作作品，截止于最后死亡的作者死亡后第五十年的12月31日。

法人或者非法人组织的作品、著作权（署名权除外）由法人或者非法人组织享有的职务作品，其发表权的保护期为五十年，截止于作品创作完成后第五十年的12月31日；本法第十条第一款第五项至第十七项规定的权利的保护期为五十年，截止于作品首次发表后第五十年的12月31日，但作品自创作完成后五十年内未发表的，本法不再保护。

视听作品，其发表权的保护期为五十年，截止于作品创作完成后第五十年的12月31日；本法第十条第一款第五项至第十七项规定的权利的保护期为五十年，截止于作品首次发表后第五十年的12月31日，但作品自创作完成后五十年内未发表的，本法不再保护。

第二十四条 在下列情况下使用作品，可以不经著作权人许可，不向其支付报酬，但应当指明作者姓名或者名称、作品名称，并且不得影响该作品的正常使用，也不得不合理地损害著作权人的合法权益：

（一）为个人学习、研究或者欣赏，使用他人已经发表的作品；

（二）为介绍、评论某一作品或者说明某一问题，在作品中适当引用他人已经发表的作品；

（三）为报道新闻，在报纸、期刊、广播电台、电视台等媒体中不可避免地再现或者引用已经发表的作品；

（四）报纸、期刊、广播电台、电视台等媒体刊登或者播放其他报纸、期刊、广播电台、电视台等媒体已经发表的关于政治、经济、宗教问题的时事性文章，但著作权人声明不许刊登、播放的除外；

（五）报纸、期刊、广播电台、电视台等媒体刊登或者播放在公众集会上发表的讲话，但作者声明不许刊登、播放的除外；

（六）为学校课堂教学或者科学研究，翻译、改编、汇编、播放或者少量复制已经发表的作品，供教学或者科研人员使用，但不得出版发行；

（七）国家机关为执行公务在合理范围内使用已经发表的作品；

（八）图书馆、档案馆、纪念馆、博物馆、美术馆、文化馆等为陈列或者保存版本的需要，复制本馆收藏的作品；

（九）免费表演已经发表的作品，该表演未向公众收取费用，也未向表演者支付报酬，且不以营利为目的；

（十）对设置或者陈列在公共场所的艺术作品进行临摹、绘画、摄影、录像；

（十一）将中国公民、法人或者非法人组织已经发表的以国家通用语言文字创作的作品翻译成少数民族语言文字作品在国内出版发行；

（十二）以阅读障碍者能够感知的无障碍方式向其提供已经发表的作品；

（十三）法律、行政法规规定的其他情形。

前款规定适用于对与著作权有关的权利的限制。

第二十五条 为实施义务教育和国家教育规划而编写出版教科书，可以不经著作权人许可，在教科书中汇编已经发表的作品片段或者短小的文字作品、音乐作品或者单幅的美术作品、摄影作品、图形作品，但应当按照规定向著作权人支付报酬，指明作者姓名或者名称、作品名称，并且不得侵犯著作权人依照本法享有的其他权利。

前款规定适用于对与著作权有关的权利的限制。

第五十三条 有下列侵权行为的，应当根据情况，承担本法第五十二条规定的民事责任；侵权行为同时损害公共利益的，由主管著作权的部门责令停止侵权行为，予以警告，没收违法所得，没收、无害化销毁处理侵权复制品以及主要用于制作侵权复制品的材料、工具、设备等，违法经营额五万元以上的，可以并处违法经营额一倍以上五倍以下的罚款；没有违法经营额、违法经营额难以计算或者不足五万元的，可以并处二十五万元以下的罚款；构成犯罪的，依法追究刑事责任：

（一）未经著作权人许可，复制、发行、表演、放映、广播、汇编、通过信息网络向公众传播其作品的，本法另有规定的除外；

（二）出版他人享有专有出版权的图书的；

（三）未经表演者许可，复制、发行录有其表演的录音录像制品，或者通过信息网络向公众传播其表演的，本法另有规定的除外；

（四）未经录音录像制作者许可，复制、发行、通过信息网络向公众传播其制作的录音录像制品的，本法另有规定的除外；

（五）未经许可，播放、复制或者通过信息网络向公众传播广播、电视的，本法另有规定的除外；

（六）未经著作权人或者与著作权有关的权利人许可，故意避开或者破坏技术措施的，故意制造、进口或者向他人提供主要用于避开、破坏技术措施的装置或者部件的，或者故意为他人避开或者破坏技术措施提供技术服务的，法律、行政法规另有规定的除外；

（七）未经著作权人或者与著作权有关的权利人许可，故意删除或者改变作品、版式设计、表演、录音录像制品或者广播、电视上的权利管理信息的，知道或者应当知道作品、版式设计、表演、录音录像制品或者广播、电视上的权利管理信息未经许可被删除或者改变，仍然向公众提供的，法律、行政法规另有规定的除外；

（八）制作、出售假冒他人署名的作品的。

第五十四条 侵犯著作权或者与著作权有关的权利的，侵权人应当按照权利人因此受到的实际损失或者侵权人的违法所得给予赔偿；权利人的实际损失或者侵权人的违法所得难以计算的，可以参照该权利使用费给予赔偿。对故意侵犯著作权或者与著作权有关的权利，情节严重的，可以在按照上述方法确定数额的一倍以上五倍以下给予赔偿。

权利人的实际损失、侵权人的违法所得、权利使用费难以计算的，由人民法院根据侵权行为的情节，判决给予五百元以上五百万元以下的赔偿。

赔偿数额还应当包括权利人为制止侵权行为所支付的合理开支。

人民法院为确定赔偿数额，在权利人已经尽了必要举证责任，而与侵权行为相关的账簿、资料等主要由侵权人掌握的，可以责令侵权人提供与侵权行为相关的账簿、资料等；侵权人不提供，或者提供虚假的账簿、资料等的，人民法院可以参考权利人的主张和提供的证据确定赔偿数额。

人民法院审理著作权纠纷案件，应权利人请求，对侵权复制品，除特殊情况外，责令销毁；对主要用于制造侵权复制品的材料、工具、设备等，责令销毁，且不予补偿；或者在特殊情况下，责令禁止前述材料、工具、设备等进入商业渠道，且不予补偿。

【指导性案例】

陈力等八人侵犯著作权案

（最高人民检察院检例第100号）

【关键词】

网络侵犯视听作品著作权；未经著作权人许可；引导侦查；电子数据

【要旨】

办理网络侵犯视听作品著作权犯罪案件，应注意及时提取、固定和保全相关电子数据，并围绕客观性、合法性、关联性要求对电子数据进行全面审查。对涉及众多作品的案件，在认定“未经著作权人许可”时，应围绕涉案复制品是否系非法出版、复制发行且被告人能否提供获得著作权人许可的相关证明材料进行审查。

【相关规定】

《中华人民共和国刑法》第二百一十七条

《中华人民共和国著作权法》第十条

《中华人民共和国刑事诉讼法》第十五条

《音像制品管理条例》第三条

《计算机信息网络国际互联网安全保护管理办法》第五条

《最高人民法院、最高人民检察院关于办理侵犯知识产权刑事案件具体应用法律若干问题的解释》第五条、第十一条

《最高人民法院、最高人民检察院、公安部关于办理侵犯知识产权刑事案件适用法律若干问题的意见》第十一条、第十五条

《人民检察院刑事诉讼规则》第二百五十二条

【基本案情】

被告人陈力，男，1984 年生，2014 年 11 月 10 日因犯侵犯著作权罪被安徽省合肥市高新技术开发区人民法院判处有期徒刑七个月，罚金人民币十五万元，2014 年 12 月 25 日刑满释放。

被告人林崟等其他 7 名被告人基本情况略。

2017 年 7 月至 2019 年 3 月，被告人陈力受境外人员委托，先后招募被告人林崟、赖冬、严杰、杨小明、黄亚胜、吴兵峰、伍健兴，组建 QQ 聊天群，更新维护“www. 131zy. net”“www. zuikzy. com”等多个盗版影视资源网站。其中，陈力负责发布任务并给群内其他成员发放报酬；林崟负责招募部分人员、培训督促其他成员完成工作任务、统计工作量等；赖冬、严杰、杨小明等人通过从正版网站下载、云盘分享等方式获取片源，通过云转码服务器进行切片、转码、增加赌博网站广

告及水印、生成链接，最后将该链接复制粘贴至上述盗版影视资源网站。其间，陈力收到境外人员汇入的盗版影视资源网站运营费用共计1250万余元，各被告人从中获利50万至1.8万余元不等。

案发后，公安机关从上述盗版影视网站内固定、保全了被告人陈力等人复制、上传的大量侵权影视作品，包括《流浪地球》《廉政风云》《疯狂外星人》等2019年春节档电影。

【检察机关履职情况】

审查逮捕　2019年春节，《流浪地球》等八部春节档电影在院线期间集体遭高清盗版，盗版电影通过各种途径流入网络。上海市人民检察院第三分院（以下简称上海三分院）应公安机关邀请介入侦查，引导公安机关开展取证固证工作。一是通过调取和恢复QQ群聊天记录并结合各被告人到案后的供述，查明陈力团伙系共同犯罪，确定各被告人对共同实施的运营盗版影视资源网站行为的主观认知。二是联系侵权作品较为集中的美日韩等国家的著作权集体管理组织，由其出具涉案作品的版权认证文书。2019年4月8日，公安机关对陈力团伙中的8名被告人提请逮捕，上海三分院依法批准逮捕。

审查起诉　2019年8月29日，上海市公安局以被告人陈力等人涉嫌侵犯著作权罪向上海三分院移送起诉。本案涉及的大量影视作品涵盖电影、电视剧、综艺、动漫等多种类型，相关著作权人分布国内外。收集、审查是否获得权利人许可的证据存在难度。为进一步夯实证据基础，检察机关要求公安机关及时向国家广播电视总局调取“信息网络传播视听节目许可证”持证机构名单，以证实被告人陈力操纵的涉案网站均系非法提供网络视听服务的网站。同时，要求公安机关对陈力设置的多个网站中相对固定的美日韩剧各个版块，按照从每个网站下载300部的均衡原则抽取了2425部作品，委托相关著作权认证机构出具权属证明，证实抽样作品均系未经著作权人许可的侵权作品，且陈力等网站经营者无任何著作权人许可的相关证明材料。在事实清楚、证据确实、充分的基础上，8名被告人在辩护人或值班律师的见证下均自愿认罪认罚，接受检察机关提出的有期徒刑十个月至四年六个月不等、罚金2万元至50万元不等的确定刑量刑建议，并签署了认罪认罚具结书。

2019年9月27日，上海三分院以被告人陈力等8人构成侵犯著作权罪向上海市第三中级人民法院（以下简称上海三中院）提起公诉。

指控与证明犯罪　2019年11月15日，上海三中院召开庭前会议，检察机关及辩护人就举证方式、鉴定人出庭、非法证据排除等事项达成共识，明确案件事实、证据和法律适用存在的分歧。同年11月20日，本案依法公开开庭审理。8名被告人及其辩护人对指控的罪名均无异议，但对本案非法经营数额的计算提出各自辩护意见。陈力的辩护人提出，陈力租借服务器的费用及为各被告人发放的工资应予扣除，其他辩护人提出应按照各被告人实得报酬计算非法经营数额。此外，本案辩护人均提出境外人员归案后会对各被告人产生影响，应当对各被告人适用缓刑。公诉人对此答辩：第一，通过经营盗版资源网站的方式侵犯著作权，其网站经营所得即为非法经营数额，租借服务器以及用于发放各被告人的报酬等支出系犯罪成本，不应予以扣除。公诉机关按照各被告人加入QQ群以及获取第一笔报酬的时间，认定各被告人参与犯罪的起始时间，并结合对应期间网站的整体运营情况，计算出各被告人应承担的非法经营数额，证据确实、充分。第二，本案在案证据已能充分证实各被告人实施了共同犯罪及其在犯罪中所起的作用，按照相关法律和司法解释规定，境外人员是否归案不影响各被告人的量刑。第三，本案量刑建议是根据各被告人的犯罪事实、证据、法定酌定情节、社会危害性等因素综合判定，并经各被告人具结认可，而且本案侵权作品数量多、传播范围广、经营时间长，具有特别严重情节，且被告人陈力在刑罚执行完毕后五年内又犯应当判处有期徒刑以上刑罚之罪，构成累犯，故不应适用缓刑。合议庭采纳了公诉意见和量刑建议。

处理结果　2019年11月20日，上海三中院作出一审判决，以侵犯著作权罪分别判处被告人陈力等8人有期徒刑十个月至四年六个月不等，各处罚金2万元至50万元不等。判决宣告后，被告人均未提出上诉，判决已生效。

【指导意义】

（一）充分发挥检察职能，依法惩治网络侵犯视听作品著作权犯罪，切实维护权利人合法权益

依法保护著作权是国家知识产权战略的重要内容。检察机关坚决依法惩治侵犯著作权犯罪，尤其是注重惩治网络信息环境下的侵犯著作权犯罪。网络环境下侵犯视听作品著作权犯罪具有手段日益隐蔽、组织分工严密、地域跨度大、证据易毁损和隐匿等特点，且日益呈现高发多发态势，严重破坏网络安全与秩序，应予严惩。为准确指控和证明犯罪，检察机关在适时介入侦查、引导取证时，应注意以下方面：一是提取、固定和保全涉案网站视频链接、链接所指向的视频文件、涉案网站影视作品目录、涉案网站视频播放界面；二是固定、保全涉案网站对应的云转码服务器后台及该后台中的视频链接；三是比对确定云转码后台形成的链接与涉案网站播放的视频链接是否具有同一性；四是对犯罪过程中涉及的多个版本盗版影片，技术性地针对片头片中片尾分别进行作品的同一性对比。

（二）检察机关办理网络侵犯著作权犯罪案件，应围绕电子数据的客观性、合法性和关联性进行全面审查，依法适用认罪认罚从宽制度，提高办案质效

网络环境下侵犯著作权犯罪呈现出跨国境、跨区域以及智能化、产业化特征，证据多表现为电子数据且难以获取。在办理此类案件时，一方面要着重围绕电子数据的客观性、合法性和关联性进行全面审查，区分不同类别的电子数据，采取有针对性的审查方法，特别要注意审查电子数据与案件事实之间的多元关联，综合运用电子数据与其他证据，准确认定案件事实。另一方面，面对网络犯罪的复杂性，检察机关要注意结合不同被告人的地位与作用，充分运用认罪认罚从宽制度，推动查明犯罪手段、共犯分工、人员关系、违法所得分配等案件事实，提高办案效率。

（三）准确把握“未经著作权人许可”的证明方法

对于涉案作品种类众多且权利人分散的案件，在认定“未经著作权人许可”时，应围绕涉案复制品是否系非法出版、复制发行，被告人能否提供获得著作权人许可的相关证明材料予以综合判断。为证明涉案网站系非法提供网络视听服务

的网站，可以收集“信息网络传播视听节目许可证”持证机构名单等证据，补强对涉案复制品系非法出版、复制发行的证明。涉案侵权作品数量众多时，可进行抽样取证，但应注意审查所抽取的样本是否具有代表性、抽样范围与其他在案证据是否相符、抽样是否具备随机性等影响抽样客观性的因素。在达到追诉标准的侵权数量基础上，对抽样作品提交著作权人进行权属认证，以确认涉案作品是否均系侵权作品。

第六章　销售侵权复制品罪

【立案追诉标准】

销售侵权复制品案（《刑法》第 218 条）

以营利为目的，销售明知是刑法第二百一十七条规定的侵权复制品，涉嫌下列情形之一的，应予立案追诉：

（一）违法所得数额十万元以上的；

（二）违法所得数额虽未达到上述数额标准，但尚未销售的侵权复制品货值金额达到三十万元以上的。

《最高人民检察院、公安部关于公安机关管辖的刑事案件立案追诉标准的规定（一）》（2008 年 6 月 25 日）第 27 条

【犯罪构成及刑事责任】

销售侵权复制品罪，是指以营利为目的，销售明知是《刑法》第 217 条规定的侵权复制品，违法所得数额巨大或者有其他严重情节的行为。构成本罪需要具备以下四个要件：

1. 客体要件

本罪侵犯的客体是国家的著作权管理制度以及他人的著作权及与著作权有关的权益。本罪侵犯的对象是侵权复制品。

2. 客观要件

客观方面表现为销售侵权复制品，违法所得数额巨大的行为。具体包括两个基本要素：

（1）销售侵权复制品

销售仅指将侵权复制品向消费者出卖，非销售营利行为不能构成销售侵权复制品罪。对于出于营利目的把侵权复制品大量出租的也应视为一种“销售”行为。

（2）违法所得数额巨大

如何认定数额巨大，以立案追诉标准的规定为准。

3. 主体要件

本罪主体为一般主体，自然人和单位均能成为本罪主体。本罪主体应该是指侵权复制品制作者以外的其他自然人或单位。如果是侵权复制品制作者自己实施销售行为的，构成侵权著作权罪而非本罪。当然，销售侵权复制品的行为人也可能与制作侵权复制品的行为人共同构成侵犯著作权罪而非本罪。

4. 主观要件

本罪在主观方面表现为故意，并且具有营利目的。这就要求行为人明知是侵权复制品仍进行销售的才能构成本罪。

根据《刑法》第218条的规定，犯本罪，处五年以下有期徒刑，并处或者单处罚金。

【疑难指导】

一、以营利为目的的认定

与侵犯著作权罪相似，销售侵权复制品罪要求行为人具备主观故意的同时，需要行为人主观上“以营利为目的”。然而，此处的“以营利为目的”在目的犯的结构中，不同于侵犯著作权罪中的“以营利为目的”。前已述及，侵犯著作权罪中的“以营利为目的”在目的犯的构造上属于“短缩的二行为犯”，而销售侵权复制品罪中的“以营利为目的”则属于“断绝的结果犯”，即行为人只要实施了符合构成要件的行为，就可以实现其主观上的目的。对于销售侵权复制品罪来说，销售本身便表明了其营利性，即销售行为本身就是一种营利行为，正常情况下行为人为了营利将侵权复制品卖出便会得到相应的财物，销售的目的就是营利，且正常情况下其直接结果也会获利。也就是说，行为人实施符合构成要件的行为就可以实现其目的，符合断绝的结果犯对目的和行为关系的定义。销售侵权复制品的事实和规范内容是同一的。实施销售活动本身的目的包含了营利目的，在罪状描述中强调“以营利为目的”只是对销售行为主观方面的一种重复，并没有任何补充。这只是法律的一种提示性规定，用以提醒法律工作者在认定行为时常与此相关联，彼此间应存在事实和规范相互印证的关系。①

但是，此处需要说明的是，“营利”不同于“获利”和“盈利”，“营利”是指以赚取利润为目的而开展相应的销售经营等活动，是对行为本身性质的界定，并不对行为的结果是否获利进行考量，即不管行为人最终是否实际获得利润均可认定为“营利”；也就是说，只要行为人实施了销售行为，就可以认定其主观上具有营利目的。当然，我国刑法关于销售侵权复制品的规定中，构成本罪，需要行为人在“罪量”上达到“违法所得数额巨大”的标准。因此，在司法实践中，应当对行为人的销售行为是否达到“违法所得数额巨大”的标准进行判定，具体何为违法所得、何为数额巨大，在新的司法解释或者司法文件出台之前，依然应当按照现行具有效力的司法解释和司法文件执行。

二、与侵犯著作权罪的区分

（一）主体要件不同

销售侵权复制品罪的主体，只能是侵权复制品制作者以外的其他自然人或单位；侵犯著作权罪的主体一般是制作者，有时可能是与制作者通谋的发行者或销售者。

（二）犯罪客观方面不同

销售侵权复制品罪在客观方面表现为销售侵权复制品，且违法所得数额巨大的行为；侵犯著作权罪的行为方式则可以是复制、发行或出版，也可以是制作、出售，且违法所得数额较大或有其他严重情节的就构成犯罪。

---

① 参见谢炎：《“以营利为目的”在网络著作权案件中的刑法适用》，载《东方法学》2017年第4期。

三、与侵犯著作权罪交叉情况的处理

销售侵权复制品罪与侵犯著作权罪两者紧密相关，存在上下游的关系，一定程度上可以说，侵犯著作权行为和销售侵权复制品行为是在一个主观目的指导下实施的两个相关联的行为，制造侵权复制品的行为是重行为，销售侵权复制品的行为是制造行为发展的自然结果。根据吸收犯理论，制造侵权复制品的行为吸收销售侵权复制品的行为，对行为人仅以侵犯著作权罪一罪处罚。《最高人民法院关于审理非法出版物刑事案件具体应用法律若干问题的解释》和《最高人民法院、最高人民检察院关于办理侵犯知识产权刑事案件具体应用法律若干问题的解释》均规定，构成侵犯著作权罪后又销售该侵权复制品的，仅以侵犯著作权罪论处。只有行为人实施不同的行为，部分行为构成侵犯著作权罪后，又销售明知是他人的侵权复制品的，才数罪并罚。可以说，对行为人实施“复制发行”后又实施“销售”的连续行为的情况，依据上述司法解释和吸收犯的刑法理论较为容易处理。但是，司法实践中常常存在单独的“复制发行”或“销售”的行为，即“复制发行”和“销售”两者也存在先后分离的情况。对于前后行为在物理和心理上分离的情况，即不同的行为人分别实施“复制发行”“销售”的行为如何定罪，首先在于“复制发行”和“销售”在刑法意义上如何界定，[①] 当然也关乎司法解释对上述行为的规定。然而，目前的刑法规定和相关司法解释均未对“复制发行”和“销售”的关系进行进一步的区分，刑法教义学研究中也未对两者的含义达成较为一致的意见。“复制发行”和“销售”含义的相互交叉和模糊不清，导致的结果是销售侵权复制品罪被虚置，司法实践中往往以侵犯著作权罪定罪处罚——司法解释的扩张使侵犯著作权罪包容了销售侵权复制品罪的全部要件。当然，这也有销售侵权复制品罪罪量标准过高的原因。[②]

笔者认为，在目前的情况下，对两者作出明确区分较为困难，只能退而求其次，分情形处理。第一种情形：对于行为人实施侵犯著作权罪之后，又销售其本

---

① “复制发行”“销售”的具体内涵的纷争，参见侵犯著作权罪部分的论述。但是，在现有立法和司法解释关于“复制发行”“销售”进行的规定的情况下，很难对其进行一致的区分。

② 参见刘蔚文：《销售侵权复制品罪的弃用现象与启用路径研究》，载《政治与法律》2013年第5期。

人的侵犯著作权的产品的，仅以侵犯著作权罪一罪论处。第二种情形：对于行为人既实施侵犯著作权罪，又销售他人侵犯著作罪的产品的，则以侵犯著作权罪和销售侵权复制品罪进行数罪并罚。第三种情形：对于行为人只实施销售行为的，可以结合前述关于对“复制发行”和“销售”的解释来进行处理——将《刑法》第217条中的“发行”解释为“第一次总发行”“第一次总发行、分发行”或“批发”，将《刑法》第218条中的“销售”解释为除上述行为之外的分批发、零售或“分批发＋零售”。[①]

【办案依据】

一、《刑法》规定

第二百一十八条　以营利为目的，销售明知是本法第二百一十七条规定的侵权复制品，违法所得数额巨大或者有其他严重情节的，处五年以下有期徒刑，并处或者单处罚金。

二、司法解释

（一）《最高人民法院、最高人民检察院关于办理侵犯知识产权刑事案件具体应用法律若干问题的解释》（2004年12月22日，法释〔2004〕19号）

第六条　以营利为目的，实施刑法第二百一十八条规定的行为，违法所得数额在十万元以上的，属于“违法所得数额巨大”，应当以销售侵权复制品罪判处三年以下有期徒刑或者拘役[②]，并处或者单处罚金。

第十四条　实施刑法第二百一十七条规定的侵犯著作权犯罪，又销售该侵权复制品，构成犯罪的，应当依照刑法第二百一十七条的规定，以侵犯著作权罪定罪处罚。

实施刑法第二百一十七条规定的侵犯著作权犯罪，又销售明知是他人的侵权复制品，构成犯罪的，应当实行数罪并罚。

---

① 参见张明楷：《刑法学》，法律出版社2021年版，第1072～1073页；杨帆、张海宏：《销售侵权复制品罪虚置之争的再思考——基于功利主义知识产权刑事政策立场的评析》，载《政治与法律》2014年第3期。

② 根据《刑法修正案（十一）》，应处五年以下有期徒刑。

（二）《最高人民法院关于审理非法出版物刑事案件具体应用法律若干问题的解释》（1998年12月23日，法释〔1998〕30号）

第四条 以营利为目的，实施刑法第二百一十八条规定的行为，个人违法所得数额在10万元以上，单位违法所得数额在50万元以上的，依照刑法第二百一十八条的规定，以销售侵权复制品罪定罪处罚。

第七章 侵犯商业秘密罪

【立案追诉标准】

侵犯商业秘密案（《刑法》第 219 条）

实施刑法第二百一十九条规定的行为，具有下列情形之一的，应当认定为“给商业秘密的权利人造成重大损失”：

（一）给商业秘密的权利人造成损失数额或者因侵犯商业秘密违法所得数额在三十万元以上的；

（二）直接导致商业秘密的权利人因重大经营困难而破产、倒闭的；

（三）造成商业秘密的权利人其他重大损失的。

给商业秘密的权利人造成损失数额或者因侵犯商业秘密违法所得数额在二百五十万元以上的，应当认定为刑法第二百一十九条规定的“造成特别严重后果”。

《最高人民法院、最高人民检察院关于办理侵犯知识产权刑事案件具体应用法律若干问题的解释（三）》（2020 年 9 月 14 日）第 4 条

【犯罪构成及刑事责任】

侵犯商业秘密罪，是指侵犯商业秘密，情节严重的行为。构成本罪需要具备以下四个要件：

1. 客体要件

本罪侵犯的客体是商业秘密权（商业秘密权利人对商业秘密所拥有的合法权

益）以及受国家保护的正常有序的市场经济秩序。本罪侵犯的对象是商业秘密。

2. 客观要件

客观方面表现为违反国家反不正当竞争法律法规规定，侵犯商业秘密，情节严重的行为。商业秘密，是指不为公众所知悉、具有商业价值并经权利人采取相应保密措施的技术信息、经营信息等商业信息。构成该罪的行为方式主要表现为：(1) 以盗窃、贿赂、欺诈、胁迫、电子侵入或者其他不正当手段获取权利人的商业秘密的；(2) 披露、使用或者允许他人使用以前项手段获取的权利人的商业秘密的；(3) 违反保密义务或者违反权利人有关保守商业秘密的要求，披露、使用或者允许他人使用其所掌握的商业秘密的。明知前述所列的三种行为，获取、披露、使用或者允许他人使用该商业秘密的，以侵犯商业秘密论。

3. 主体要件

本罪主体为一般主体，自然人和单位均能成为本罪主体。

4. 主观要件

只能是故意，即行为人有意识地通过多种手段侵犯商业秘密。过失不构成本罪。

根据《刑法》第219条的规定，犯本罪，情节严重的，处三年以下有期徒刑，并处或者单处罚金；情节特别严重的，处三年以上十年以下有期徒刑，并处罚金。

【疑难指导】

一、本罪与其他侵犯国家秘密犯罪的区别

《刑法》规定了三种侵犯国家秘密的犯罪，即第111条的为境外窃取、刺探、收买、非法提供国家秘密、情报罪，第282条第1款的非法获取国家秘密罪和第398条第1款的故意泄露国家秘密罪（不包括第2款的过失泄露国家秘密罪）。

本罪与上述三种侵犯国家秘密犯罪的区别，主要在于犯罪对象不同：前者侵犯的是他人的即商业秘密的权利人的商业秘密，后者侵犯的则是国家秘密。按照《保守国家秘密法》第2条的规定：“国家秘密是关系国家安全和利益，依照法定程序确定，在一定时间内只限一定范围的人员知悉的事项。”国家秘密的范围，根据该法第9条的规定，包括国家事务的重大决策中的秘密事项；国防建设和武装

力量活动中的秘密事项；外交和外事活动中的秘密事项以及对外承担保密义务的秘密事项；国民经济和社会发展中的秘密事项；科学技术中的秘密事项；维护国家安全活动和追查刑事犯罪中的秘密事项。其中第 5 项“科学技术中的秘密事项”，也属于国家秘密的范围，如果侵犯这种技术成果，“就可能同时触犯侵犯商业秘密罪和侵犯国家秘密的有关犯罪”[①]。“这种情况属于法规竞合按照特别法优于普通法的原则处理”[②]，即按侵犯国家秘密的有关犯罪处理。

二、重大损失的计算[③]

（一）全部侵权损失的计算

需要注意的是，尽管《刑法修正案（十一）》将侵犯商业秘密罪构成要件中的“重大损失”删除，取而代之的是“情节严重”，将该罪作为情节犯予以对待；但是，并非彻底否认损失结果的重要意义，只不过是在犯罪成立意义上损失结果不再作为必要条件，给权利人造成的重大损失后果，仍然是判断“情节严重”的重要参考因素，但二者绝非犯罪成立条件这一问题视域下的相同概念。[④]

关于侵犯商业秘密重大损失的计算，司法实践中主要存在“非法获利模式”“利益损失模式”“商业秘密价值模式”三种模式，理论界对这三种模式的优劣存在不同评价，司法实践中对三种模式的适用也存在不同程度的难题。[⑤]“非法获利模式”，即行为人的犯罪获益是以行为人销售侵权产品所获取的利润作为认定涉案数额的依据，这种表现形式侧重于反映行为人因实施侵犯商业秘密犯罪行为而获

---

① 赵永红：《知识产权犯罪研究》，中国法制出版社 2004 年版，第 386 页。

② 屈学武：《侵犯商业秘密罪研讨》，载《法学杂志》1998 年第 5 期。

③ 需要说明的是，虽然《刑法修正案（十一）》在对侵犯商业秘密罪进行修正时，将“给商业秘密的权利人造成重大损失的”修正为“情节严重的”，将结果犯修正为情节犯，表面上司法实践中不再需要对“重大损失”这一争议颇多的问题进行考虑，但是，何谓“情节严重”？重大损失肯定会作为一个绕不开的重要考量因素，依然需要对重大损失问题进行研究。有学者便指出，侵犯商业秘密罪中，行为违法性宜以“重大损失”而非“情节严重”来征表，参见贺志军：《侵犯商业秘密罪“重大损失”之辩护及释法完善》，载《政治与法律》2020 年第 10 期。

④ 参见贺志军：《侵犯商业秘密罪“重大损失”之辩护及释法完善》，载《政治与法律》2020 年第 10 期。

⑤ 参见钱玉文、沈佳丹：《侵犯商业秘密罪中“重大损失”的司法认定》，载《中国高校社会科学》2018 年第 1 期。

取的收益，通过计算行为人所获取的收益间接认定权利人的经济损失。“利益损失模式”，即权利人的利润损失是以权利人受到侵权之前单套产品的平均利润乘以侵权产品的销售数量，以两者的乘积作为权利人的经济损失数额，这种表现形式侧重于反映权利人因他人侵犯商业秘密犯罪行为而受到的实际利润损失。“商业秘密价值模式”，即权利人所拥有的商业秘密本身的价值，以商业本身的价值作为损失的数额。[①] 对以上三种模式如何选择，有人指出，从相关刑法原理及市场经营的角度分析，司法机关应当优先以权利人的利润损失作为计算基准，只有在无法确定利润损失的情况下，才能以行为人的犯罪获益作为计算基准。[②]

在“重大损失”的含义方面，《关于办理侵犯知识产权刑事案件具体应用法律若干问题的解释》第7条将其解释为“损失数额”，由于缺乏进一步释法明确，司法实践仍普遍采取“经济损失”的概念，学理上也认为重大损失，是指经济方面的重大损失。但是，从文义看，“损失”在字面上至少可以解读为“损害”和“丧失”，将“经济损失”以外的“其他损害”纳入“重大损失”的范围，仍在文义射程范围内而不超出国民的预测可能性。“损失”也指“不及原状的状况”和“所致的不利状况”，有观点认为这会扩大重大损失的含义范围。[③]

当然，在司法实践中，具体使用何种模式，没有统一的标准，笔者认为，在没有新的司法解释的情况下，仍应以《最高人民检察院、公安部关于修改侵犯商业秘密刑事案件立案追诉标准的决定》确定的方法和范围进行计算。

（二）密点分割侵权的计算

“密点分割”，是指在侵犯商业秘密犯罪中，行为人非法使用了商业秘密中的部分密点技术，而使整个商业秘密的价值部分或全部丧失的情形。也就是说，商业秘密权利人的商业秘密是由多个密点组成的，行为人只是非法使用了其中的一

① 参见聂文峰、金华捷：《侵犯商业秘密犯罪中密点分割情形的涉案数额认定》，载《法律适用》2017年第20期。

② 参见聂文峰、金华捷：《侵犯商业秘密犯罪中密点分割情形的涉案数额认定》，载《法律适用》2017年第20期。

③ 参见贺志军：《侵犯商业秘密罪“重大损失”之辩护及释法完善》，载《政治与法律》2020年第10期。

部分密点技术，从而给商业秘密权利人造成损失。如，在邹某、王某侵犯商业秘密案中，商业秘密权利人的秘密点有5项：（1）主轴本体内部形状及水循环冷却和加油结构；（2）主燃烧器内部水循环冷却结构；（3）环形内火口外径与环形外火口内径的尺寸公差；（4）内套材质、主轴材质；（5）燃烧室外模具、内模具工装。邹某、王某非法使用的秘密点与商业秘密权利人的秘密点对比结果为：（1）主轴本体内部形状及水循环冷却和加油结构下半部内部形状明显不同，但位于上半部的水循环冷却结构和加油结构相同；（2）主燃烧器内部水循环冷却结构相同，但高度结构、尺寸明显不同；（3）环形内火口外径尺寸不相符；（4）主轴材质实质相同；（5）外模结构、抽查尺寸基本相同，两件内模中一件结构相同、抽查尺寸基本相同，另一件结构不同。[①] 在该案中，如何计算权利人的损失？

辩护人提出，"计算损失数额时，应当考虑涉案技术秘密在整个产品中所起的作用，不宜将依据整个产品利润计算出的数额全部视为权利人的损失"，法院不予采纳。法院指出：侵犯商业秘密犯罪中权利人"损失数额"的认定，应当按照权利人产品因侵权造成销售量减少的总数×权利人每件产品的合理利润。若权利人销售量减少的总数难以确定时，侵权产品在市场上销售的总数×权利人每件产品的合理利润可以视为权利人因侵权所受损失。

在娄某侵犯商业秘密罪一案中，对损失的计算方式为：以行为人犯罪行为持续期间为时间节点，综合侵权期间商业秘密权利人平均利润率、行为人外销侵权产品的销售收入，得出损失数额。[②]

在刘某侵犯商业秘密罪一案中，法院认为，经济损失数额一般为被害人的实际损失，包括前期研发成本的投入、现实利润的减少以及市场竞争优势的丧失等。

---

① 参见江苏省常州高新技术产业开发区人民法院（2014）新知刑初字第1号刑事判决书，载中国裁判文书网，https://wenshu.court.gov.cn/website/wenshu/181107ANFZ0BXSK4/index.html?docId=8ec17a4a57074a3b8945d5b9484cc00b，最后访问时间：2022年5月30日。司法实践中，行为人侵犯他人商业秘密仅非法使用其中部分密点的案件并不是个例，若读者感兴趣，可在中国裁判文书网"刑事案件"项下输入"侵犯商业秘密罪"，再输入"密点"进行检索。

② 参见陕西省高级人民法院（2017）陕刑终29号刑事附带民事裁定书，载中国裁判文书网，https://wenshu.court.gov.cn/website/wenshu/181107ANFZ0BXSK4/index.html?docId=ae9fc292ac6743138791a82c014a255f，最后访问时间：2022年5月25日。

鉴于上述损失计算的不确定性和复杂性，可通过计算侵权人因侵权所得的利益来确定损失数额，适用的计算方式为公司出售侵权产品的收入×行业平均利润率，这已体现出了评估机构谨慎保守的态度，计算方法总体上是有利于侵权人一方的。权利人的损失与侵犯商业秘密的产品整体直接关联，其与涉商业秘密部分占整体的成本比重并无直接关联，不应将涉商业秘密部分从侵权产品整体中剥离出来单独考虑。[①]

可见，对于密点分割的侵犯商业秘密案来说，如何计算权利人的损失，司法实践中存在不同的认定方法，也存在不同的意见。对于密点分割类的侵犯商业秘密案，如何计算损失，主要有三种观点：第一种观点认为，涉案数额的计算不应考虑密点分割因素。主要理由是，虽然商业秘密本身可能具有可分割性，但是密点之间还是存在关联的，即便行为人仅非法使用了部分密点的技术，整个商业秘密也可能丧失原有价值。第二种观点认为，涉案数额的计算应当考虑密点分割因素。主要理由是，既然商业秘密具有可分割性，行为人非法使用商业秘密对权利人造成的经济损失也应具有分割性，那么行为人基于合法手段获取的收益或不应计入涉案数额。第三种观点认为，涉案数额的计算应分情况区别对待——当司法机关以权利人的利润损失作为认定涉案数额的基数时，无需考虑密点分割因素；当司法机关以行为人的犯罪获利作为认定涉案数额的基数时，应当考虑密点分割因素，并根据非法使用密点的比例折算出最终的涉案数额。[②] 在具体的折算中，优先适用利润比例；只有在利润比例无法确定时，才能继而适用价值比例或数量比例。[③]

上述观点从学理研究的角度来说有其合理性，但是，对于司法实践来说，“优先适用利润比例”的观点难以操作，在不区分密点的情况下“重大损失”的计算还存在重大纷争的情况，将“利润比例”引入加大了司法操作的难度，进而影响

---

① 参见安徽省安庆市中级人民法院（2017）皖08刑终218号刑事裁定书，载中国裁判文书网，https：//wenshu. court. gov. cn/website/wenshu/181107ANFZ0BXSK4/index. html？docId = 138d28a765be4b3ca72fa82a01534ae7，最后访问时间：2022年5月25日。

② 参见聂文峰、金华捷：《侵犯商业秘密犯罪中密点分割情形的涉案数额认定》，载《法律适用》2017年第20期。

③ 参见聂文峰、金华捷：《侵犯商业秘密犯罪中密点分割情形的涉案数额认定》，载《法律适用》2017年第20期。

对侵犯商业秘密犯罪行为的打击力度。因此，即使对于密点分割侵权损失进行比例计算，也应当采取数量比例的观点，以降低司法指控的难度，降低司法成本，提高诉讼效率，严厉打击侵犯商业秘密的行为。

三、情节严重的认定

《刑法修正案（十一）》在对侵犯商业秘密罪进行修正时，将“给商业秘密的权利人造成重大损失的”修正为“情节严重的”。何为“情节严重”？有学者已指出，“情节严重”是一种综合考量标准。根据司法实践的经验总结，应当从五个方面进行考量：一是从已有情节的同等严重程度认定情节严重。如，致使权利人丧失竞争优势、倒闭破产，以及停产、清算、解散等。二是从犯罪手段上认定情节严重。行为人实施侵犯商业秘密行为的次数、手段，行为人侵犯商业秘密的性质（创新程度高低）、持续时间、范围、后果、被告人的过错程度，是完全公开还是仍处于保密状态，泄露商业秘密的内容、方式等。对行为人通过互联网对商业秘密进行扩散，为公众所普遍知悉，使权利人彻底丧失秘密性，导致权利人丧失相关领域领先性的行为应予重点惩处。三是从犯罪动机上认定情节严重。对因报复陷害，发泄私怨，致使商业秘密损坏或者毁弃，难以重新取得的，应予以规制。四是从特殊的主体身份认定情节严重。对将在履行职责过程中获得的商业秘密出售或者提供给他人，利用职权指使或者强迫他人违反保密规定泄露商业秘密的，致使经济损失达到30万元标准一半以上的，可视为情节严重。五是从泄露对象造成的后果上认定情节严重。向特定的对象泄露商业秘密，在某些情况下会对国家的经济安全和经济利益造成更大的损害，对此情形应当认定为“情节严重”。如向国外商贸竞争对手泄露竞争产品的技术值，将导致国家经济利益遭受巨大损失；如向敌对国家泄露商业秘密，会使我国的经济、政治、军事、外交等方面的安全处于更大的危险之中。自己准备在国外加以利用的，造成或者可能造成危害社会稳定、严重影响国计民生及经济发展、国防安全或者造成恶劣的国际国内影响，社会危害性同样严重，同样需要予以刑罚规制。[①] 当然，也有学者提出反对意见，

---

① 参见潘莉：《侵犯商业秘密罪：如何界定“情节严重”》，载《检察日报》2020年11月25日。

认为不应当将犯罪手段、犯罪主体、犯罪动机等纳入“情节严重”的评价因素。[①]

但是，应当认为，在衡量侵犯商业秘密行为社会危害性即“情节严重”的时候，不仅需要考虑对权利人造成的经济损失，还要综合考虑行为主体、主观恶性、客观行为方式等因素。对于一些情节恶劣的破坏市场经济秩序的侵犯商业秘密行为，即使没有直接造成重大经济损失，也应按照犯罪处理。例如，多次实施侵犯商业秘密的行为，为外国组织、机构和个人窃取中国商业秘密的行为，非法经营数额、销售金额、侵权产品的销售数量过高或商业秘密披露的范围过广等均可以作为“其他严重情节”而纳入刑事门槛。[②]

【办案依据】

一、《刑法》规定

第二百一十九条 有下列侵犯商业秘密行为之一，情节严重的，处三年以下有期徒刑，并处或者单处罚金；情节特别严重的，处三年以上十年以下有期徒刑，并处罚金：

（一）以盗窃、贿赂、欺诈、胁迫、电子侵入或者其他不正当手段获取权利人的商业秘密的；

（二）披露、使用或者允许他人使用以前项手段获取的权利人的商业秘密的；

（三）违反保密义务或者违反权利人有关保守商业秘密的要求，披露、使用或者允许他人使用其所掌握的商业秘密的。

明知前款所列行为，获取、披露、使用或者允许他人使用该商业秘密的，以侵犯商业秘密论。

本条所称权利人，是指商业秘密的所有人和经商业秘密所有人许可的商业秘密使用人。

---

① 参见贺志军：《侵犯商业秘密罪“重大损失”之辩护及释法完善》，载《政治与法律》2020 年第 10 期。

② 参见刘科：《侵犯商业秘密罪刑事门槛的修改问题》，载《法学杂志》2021 年第 6 期。

二、司法解释

《最高人民法院、最高人民检察院关于办理侵犯知识产权刑事案件具体应用法律若干问题的解释（三）》（2020年9月14日，法释〔2020〕10号）

第三条 采取非法复制、未经授权或者超越授权使用计算机信息系统等方式窃取商业秘密的，应当认定为刑法第二百一十九条第一款第一项规定的“盗窃”。

以贿赂、欺诈、电子侵入等方式获取权利人的商业秘密的，应当认定为刑法第二百一十九条第一款第一项规定的“其他不正当手段”。

第四条 实施刑法第二百一十九条规定的行为，具有下列情形之一的，应当认定为“给商业秘密的权利人造成重大损失”：

（一）给商业秘密的权利人造成损失数额或者因侵犯商业秘密违法所得数额在三十万元以上的；

（二）直接导致商业秘密的权利人因重大经营困难而破产、倒闭的；

（三）造成商业秘密的权利人其他重大损失的。

给商业秘密的权利人造成损失数额或者因侵犯商业秘密违法所得数额在二百五十万元以上的，应当认定为刑法第二百一十九条规定的“造成特别严重后果”。

第五条 实施刑法第二百一十九条规定的行为造成的损失数额或者违法所得数额，可以按照下列方式认定：

（一）以不正当手段获取权利人的商业秘密，尚未披露、使用或者允许他人使用的，损失数额可以根据该项商业秘密的合理许可使用费确定；

（二）以不正当手段获取权利人的商业秘密后，披露、使用或者允许他人使用的，损失数额可以根据权利人因被侵权造成销售利润的损失确定，但该损失数额低于商业秘密合理许可使用费的，根据合理许可使用费确定；

（三）违反约定、权利人有关保守商业秘密的要求，披露、使用或者允许他人使用其所掌握的商业秘密的，损失数额可以根据权利人因被侵权造成销售利润的损失确定；

（四）明知商业秘密是不正当手段获取或者是违反约定、权利人有关保守商业秘密的要求披露、使用、允许使用，仍获取、使用或者披露的，损失数额可以根据权利人因被侵权造成销售利润的损失确定；

（五）因侵犯商业秘密行为导致商业秘密已为公众所知悉或者灭失的，损失数额可以根据该项商业秘密的商业价值确定。商业秘密的商业价值，可以根据该项商业秘密的研究开发成本、实施该项商业秘密的收益综合确定；

（六）因披露或者允许他人使用商业秘密而获得的财物或者其他财产性利益，应当认定为违法所得。

前款第二项、第三项、第四项规定的权利人因被侵权造成销售利润的损失，可以根据权利人因被侵权造成销售量减少的总数乘以权利人每件产品的合理利润确定；销售量减少的总数无法确定的，可以根据侵权产品销售量乘以权利人每件产品的合理利润确定；权利人因被侵权造成销售量减少的总数和每件产品的合理利润均无法确定的，可以根据侵权产品销售量乘以每件侵权产品的合理利润确定。商业秘密系用于服务等其他经营活动的，损失数额可以根据权利人因被侵权而减少的合理利润确定。

商业秘密的权利人为减轻对商业运营、商业计划的损失或者重新恢复计算机信息系统安全、其他系统安全而支出的补救费用，应当计入给商业秘密的权利人造成的损失。

第六条　在刑事诉讼程序中，当事人、辩护人、诉讼代理人或者案外人书面申请对有关商业秘密或者其他需要保密的商业信息的证据、材料采取保密措施的，应当根据案件情况采取组织诉讼参与人签署保密承诺书等必要的保密措施。

违反前款有关保密措施的要求或者法律法规规定的保密义务的，依法承担相应责任。擅自披露、使用或者允许他人使用在刑事诉讼程序中接触、获取的商业秘密，符合刑法第二百一十九条规定的，依法追究刑事责任。

三、其他法规

《反不正当竞争法》（2019 年 4 月 23 日）

第九条　经营者不得实施下列侵犯商业秘密的行为：

（一）以盗窃、贿赂、欺诈、胁迫、电子侵入或者其他不正当手段获取权利人的商业秘密；

（二）披露、使用或者允许他人使用以前项手段获取的权利人的商业秘密；

（三）违反保密义务或者违反权利人有关保守商业秘密的要求，披露、使用或者允许他人使用其所掌握的商业秘密；

（四）教唆、引诱、帮助他人违反保密义务或者违反权利人有关保守商业秘密的要求，获取、披露、使用或者允许他人使用权利人的商业秘密。

经营者以外的其他自然人、法人和非法人组织实施前款所列违法行为的，视为侵犯商业秘密。

第三人明知或者应知商业秘密权利人的员工、前员工或者其他单位、个人实施本条第一款所列违法行为，仍获取、披露、使用或者允许他人使用该商业秘密的，视为侵犯商业秘密。

本法所称的商业秘密，是指不为公众所知悉、具有商业价值并经权利人采取相应保密措施的技术信息、经营信息等商业信息。

第十七条 经营者违反本法规定，给他人造成损害的，应当依法承担民事责任。

经营者的合法权益受到不正当竞争行为损害的，可以向人民法院提起诉讼。

因不正当竞争行为受到损害的经营者的赔偿数额，按照其因被侵权所受到的实际损失确定；实际损失难以计算的，按照侵权人因侵权所获得的利益确定。经营者恶意实施侵犯商业秘密行为，情节严重的，可以在按照上述方法确定数额的一倍以上五倍以下确定赔偿数额。赔偿数额还应当包括经营者为制止侵权行为所支付的合理开支。

经营者违反本法第六条、第九条规定，权利人因被侵权所受到的实际损失、侵权人因侵权所获得的利益难以确定的，由人民法院根据侵权行为的情节判决给予权利人五百万元以下的赔偿。

第十八条 经营者违反本法第六条规定实施混淆行为的，由监督检查部门责令停止违法行为，没收违法商品。违法经营额五万元以上的，可以并处违法经营额五倍以下的罚款；没有违法经营额或者违法经营额不足五万元的，可以并处二十五万元以下的罚款。情节严重的，吊销营业执照。

经营者登记的企业名称违反本法第六条规定的，应当及时办理名称变更登记；名称变更前，由原企业登记机关以统一社会信用代码代替其名称。

第三十一条 违反本法规定，构成犯罪的，依法追究刑事责任。

第三十二条 在侵犯商业秘密的民事审判程序中，商业秘密权利人提供初步证据，证明其已经对所主张的商业秘密采取保密措施，且合理表明商业秘密被侵犯，涉嫌侵权人应当证明权利人所主张的商业秘密不属于本法规定的商业秘密。

商业秘密权利人提供初步证据合理表明商业秘密被侵犯，且提供以下证据之一的，涉嫌侵权人应当证明其不存在侵犯商业秘密的行为：

（一）有证据表明涉嫌侵权人有渠道或者机会获取商业秘密，且其使用的信息与该商业秘密实质上相同；

（二）有证据表明商业秘密已经被涉嫌侵权人披露、使用或者有被披露、使用的风险；

（三）有其他证据表明商业秘密被涉嫌侵权人侵犯。

【指导性案例】

金义盈侵犯商业秘密案

（最高人民检察院检例第102号）

【关键词】

侵犯商业秘密；司法鉴定；专家辅助办案；证据链

【要旨】

办理侵犯商业秘密犯罪案件，被告人作无罪辩解的，既要注意审查商业秘密的成立及侵犯商业秘密的证据，又要依法排除被告人取得商业秘密的合法来源，形成指控犯罪的证据链。对鉴定意见的审查，必要时可聘请或指派有专门知识的人辅助办案。

【相关规定】

《中华人民共和国刑法》第二百一十九条

《最高人民法院关于适用〈中华人民共和国刑事诉讼法〉的解释》第一百零五条

《最高人民检察院、公安部关于公安机关管辖的刑事案件立案追诉标准的规定

(二)》第七十三条

《最高人民法院关于审理侵犯商业秘密民事案件适用法律若干问题的规定》第四条、第六条

《最高人民检察院关于指派、聘请有专门知识的人参与办案若干问题的规定(试行)》

【基本案情】

被告人金义盈，1981 年生，案发前系温州菲涅尔光学仪器有限公司（以下简称菲涅尔公司）法定代表人、总经理。

温州明发光学科技有限公司（以下简称明发公司）成立于 1993 年，主要生产、销售放大镜、望远镜等光学塑料制品。明发公司自 1997 年开始研发超薄型平面放大镜生产技术，研发出菲涅尔放大镜（“菲涅尔放大镜”系一种超薄放大镜产品的通用名称）批量生产的制作方法——耐高温抗磨专用胶板、不锈钢板、电铸镍模板三合一塑成制作方法和镍模制作方法。明发公司根据其特殊设计，将胶板、模板、液压机分别交给温州市光大橡塑制品公司、宁波市江东精杰模具加工厂、瑞安市永鑫液压机厂生产。随着生产技术的研发推进，明发公司不断调整胶板、模板、液压机的规格和功能，不断变更对供应商的要求，经过长期合作，三家供应商能够提供匹配的产品及设备。

被告人金义盈于 2005 年应聘到明发公司工作，双方签订劳动合同，最后一次合同约定工作期限为 2009 年 7 月 16 日至 2011 年 7 月 16 日。其间，金义盈先后担任业务员、销售部经理、副总经理，对菲涅尔超薄放大镜制作方法有一定了解，并掌握设备供销渠道、客户名单等信息。金义盈与明发公司签订有保密协议，其承担保密义务的信息包括：(1) 技术信息，包括产品设计、产品图纸、生产模具、生产制造工艺、制造技术、技术数据、专利技术、科研成果等；(2) 经营信息，包括商品产、供、销渠道，客户名单，买卖意向，成交或商谈的价格，商品性能、质量、数量、交货日期等。并约定劳动合同期限内、终止劳动合同后两年内及上述保密内容未被公众知悉期内，不得向第三方公开上述保密内容。

2011 年初，金义盈从明发公司离职，当年 3 月 24 日以其姐夫应某甲、应某乙

的名义成立菲涅尔公司，该公司2011年度浙江省地方税（费）纳税综合申报表载明金义盈为财务负责人。菲涅尔公司成立后随即向上述三家供应商购买与明发公司相同的胶板、模具和液压机等材料、设备，使用与明发公司相同的工艺生产同一种放大镜进入市场销售，造成明发公司经济损失人民币122万余元。

【检察机关履职情况】

审查起诉　2018年1月23日，浙江省温州市公安局以金义盈涉嫌侵犯商业秘密罪移送温州市人民检察院（以下简称温州市检察院）审查起诉。1月25日，温州市检察院将本案交由瑞安市人民检察院（以下简称瑞安市检察院）办理。本案被告人未作有罪供述，为进一步夯实证据基础，检察机关退回公安机关就以下事项补充侦查：金义盈是否系菲涅尔公司实际经营者，该公司生产技术的取得途径，明发公司向金义盈支付保密费情况以及金义盈到案经过等事实。

8月16日，瑞安市检察院以被告人金义盈构成侵犯商业秘密罪向浙江省瑞安市人民法院（瑞安市法院）提起公诉。

指控与证明犯罪　庭审过程中，检察机关申请两名鉴定人员出庭，辩护人申请有专门知识的人出庭，就《司法鉴定意见书》质证。被告人金义盈及辩护人提出以下辩护意见：1. 鉴定人检索策略错误、未进行技术特征比对、鉴定材料厚度未能全覆盖鉴定结论，故现有证据不足以证明明发公司掌握的菲涅尔超薄放大镜生产工艺属于“不为公众所知悉”的技术信息。2. 涉案三家供应商信息属于通过公开途径可以获取的信息，不属于商业秘密。3. 菲涅尔公司系通过正常渠道获知相关信息，其使用的生产工艺系公司股东应某甲通过向其他厂家学习、询问而得知，金义盈没有使用涉案技术、经营信息的行为及故意，并提供了8份文献证明涉案技术信息已公开。4. 保密协议仅对保密内容作了原则性规定，不具有可操作性，保密协议约定了保密津贴，但明发公司未按约向被告人金义盈发放保密津贴。

公诉人答辩如下：第一，涉案工艺具备非公知性。上海市科技咨询服务中心知识产权司法鉴定所鉴定人通过对现有专利、国内外文献以及明发公司对外宣传材料等内容进行检索、鉴定后认为，明发公司菲涅尔超薄放大镜的特殊制作工艺不能从公开渠道获取，属于“不为公众所知悉”的技术信息。该《司法鉴定意见书》系侦查机关委托具备知识产权司法鉴定资质的机构作出的，鉴定程序合法，意见明确，具有证据证明力。涉案菲涅尔超薄放大镜的制作工艺集成了多种技术，不是仅涉及产品尺寸、结构、材料、部件的简单组合，无法通过公开的产品进行直观或简单的测绘、拆卸或投入少量劳动、技术、资金便能直接轻易获得，相反，须经本领域专业技术人员进行长期研究、反复试验方能实现。故该辩护意见不能对鉴定意见形成合理怀疑。

第二，涉案供应商信息属于商业秘密。供应商、明发公司员工证言等证据证实，三家供应商提供的胶板、模具、液压机产品和设备均系明发公司技术研发过程中通过密切合作，对规格、功能逐步调整最终符合批量生产要求后固定下来的，故相关供应商供货能力的信息为明发公司独有的经营信息，具有秘密性。明发公司会计凭证、增值税专用发票以及供应商、明发公司员工证言证实，涉案加工设备、原材料供应商均系明发公司花费大量人力、时间和资金，根据明发公司生产工艺的特定要求，对所供产品及设备的规格、功能进行逐步调试、改装后选定，能够给明发公司带来成本优势，具有价值性。明发公司与员工签订的《保密协议》中明确约定了保密事项，应当认定明发公司对该供应商信息采取了合理的保护措施，具有保密性。

第三，金义盈在明发公司任职期间接触并掌握明发公司的商业秘密。明发公司员工证言等证据证实，金义盈作为公司分管销售的副总经理，因工作需要熟悉菲涅尔超薄放大镜生产制作工艺、生产过程、加工流程等技术信息，知悉生产所需的特定设备和原材料的采购信息及销售信息。

第四，金义盈使用了明发公司的商业秘密。明发公司的菲涅尔超薄放大镜制作工艺涉及多种技术，加工时的温度、压力、保压时间等工艺参数均有特定化的要求。根据鉴定意见和专家意见，金义盈使用的超薄放大镜生产工艺与明发公司菲涅尔超薄放大镜生产工艺在相关的技术密点比对上均实质相同，能够认定金义盈使用了商业秘密。

第五，现有证据足以排除金义盈通过其他合法渠道获取或自行研发超薄放大镜生产工艺的可能。经对菲涅尔公司账册及企业营收情况进行审计，证实该公司无任何研发资金投入，公司相关人员均无超薄放大镜等同类产品经营、技术研发背景，不具有自行研发的能力和行为。金义盈辩称其技术系由其姐夫应某甲从放大镜设备厂家蔡某处习得，但经调查蔡某并未向其传授过放大镜生产技术，且蔡某本人亦不了解该技术。

第六，保密协议约定明确，被告人金义盈应当知晓其对涉案技术信息和经营信息负有保密义务。证人证言、权利人陈述以及保密协议中保密津贴与月工资同时发放的约定，能够证实明发公司支付了保密费。合议庭对公诉意见予以采纳。

处理结果：2019 年 9 月 6 日，瑞安市法院以侵犯商业秘密罪判处被告人金义盈有期徒刑一年六个月，并处罚金 70 万元。宣判后，被告人提出上诉，温州市中级人民法院裁定驳回上诉，维持原判。

【指导意义】

（一）依法惩治侵犯商业秘密犯罪，首先要准确把握商业秘密的界定

商业秘密作为企业的核心竞争力，凝聚了企业在社会活动中创造的智力成果，关系到企业生存与发展。依法保护商业秘密是国家知识产权战略的重要组成部分。检察机关依法严惩侵害商业秘密犯罪，对保护企业合法权益，营造良好营商环境，推进科技强国均有十分重要的意义。商业秘密是否成立，是认定是否构成侵犯商业秘密罪的前提条件。检察机关应着重审查以下方面：第一，涉案信息是否不为公众所知悉。注意审查涉案商业秘密是否不为其所属领域的相关人员普遍知悉和容易获得，是否属于《最高人民法院关于审理侵犯商业秘密民事案件适用法律若干问题的规定》第四条规定的已为公众所知悉的情形。第二，涉案信息是否具有商业价值。注意审查证明商业秘密形成过程中权利人投入研发成本、支付商业秘密许可费、转让费的证据；审查反映权利人实施该商业秘密获取的收益、利润、市场占有率等会计账簿、财务分析报告及其他体现商业秘密市场价值的证据。第三，权利人是否采取了相应的保密措施。注意审查权利人是否采取了《最高人民法院关于审理侵犯商业秘密民事案件适用法律若干问题的规定》第六条规定的保密措施，并注意审查该保密措施与商业秘密的商业价值、重要程度是否相适应、是否得到实际执行。

（二）对于被告人不认罪的情形，要善于运用证据规则，排除被告人合法取得商业秘密的可能性，形成指控犯罪的证据链

由于商业秘密的非公开性和犯罪手段的隐蔽性，认定被告人是否实施了侵犯

商业秘密的行为往往面临证明困境。在被告人不作有罪供述时，为查明犯罪事实，检察机关应注意引导公安机关从被告人使用的信息与权利人的商业秘密是否实质上相同、是否具有知悉和掌握权利人商业秘密的条件、有无取得和使用商业秘密的合法来源，全面客观收集证据。特别是要着重审查被告人是否存在合法取得商业秘密的情形，应注意围绕辩方提出的商业秘密系经许可、承继、自行研发、受让、反向工程等合法方式获得的辩解，引导公安机关收集被告人会计账目、支出凭证等能够证明是否有研发费用、资金投入、研发人员工资等研发成本支出的证据；收集被告人所在单位研发人员名单、研发资质能力、实施研发行为、研发过程的证据；收集有关商业秘密的转让合同、许可合同、支付转让费、许可费的证据；收集被告人是否通过公开渠道取得产品并实施反向工程对产品进行拆卸、测绘、分析的证据，以及被告人因传承、承继商业秘密的书证等证据。通过证据之间的相互印证，排除被告人获取、使用商业秘密来源合法的可能性的，可以证实其实施侵犯商业秘密的犯罪行为。

（三）应注重对鉴定意见的审查，必要时引入有专门知识的人参与案件办理

办理侵犯商业秘密犯罪案件，由于商业秘密的认定，以及是否构成对商业秘密的侵犯，往往具有较强专业性，通常需要由鉴定机构出具专门的鉴定意见。检察机关对鉴定意见应予全面细致审查，以决定是否采信。对鉴定意见的审查应注意围绕以下方面：一是审查鉴定主体的合法性，包括鉴定机构、鉴定人员是否具有鉴定资质，委托鉴定事项是否符合鉴定机构的业务范围，鉴定人员是否存在应予回避等情形；二是审查鉴定材料的客观性，包括鉴定材料是否真实、完整、充分，取得方式是否合法，是否与原始材料一致等；三是审查鉴定方法的科学性，包括鉴定方法是否符合国家标准、行业标准，方法和标准的选用是否符合相关规定。同时，要注意审查鉴定意见与其他在案证据能否相互印证，证据之间的矛盾能否得到合理解释。必要时，可聘请或指派有专门知识的人辅助审查案件，出庭公诉时可申请鉴定人及其他有专门知识的人出庭，对鉴定意见的科学依据以及合理性、客观性发表意见，通过对技术性问题的充分质证，准确认定案件事实，加强指控和证明犯罪。

第八章　为境外窃取、刺探、收买、非法提供商业秘密罪

【立案追诉标准】

为境外窃取、刺探、收买、非法提供商业秘密案（《刑法》第219条之一）

实施刑法第二百一十九条规定的行为，具有下列情形之一的，应当认定为“给商业秘密的权利人造成重大损失”：

（一）给商业秘密的权利人造成损失数额或者因侵犯商业秘密违法所得数额在三十万元以上的；

（二）直接导致商业秘密的权利人因重大经营困难而破产、倒闭的；

（三）造成商业秘密的权利人其他重大损失的。

给商业秘密的权利人造成损失数额或者因侵犯商业秘密违法所得数额在二百五十万元以上的，应当认定为刑法第二百一十九条规定的“造成特别严重后果”。

《最高人民法院、最高人民检察院关于办理侵犯知识产权刑事案件具体应用法律若干问题的解释（三）》（2020年9月14日）第4条

【犯罪构成及刑事责任】

为境外窃取、刺探、收买、非法提供商业秘密罪，是指为境外的机构、组织、人员窃取、刺探、收买、非法提供商业秘密的行为。构成本罪需要具备以下四个要件：

1. 客体要件

本罪侵犯的客体是商业秘密权（商业秘密权利人对商业秘密所拥有的合法权益）以及受国家保护的正常有序的市场经济秩序。本罪侵犯的对象是商业秘密。

2. 客观要件

客观方面表现为为境外窃取、刺探、收买、非法提供商业秘密。商业秘密，是指不为公众所知悉、具有商业价值并经权利人采取相应保密措施的技术信息、经营信息等商业信息。

3. 主体要件

本罪主体为一般主体，自然人和单位均能成为本罪主体。

4. 主观要件

只能是故意，即行为人有意识地通过多种手段侵犯商业秘密。过失不构成本罪。

根据《刑法》第219条之一的规定，犯本罪，处五年以下有期徒刑，并处或者单处罚金；情节严重的，处五年以上有期徒刑，并处罚金。

【疑难指导】

一、“境外的机构、组织、人员”的含义

从本罪“为境外的机构、组织、人员窃取、刺探、收买、非法提供商业秘密的”罪状表述可知，构成本罪要求行为人是为境外的机构、组织和人员窃取、刺探、收买、非法提供商业秘密，如果不是为境外的机构、组织和人员，即使有相应的行为也不构成本罪。因此，如何理解“境外的机构、组织、人员”对本罪的认定至关重要。站在全面保护我国知识产权的立场，“境外的机构、组织”应该解释为在中华人民共和国境外设立的任一机构、组织，既包括民间的，也包括官方的，同时还包括境外机构、组织在中华人民共和国境内设立的分支（代表）机构和分支组织；境外的“人员”应该解释为所有来自境外的人员，包括居住在中华人民共和国境内不具有中华人民共和国国籍的人。

二、“窃取、刺探、收买、非法提供”的含义

“窃取、刺探、收买、非法提供”是本罪规定的行为手段。“窃取”应当解释

为以秘密手段非法获取商业秘密的情形。例如，直接盗取存有商业秘密的文件或硬盘，秘密拷贝存有商业秘密的电子数据，秘密对商业秘密的内容进行拍照等都属于“窃取”；“刺探”应当解释为使用打探、侦察、收集、骗取、夺取等方式获取商业秘密的情形；“收买”应当解释为利用金钱、物质或者其他利益换取商业秘密的情形；“非法提供”应当解释为违反相关法律的规定，直接或者间接地将商业秘密提供给境外机构、组织、人员的情形，此时并不需要商业秘密的物理性“交付”，单纯地让境外机构、组织、人员知悉商业秘密也应当属于本情形。

三、“商业秘密”的含义

本罪的行为对象为商业秘密，即只有行为人向境外机构、组织、人员提供的信息属于商业秘密时才成立本罪。因此，与侵犯商业秘密罪的认定一样，是否属于商业秘密对本罪的认定至关重要。对本罪中“商业秘密”的认定要坚持体系解释和法秩序相统一的立场，即本罪中“商业秘密”的内涵与外延应当与《刑法》第219条和现行《反不正当竞争法》第9条规定的“商业秘密”保持一致，在具体认定时重点考察信息的“秘密性”“价值性”“保密性”和“商业性”。

四、本罪明知的内容

本罪的罪过为故意，即明知是商业秘密而为境外机构、组织、人员窃取、刺探、收买或者非法提供。在具体认定时，需要注意的是，本罪的成立在主观上要求行为人同时对“商业秘密”和“境外机构、组织、人员”都明知，即行为人既要明确认识到自己提供的信息是商业秘密，也要明确认识到接收信息的对方是境外的机构、组织、人员，二者缺一不可，仅对“商业秘密”或者“境外机构、组织、人员”之一明知的，则不构成本罪。①

五、本罪与侵犯商业秘密罪的关系

《刑法修正案（十一）》出台之前，我国并没有将为境外的机构、组织、人员窃取、刺探、收买、非法提供商业秘密的行为规定为犯罪。为弥补刑法规定关于侵犯商业秘密的漏洞，《刑法修正案（十一）》增设了为境外的机构、组织、人员

---

① 关于第1项至第4项的内容，参见刘湘廉：《我国知识产权刑法的最新修正及其适用》，载《重庆大学学报（社会科学版）》2021年第4期。

窃取、刺探、收买、非法提供商业秘密罪，作为第 219 条之一。作为对侵犯商业秘密罪补充的罪名，本罪将为境外非法提供商业秘密的行为纳入打击范围，堵塞了刑法漏洞，严密了刑事法网。

对此，有学者评论：增设为境外窃取、刺探、收买、非法提供商业秘密罪，有助于对传统侵犯商业秘密行为与为境外的机构、组织、人员侵犯商业秘密行为进行区分，弥补了我国刑法对为境外利益而侵犯商业秘密犯罪行为打击不足的缺憾。同时，通过对为境外窃取、刺探、收买、非法提供商业秘密罪设置较侵犯商业秘密罪更重的法定刑，实现对社会危害性严重程度不同的侵犯商业秘密行为进行有层次的惩治，凸显了我国刑法对国际商业间谍行为的严厉打击，因为为境外窃取、刺探、收买或者非法提供商业秘密行为威胁的是中国国家利益和经济安全，与为境内窃取、刺探、收买或者非法提供商业秘密行为相比，对中国的危害更大。① 可见，本次修正案不仅关注与相关前置法律进行合理衔接，还通过设立新罪对具有不同社会危害性的侵犯商业秘密不正当竞争行为进行分层规制。②

可见，本罪与侵犯商业秘密罪是一个整体，侵犯商业秘密罪针对的是为境内提供，而本罪针对的是为境外提供，两者共同构成了对商业秘密的全方位保护。立法对为境外非法提供商业秘密这种危害更为严重的行为设置了高于侵犯商业秘密罪的法定刑。

【办案依据】

一、《刑法》规定

第二百一十九条之一　为境外的机构、组织、人员窃取、刺探、收买、非法提供商业秘密的，处五年以下有期徒刑，并处或者单处罚金；情节严重的，处五年以上有期徒刑，并处罚金。

---

① 参见刘科等：《关于侵犯商业秘密罪立法完善的研讨》，载《人民检察》2010 年第 4 期。

② 参见刘宪权、陆一敏：《〈刑法修正案（十一）〉的解读与反思》，载《苏州大学学报（哲学社会科学版）》2021 年第 1 期。

二、司法解释

《最高人民法院、最高人民检察院关于办理侵犯知识产权刑事案件具体应用法律若干问题的解释（二）》（2007年4月5日，法释〔2007〕6号）

第六条 单位实施刑法第二百一十三条至第二百一十九条规定的行为，按照《最高人民法院、最高人民检察院关于办理侵犯知识产权刑事案件具体应用法律若干问题的解释》和本解释规定的相应个人犯罪的定罪量刑标准定罪处罚。

第三编　扰乱市场秩序罪

第一章　损害商业信誉、商品声誉罪

【立案追诉标准】

损害商业信誉、商品声誉案（《刑法》第221条）

捏造并散布虚伪事实，损害他人的商业信誉、商品声誉，涉嫌下列情形之一的，应予立案追诉：

（一）给他人造成直接经济损失数额在五十万元以上的；

（二）虽未达到上述数额标准，但造成公司、企业等单位停业、停产六个月以上，或者破产的；

（三）其他给他人造成重大损失或者有其他严重情节的情形。

《最高人民检察院、公安部关于公安机关管辖的刑事案件立案追诉标准的规定（二）》（2022年4月29日）第66条

【犯罪构成及刑事责任】

损害商业信誉、商品声誉罪是指捏造并散布虚伪事实，损害他人的商业信誉、商品声誉给他人造成重大损失或者有其他严重情节的行为。构成本罪需要具备以下四要件：

1. 客体要件

本罪侵犯的客体是复杂客体，既侵犯了商业信誉和商品声誉的权利人的合法权益，又扰乱了市场秩序。

2. 客观要件

本罪在客观上表现为捏造并散布虚伪事实，损害他人的商业信誉、商品声誉，给他人造成重大损失或者有其他严重情节的行为。

所谓捏造，是指无中生有、凭空编造与真实情况不符、对竞争对手不利的事实；所谓散布，是指以各种可以使众人知道的方法扩散其所捏造的虚伪事实。散布的方式基本上有两种：一种是言语，即故意捏造事实，散布足以损害竞争对手商业信誉和商品声誉的言论，既可以通过媒体宣传，又可以出现在产品发布会上；另一种是文字，即用图画、报刊、书信等方法，故意捏造事实并散布足以损害竞争对手商业信誉和商品声誉的行为。散布既可以在公众场合为之，又可以向某些与竞争对手有特定业务关系的经营者传播。需要注意的是，本条对本罪的行为特征的表述是捏造并散布，必须同时具备两行为才可能构成本罪；至于其方式多种多样，既可以是口头的，也可以是书面的；既可以当众散布，又可以不当其面散布。归纳起来，则主要有：（1）在公开场合，如订货会、交易会、产品新闻发布会上公开宣扬所捏造的事实；（2）利用公开信、传单、对比性广告、声明性公告等诋毁他人及其产品；（3）在经营活动中利用销售、业务洽谈等方式向业务客户及消费者尤其是被损害人的固定客户贬抑对方；（4）在商品包装或者说明书上散布虚构的事实；（5）以顾客、消费者的名义向有关监督部门如消费者协会、市场监督管理部门等作虚假投诉，损害其商业信誉或商品声誉；（6）在社会公众中造谣并加以传播；等等。

3. 主体要件

本罪的主体为一般主体，凡达到刑事责任年龄且具备刑事责任能力的自然人均能构成本罪。依据《刑法》第231条之规定，单位亦能成为本罪主体，单位犯本罪的，实行双罚制，对单位判处罚金，对其直接负责的主管人员和其他直接责任人员依本条之规定追究刑事责任。

4. 主观要件

本罪在主观方面是直接故意犯罪，并且以损害他人的商业信誉、商品声誉为目的，间接故意与过失不构成本罪。

根据《刑法》第221条的规定，犯本罪，给他人造成重大损失或者有其他严重情节的，处二年以下有期徒刑或者拘役，并处或者单处罚金。

【疑难指导】

一、被害人应当具有特定性

本罪是行为人损害“他人”的商业信誉、商品声誉。其中，他人应当是具体的、具备一定特定性的人，既包括竞争对手也包括其他的生产者和经营者，既包括个人也包括单位。在司法实践中，不能对特定性作过于狭义和僵化的理解，对于侵犯一类市场主体的商业信誉、商品声誉的行为，因其社会危害性更大，依据举轻以明重的原理（侵犯一个市场主体的商业信誉、商品声誉达到追诉标准的行为即可构成本罪），也应当构成本罪。①

二、捏造并散布的认定

（一）本罪实行行为是散布

依据刑法规定，本罪的行为是捏造并散布虚伪事实。从文义的角度理解，本罪的客观行为是“捏造 + 散布”的复数行为，似乎单纯散布的行为不构成本罪。但应当注意的是，如果只是单纯捏造虚伪事实，捏造完成后销毁或者放置于他人不知的场合，这种情况下虚伪的事实就不可能传播出去，更不可能给他人的商业信誉和商品声誉造成危害。真正会给他人的商业信誉、商品声誉造成危害或者现实危害的危险的，是散布行为，包括散布自己捏造的或者明知是他人捏造的而散布的行为。刑法理论通说认为，散布才是本罪的实行行为，捏造只是用以限制散布的，意在说明散布的人明知自己散布的事实是自己捏造或他人捏造的虚伪事实。② 至于散布的方式没有限制，既可以是口头的，也可以是书面的；既可以是公开的，也可以是通过小道消息秘密地散布的；既可以是利用出版物、广播电台、电视台等传统媒介传播的，也可以是利用互联网等新型媒介散布的；既可以向不特定的对象散布，也可以向特定的多数人散布等。只要能够使不特定人或者多数

---

① 参见张明楷：《刑法学》，法律出版社 2021 年版，第 1079 页；何帆：《刑法注释书》，中国民主法制出版社 2021 年版，第 510 页。

② 参见张明楷：《刑法学》，法律出版社 2021 年版，第 1079 ~ 1080 页；杨绪峰：《损害商业信誉、商品声誉罪的教义学检讨》，载《政治与法律》2019 年第 2 期。

人知悉或可能知悉即可。[①]

（二）捏造的内容可部分虚假

行为人捏造的内容，既可以是虚构、捏造的不符合真相或者并不存在的事实，也可以是部分虚构、捏造的事实和歪曲的真相。即，捏造的事实既可以是全部虚伪的，也可以是部分虚伪的。比如，在真实的视频、影像上采取剪辑、添加等方式，改变真实视频、影像内容的，也属于捏造。当然，捏造的虚伪事实必须达到足以令他人信以为真的程度，才具有处罚的必要性，因为，如果捏造的事实不可能使任何人相信，就不会导致“造成重大损失或者其他严重情节”危害后果的发生。此外，还应当区分言论批评和捏造之间的界限，行为人对经营者的产品质量和服务质量进行合理批评、评论的，也不能以该罪定罪处罚，具体区分可以考虑——第一，如果商品本身有瑕疵，贬损商品的行为不能认定为捏造，即描述的事实与真实情况一致的，不是捏造。第二，如果行为人基于一般的科学知识，认为商品并非厂家所宣扬的那样，甚至采取了夸大的语言，也不能认定为捏造行为。[②]

三、行为人需对散布的虚伪事实尽一定判断义务

需要注意的是，本罪的主观方面是故意，即明知自己的行为会损害他人的商业信誉、商品声誉并且希望这种结果发生的行为。因此，如果行为人盲目听信他人谣言而散布甚至捏造的行为，其主观上不具有故意的归责性，对此，不能认定为构成该罪。[③] 但是，如果行为人不加判断、随意相信、草率认为散布的是真实的事实，对该情况一律按照事实错误否定其主观故意的话，会导致行为人在散布各类事实的时候根本不去加以判断，甚至故意以此为理由来逃避处罚，如此，显然不符合该罪的立法目的和对该罪所欲保护的客体的保护。因此，应当赋予散布行为人一定的判断义务。对此，有人指出，只要散布的是缺乏相当资料、根据支撑的事实，就属于散布虚伪事实，也就是说要求行为人对散布的事实有相当的资料、根据支撑。当然，并非要求行为人确切地证明事实的真实性，只需要达到优势证

---

① 参见于同志：《损害商品声誉罪的司法认定》，载《河北法学》2007 年第 6 期。

② 参见石聚航：《损害商业信誉、商品声誉罪的规范解释》，载《政治与法律》2018 年第 8 期。

③ 参见张明楷：《刑法学》，法律出版社 2021 年版，第 1080 页；石聚航：《损害商业信誉、商品声誉罪的规范解释》，载《政治与法律》2018 年第 8 期。

据证明标准即可。[①] 对此，笔者认为，应当赋予行为人一定的判断义务，加强对网络空间的净化。同时应当引起高度关注的是，为了防止对舆论监督不必要的打压，应当对不同的主体赋予不同程度的判断义务：对于竞争者来说，这一审查判断义务应当较高，要达到依据相当多的资料和比较确定的科学原理，很大程度上可以确定对方的产品存在瑕疵的程度；而对于具有相关知识的人员来说，其注意义务则次于竞争者；而对于一般民众来说，只要根据一定的事实或常识常情常理的判断，认为其散布的事实是真实的即可。正如有学者指出，“损害商誉罪应审慎适用于非竞争者，应允许舆论监督出错”[②]。

【办案依据】

一、《刑法》规定

第二百二十一条　捏造并散布虚伪事实，损害他人的商业信誉、商品声誉，给他人造成重大损失或者有其他严重情节的，处二年以下有期徒刑或者拘役，并处或者单处罚金。

二、司法解释

《最高人民法院、最高人民检察院关于办理利用信息网络实施诽谤等刑事案件适用法律若干问题的解释》（2013年9月10日，法释〔2013〕21号）

第九条　利用信息网络实施诽谤、寻衅滋事、敲诈勒索、非法经营犯罪，同时又构成刑法第二百二十一条规定的损害商业信誉、商品声誉罪，第二百七十八条规定的煽动暴力抗拒法律实施罪，第二百九十一条之一规定的编造、故意传播虚假恐怖信息罪等犯罪的，依照处罚较重的规定定罪处罚。

第十条　本解释所称信息网络，包括以计算机、电视机、固定电话机、移动电话机等电子设备为终端的计算机互联网、广播电视网、固定通信网、移动通信网等信息网络，以及向公众开放的局域网络。

---

① 参见杨绪峰：《损害商业信誉、商品声誉罪的教义学检讨》，载《政治与法律》2019年第2期。

② 缪因知：《损害商誉罪适用研究：自舆论监督的视角》，载《法治研究》2017年第2期。

第二章 虚假广告罪

【立案追诉标准】

虚假广告案（《刑法》第222条）

广告主、广告经营者、广告发布者违反国家规定，利用广告对商品或者服务作虚假宣传，涉嫌下列情形之一的，应予立案追诉：

（一）违法所得数额在十万元以上的；

（二）假借预防、控制突发事件、传染病防治的名义，利用广告作虚假宣传，致使多人上当受骗，违法所得数额在三万元以上的；

（三）利用广告对食品、药品作虚假宣传，违法所得数额在三万元以上的；

（四）虽未达到上述数额标准，但二年内因利用广告作虚假宣传受过二次以上行政处罚，又利用广告作虚假宣传的；

（五）造成严重危害后果或者恶劣社会影响的；

（六）其他情节严重的情形。

《最高人民检察院、公安部关于公安机关管辖的刑事案件立案追诉标准的规定（二）》（2022年4月29日）第67条

【犯罪构成及刑事责任】

虚假广告罪，是指广告主、广告经营者、广告发布者违反国家规定，利用广

告对商品或服务作虚假宣传，情节严重的行为。构成本罪需要具备以下四个要件：

1. 客体要件

本罪侵犯的客体是社会主义市场经济条件下商品正当的交易活动和竞争活动。根据《反不正当竞争法》第2条规定，商品经营者在市场交易中，遵循自愿、平等、诚实信用原则的正当活动是受法律保护的。《广告法》第5条规定，广告主、广告经营者、广告发布者应当遵循公平、诚实信用的原则。广告是商品经济的产物。当前，广告作为传播信息、指导消费、促进销售的工具，作为商品生产者与销售者联系消费者的纽带，在现代经济生活中发挥着不可低估的作用。但随着广告业突飞猛进的发展，虚假广告也不断出现，严重干扰了国家对广告的管理秩序，侵犯其他商品生产者、经营者和消费者的利益。为了保障广告事业的健康发展，发挥推动社会主义经济发展的作用，国家颁行的法律法规对我国广告市场的管理秩序起到了一定的规范作用。虚假广告正是侵犯了法律所保护的商品交易的正当活动的社会关系。为了保障公平竞争，保护商品经营者和消费者的合法权益，就必须运用刑罚制裁虚假广告。

2. 客观要件

本罪在客观方面表现为广告主、广告经营者和广告发布者，实施了情节严重的虚假广告行为。构成本罪在客观方面的前提条件必须是违反国家规定（即广告管理法规）的行为。广告管理法规主要指《反不正当竞争法》《广告法》等。没有触犯广告管理法规或者虽触犯广告管理法规，但行为情节尚不属严重，其行为则不构成本罪。

虚假广告罪客观行为方面的主要表现是利用广告作虚假宣传。所谓利用广告作虚假宣传，是指所利用的广告中具有虚假的不真实的内容，对商品的性能、质量、用途、价格、有效期限、产地、生产者、售后服务、附带赠品的允诺等以及对服务的内容形式、质量、价格、允诺等作不符合事实真相的宣传，以假充真，以无冒有。具体如商品或服务的质量、技术达不到广告所宣传的质量、技术标准，以假充真，以劣冒优；不具有广告所宣传的功能，如声称有保健功能，实际没有等；购买商品或支付服务报酬与所宣传的价格、报酬不符，说物美价廉，实质价格高昂；故意夸大产品或服务的影响，如产品本只在省内销售，却说已享誉全球，产品本卖不出去严重滞销，却说供不应求、深得消费者喜爱等；伪造宣传商品或服务的质量、功能等内容所凭借的他人言论、证据如数据、统计资料、文摘、引用语、调查结果、获奖证明等；所宣传的商品或服务不存在等。

本罪属情节犯，其不仅要求具有违反国家规定，利用虚假广告对商品或服务作虚假宣传的行为，而且必须达到情节严重的程度才能构成本罪。所谓情节严重，主要是指多次实施虚假广告行为的；为多人实施虚假广告行为的；虚假广告，违法所得数额较大的；致使多人受骗上当的；造成恶劣影响的；相信广告宣传的内容而接受所宣传的商品、服务，致使生产、经营、生活等造成严重损失或受阻的；导致人身伤亡的严重后果的等。

3. 主体要件

本罪的主体为特殊主体，即广告主、广告经营者和广告发布者。所谓广告，是指商品经营者或者服务提供者承担费用，通过一定媒介和形式直接或者间接地介绍自己所推销的商品或者所提供的服务的商业广告。所谓广告主，是指为推销商品或者提供服务，自主或者委托他人设计、制作、发布广告的法人、其他经济组织或者个人。所谓广告经营者，是指受委托提供广告设计、制作、代理服务的法人、其他经济组织或者个人。所谓广告发布者，是指为广告主或者广告主委托的广告经营者发布广告的法人或者其他经济组织。

本罪主体既可以是达到刑事责任年龄且具备刑事责任能力的自然人，也可以是单位。单位犯本罪的实行双罚制，对单位判处罚金，对其直接负责的主管人员和其他责任人员，依本条规定追究刑事责任。

4. 主观要件

本罪在主观方面只能是故意，而不能是过失。从广告主方面看，明知自己的虚假广告行为违反了广告管理法规规定的广告内容的真实性，从而积极实施了这种行为，作引人误解的虚假宣传，欺骗用户和消费者，以达到牟取巨额非法利益的目的。从广告经营者方面看，构成虚假广告罪，既可以是直接故意，又可以是间接故意。例如，《广告法》第 55 条第 3 款规定，“广告经营者、广告发布者明知或者应知广告虚假仍设计、制作、代理、发布”，此处在明知的情况下实施的设计、制作、代理、发布虚假广告且情节严重的行为则构成直接故意犯罪；在应知的情况下实施的设计、制作、代理、发布虚假广告情节严重的行为则可能构成间接故意犯罪，因为应知和明知不同，它是法律规定的一种推定当事人的应当知道，即根据当事人已知的某些事由推出应当知道的结论，在此情况下当事人的心理态度一般是放任，而不是希望，所以属间接故意犯罪。从广告发布者方面看，构成虚假广告罪，既可以是直接故意，也可以是间接故意。《广告法》第34条第2款规定，广告经营者、广告发布者依据法律、行政法规查验有关证明文件，核对广告内容。对内容不符或者证明文件不全的广告，广告经营者不得提供设计、制作、代理服务，广告发布者不得发布。广告发布者在不查验有关证明文件等情况下发布虚假广告，为间接故意。广告发布者亦有可能在直接故意的心态的支配下发布虚假广告。

【疑难指导】

一、罪与非罪的界限

广告的字面含义是广而告之，其本质是宣传。广告的性质决定了其具有夸张、美化的性质，商品或者服务的广告也不例外，也具有夸张的形式，即广告或多或少都是夸大广告。因此，人们也认识到，不能将具有夸大性质的广告都认定为虚假广告。认定虚假广告的行为构成犯罪，需要满足两个条件：一是广告本身是虚假广告。虚假广告宣传的内容与所提供的商品或者服务的实际质量不符，可能使宣传对象或受宣传影响的人对商品的真实情况产生错误的联想，从而影响其购买决策的商品宣传。即只有当某种夸大的广告超出了正常的容忍范围，与其宣传的商品或服务严重背离，足以使一般人陷入错误的认识、作出错误的决定时，才能认定该广告为虚假广告。二是情节严重。即行为人制作虚假广告，利用广告对商品或者服务进行宣传，情节严重的，才能认定为虚假广告罪。因此，在认定构成虚假广告罪时，一方面要审查广告本身是否为虚假广告，另一方面要看虚假广告的情节是否严重。只有满足广告本身为虚假广告，且虚假宣传情节严重的，才能成立本罪。①

---

① 参见张明楷：《刑法学》，法律出版社2021年版，第1081页。

二、本罪与假冒注册商标罪的界限

关于虚假广告罪与假冒注册商标罪，虽然犯罪人主观行为上均有虚假、假冒的一面，但这两个罪仍有重要的不同：

1. 客体不同。虚假广告罪侵犯的直接客体是国家对广告的管理秩序，而假冒商标罪侵害的直接客体是国家对注册商标的管理秩序。

2. 客观行为不同。虚假广告罪客观方面是使用虚假广告对商品作引人误解的宣传，而假冒注册商标罪的客观方面是假冒他人注册商标的行为。

三、虚假广告罪与诈骗罪的界限

虚假广告罪与诈骗罪之间的联系较为紧密，但两者之间也存在区别。第一，在行为构造上，诈骗罪的行为构造是：行为人实施诈骗行为→对方（受骗者）产生（或继续维持）错误认识→对方基于错误认识处分财产→行为人或第三者取得财产→被害人遭受财产损失；虚假广告罪则是广告主、广告经营者和广告发布者，违反国家规定，利用广告对商品或者服务进行虚假宣传。两者在行为构造上存在较大差别。第二，在侵犯客体上，虚假广告罪侵犯的是广告市场管理制度和不特定消费者的合法权益，而诈骗罪则是侵犯公私财物的所有权。第三，客观方面不同。前者是采用利用广告作虚假宣传的特定手段，而后者则是采用虚构事实、隐瞒真相的欺骗方法。第四，犯罪主体不同。前者的主体是广告主、广告经营者和广告发布者，主体身份较为确定，即刑法理论上的身份犯；而后者对主体身份没有要求，是一般主体，非身份犯。

当然，两者之间也存在一定联系，司法实践中存在用虚假广告进行诈骗的情况，可以说，虚假广告罪与诈骗罪之间应是行为犯与结果犯的关系。诈骗罪是财产犯罪，需要有数额较大的财产转移占有作为犯罪成立的前提条件；而因利用广告虚假宣传的欺诈手段更具有社会危害性，立法更关注其行为方式的可罚性问题，故不需财产转移占有的事实发生，只要利用广告虚假宣传的手段达到“情节严重”的程度，刑法就有介入规制的必要。因此，利用广告虚假宣传情节严重的，如多次、长期、范围广、反复实施的，尚未造成或造成消费者财产损失数额不大的，应认定为虚假广告罪，造成财产损失数额较大的，应当以诈骗罪论处。[①]

四、本罪与生产、销售伪劣产品罪的界限

司法实践中，行为人可能会利用广告对自己生产、销售的伪劣商品进行宣传，以增加销量，获取更多的非法收益。如果生产者、销售者在商品中掺杂、掺假，以假充真、以次充好或者以不合格产品冒充合格产品，行为人的行为便触犯了我国《刑法》第140条的规定，构成生产、销售的伪劣商品；同时，生产、销售伪劣商品的行为人又以虚假广告的方法对商品质量作引人误解的欺骗宣传。在此情况下，只能认定行为人的行为构成生产、销售伪劣产品罪，不能再定虚假广告罪。因凡是生产、销售伪劣产品的，通常都有以虚假广告作欺骗宣传的行为，这符合牵连犯的规定，故择一重罪处罚，而不适用数罪并罚的原则。但是，对于广告经营者和广告发布者来说，如果其和生产、销售伪劣商品的行为人不构成共同犯罪，但是其在明知或应知的情况下仍为生产、销售伪劣商品者设计、制作、代理、发布虚假广告，情节严重的，应单独成立虚假广告罪。

五、刷单炒信行为能否认定为本罪

刷单炒信是一个笼统的概念，根据不同的标准可以做出不同的区分。从刷单炒信行为的行为方式、行为主体和行为对象三个维度，可以将刷单炒信行为区分为：正向的刷单炒信与反向的刷单炒信；卖家主导的刷单炒信与刷单平台主导的刷单炒信；谋求不正当竞争的刷单炒信与意图索财的刷单炒信。刷单炒信能否认定为虚假广告罪，或者说哪种刷单炒信行为可以构成虚假广告罪，需要加以研究。有人认为，虚构网络交易行为损害电子商务平台的信用评价系统，虚增网络交易量，扰乱商品、服务的搜索排名，应当认定为虚假广告罪；但是，虚构网络交易行为被用于侵犯注册商标、诈骗且构成犯罪的，那么应以这些犯罪论处。[②] 也有人认为，组织刷单炒信构成虚假广告罪，提供刷单平台服务构成非法经营罪。[③] 笔者

---

① 参见杨曙光：《对虚假广告罪适用难的理论思考》，载《人民检察》2017年第13期。

② 参见王安异：《虚构网络交易行为入罪新论——以〈中华人民共和国电子商务法〉第17条规定为依据的分析》，载《法商研究》2019年第5期。

③ 参见周详、农海东：《刷单炒信样态的认识误区及刑法评价》，载《广西民族大学学报（哲学社会科学版）》2020年第1期。

认为，不能简单地将刷单炒信行为一律认定为构成虚假广告罪，而应将刷单炒信行为与虚假广告罪的构成要件进行符合性的对比，即以虚假广告罪的构成要件为标准对刷单炒信行为进行判断。目前，笔者倾向于认为，只有在刷取销量信息的基础上进一步伪造好评的广告行为，才能够被认为属于利用广告实施的虚假宣传，在情节严重的情况下才能予以入罪。①

【办案依据】

一、《刑法》规定

第二百二十二条 广告主、广告经营者、广告发布者违反国家规定，利用广告对商品或者服务作虚假宣传，情节严重的，处二年以下有期徒刑或者拘役，并处或者单处罚金。

二、司法解释

（一）《最高人民法院、最高人民检察院关于办理危害食品安全刑事案件适用法律若干问题的解释》（2021年12月31日，法释〔2021〕24号）

第十九条 违反国家规定，利用广告对保健食品或者其他食品作虚假宣传，符合刑法第二百二十二条规定的，以虚假广告罪定罪处罚；以非法占有为目的，利用销售保健食品或者其他食品诈骗财物，符合刑法第二百六十六条规定的，以诈骗罪定罪处罚。同时构成生产、销售伪劣产品罪等其他犯罪的，依照处罚较重的规定定罪处罚。

（二）《最高人民法院关于审理非法集资刑事案件具体应用法律若干问题的解释》（2022年2月23日，法释〔2022〕5号）

第十二条 广告经营者、广告发布者违反国家规定，利用广告为非法集资活动相关的商品或者服务作虚假宣传，具有下列情形之一的，依照刑法第二百二十二条的规定，以虚假广告罪定罪处罚：

（一）违法所得数额在10万元以上的；

---

① 参见马永强：《正向刷单炒信行为的刑法定性与行刑衔接》，载《法律适用》2020年第24期。

（二）造成严重危害后果或者恶劣社会影响的；

（三）二年内利用广告作虚假宣传，受过行政处罚二次以上的；

（四）其他情节严重的情形。

明知他人从事欺诈发行证券，非法吸收公众存款，擅自发行股票、公司、企业债券，集资诈骗或者组织、领导传销活动等集资犯罪活动，为其提供广告等宣传的，以相关犯罪的共犯论处。

（三）《最高人民法院、最高人民检察院关于办理危害药品安全刑事案件适用法律若干问题的解释》（2022年3月3日，高检发释字〔2022〕1号）

第十二条　广告主、广告经营者、广告发布者违反国家规定，利用广告对药品作虚假宣传，情节严重的，依照刑法第二百二十二条的规定，以虚假广告罪定罪处罚。

三、其他法规

（一）《广告法》（2021年4月29日）

第二条　在中华人民共和国境内，商品经营者或者服务提供者通过一定媒介和形式直接或者间接地介绍自己所推销的商品或者服务的商业广告活动，适用本法。

本法所称广告主，是指为推销商品或者服务，自行或者委托他人设计、制作、发布广告的自然人、法人或者其他组织。

本法所称广告经营者，是指接受委托提供广告设计、制作、代理服务的自然人、法人或者其他组织。

本法所称广告发布者，是指为广告主或者广告主委托的广告经营者发布广告的自然人、法人或者其他组织。

本法所称广告代言人，是指广告主以外的，在广告中以自己的名义或者形象对商品、服务作推荐、证明的自然人、法人或者其他组织。

第三条　广告应当真实、合法，以健康的表现形式表达广告内容，符合社会主义精神文明建设和弘扬中华民族优秀传统文化的要求。

第四条　广告不得含有虚假或者引人误解的内容，不得欺骗、误导消费者。

广告主应当对广告内容的真实性负责。

第五十五条 违反本法规定，发布虚假广告的，由市场监督管理部门责令停止发布广告，责令广告主在相应范围内消除影响，处广告费用三倍以上五倍以下的罚款，广告费用无法计算或者明显偏低的，处二十万元以上一百万元以下的罚款；两年内有三次以上违法行为或者有其他严重情节的，处广告费用五倍以上十倍以下的罚款，广告费用无法计算或者明显偏低的，处一百万元以上二百万元以下的罚款，可以吊销营业执照，并由广告审查机关撤销广告审查批准文件、一年内不受理其广告审查申请。

医疗机构有前款规定违法行为，情节严重的，除由市场监督管理部门依照本法处罚外，卫生行政部门可以吊销诊疗科目或者吊销医疗机构执业许可证。

广告经营者、广告发布者明知或者应知广告虚假仍设计、制作、代理、发布的，由市场监督管理部门没收广告费用，并处广告费用三倍以上五倍以下的罚款，广告费用无法计算或者明显偏低的，处二十万元以上一百万元以下的罚款；两年内有三次以上违法行为或者有其他严重情节的，处广告费用五倍以上十倍以下的罚款，广告费用无法计算或者明显偏低的，处一百万元以上二百万元以下的罚款，并可以由有关部门暂停广告发布业务、吊销营业执照。

广告主、广告经营者、广告发布者有本条第一款、第三款规定行为，构成犯罪的，依法追究刑事责任。

第五十六条 违反本法规定，发布虚假广告，欺骗、误导消费者，使购买商品或者接受服务的消费者的合法权益受到损害的，由广告主依法承担民事责任。广告经营者、广告发布者不能提供广告主的真实名称、地址和有效联系方式的，消费者可以要求广告经营者、广告发布者先行赔偿。

关系消费者生命健康的商品或者服务的虚假广告，造成消费者损害的，其广告经营者、广告发布者、广告代言人应当与广告主承担连带责任。

前款规定以外的商品或者服务的虚假广告，造成消费者损害的，其广告经营者、广告发布者、广告代言人，明知或者应知广告虚假仍设计、制作、代理、发布或者作推荐、证明的，应当与广告主承担连带责任。

（二）《反不正当竞争法》（2019年4月23日）

第九条 经营者不得实施下列侵犯商业秘密的行为：

（一）以盗窃、贿赂、欺诈、胁迫、电子侵入或者其他不正当手段获取权利人的商业秘密；

（二）披露、使用或者允许他人使用以前项手段获取的权利人的商业秘密；

（三）违反保密义务或者违反权利人有关保守商业秘密的要求，披露、使用或者允许他人使用其所掌握的商业秘密；

（四）教唆、引诱、帮助他人违反保密义务或者违反权利人有关保守商业秘密的要求，获取、披露、使用或者允许他人使用权利人的商业秘密。

经营者以外的其他自然人、法人和非法人组织实施前款所列违法行为的，视为侵犯商业秘密。

第三人明知或者应知商业秘密权利人的员工、前员工或者其他单位、个人实施本条第一款所列违法行为，仍获取、披露、使用或者允许他人使用该商业秘密的，视为侵犯商业秘密。

本法所称的商业秘密，是指不为公众所知悉、具有商业价值并经权利人采取相应保密措施的技术信息、经营信息等商业信息。

第三章　串通投标罪

【立案追诉标准】

串通投标案（《刑法》第223条）

投标人相互串通投标报价，或者投标人与招标人串通投标，涉嫌下列情形之一的，应予立案追诉：

（一）损害招标人、投标人或者国家、集体、公民的合法利益，造成直接经济损失数额在五十万元以上的；

（二）违法所得数额在二十万元以上的；

（三）中标项目金额在四百万元以上的；

（四）采取威胁、欺骗或者贿赂等非法手段的；

（五）虽未达到上述数额标准，但二年内因串通投标受过二次以上行政处罚，又串通投标的；

（六）其他情节严重的情形。

《最高人民检察院、公安部关于公安机关管辖的刑事案件立案追诉标准的规定（二）》（2022年4月29日）第68条

【犯罪构成及刑事责任】

串通投标罪，是指投标人相互串通投标报价，损害招标人或者其他投标人利益，情节严重的行为。构成本罪需要具备以下四个要件：

1. 客体要件

本罪侵犯的是复杂客体，既侵犯其他投标人或国家、集体的合法权益，又侵犯社会主义市场经济的自由贸易和公平竞争的秩序。招标投标是市场交易的一种方式，一般为大宗商品买卖或建设大型建筑工程采用的交易方法。这是投标人根据招标人的条件提出自己要求的价格和相应条件，开列清单向招标方投函的活动。在一定时期，由事主召集所有投标人当场开标，选择其中质量最精良、价格最合算者为中标人，再由招标方与之订立合同，进行交易。投标具有要约性质。其要件主要有：（1）应指向招标人；（2）须依据招标人要求进行；（3）须包括订立合同的基本条件，以招标人承诺为目的。

招标一般有三种形式：一是一般的竞争招标，只要具备一定条件都可以参加招标；二是指名的竞争招标，即指定两个以上的人参加招标，然后择优确定中标人；三是特定招标，即指定一个对象（声誉信用、技术较高者）来投标。招标投标既然是市场竞争手段，必然竞争激烈。这样，就出现了投标中的不正当竞争行为，我国法律明令禁止这种不正当竞争行为。《招标投标法》第32条规定，投标人不得相互串通投标报价，不得排挤其他投标人的公平竞争，损害招标人或者其他投标人的合法权益。投标人不得与招标人串通投标，损害国家利益、社会公共利益或者他人的合法权益。禁止投标人以向招标人或者评标委员会成员行贿的手段谋取中标。

2. 客观要件

本罪在客观方面表现为串通投标的行为。

所谓串通投标，是指在招标投标过程中，违反有关程序所发生的限制竞争行为的统称。具体地说，就是指在招标投标的过程中，投标人之间私下串通，抬高标价或压低标价，共同损害招标人或其他投标人的利益，或者投标人与招标人之间相互勾结，损害国家、集体、公民的合法权益的行为。主要有两种表现形式：

（1）投标者相互的串通投标

参加投标的经营者彼此之间通过口头或书面协议、约定，就投标报价互相通气，以避免相互竞争，或协议轮流在类似项目中中标，共同损害招标者或其他投标人的利益的行为。

投标者相互串通投标主要有以下几种表现形式：①投标人之间相互约定，一致抬高投标报价；②投标人之间相互约定，一致压低投标报价；③投标人之间相互约定，在类似项目中轮流以高价位或低价位中标。所谓投标报价，是指投标者向招标者出示的愿意付出的价格。标价一般来说应当以招标者提出的工程量化表作为计算的基础，并考虑中标率、投标企业的未来、竞争人数、竞争者投标条件等因素，在投标总额预算中加入适当百分比的利润形成。

（2）投标者与招标者串通投标

投标者与招标者串通投标，是指招标者与特定投标者在招标投标活动中，以不正当手段从事私下交易，使公开招标投标流于形式，共同损害国家、集体、公民（包括其他投标者）的利益的行为。

投标者与招标者串通投标行为主要表现为：①招标者故意泄露标底，即招标人有意向某一特定投标人透露其标底；②招标者私下启标泄露，即招标人在公开开标之前，私下开启投标人标书，并通告给尚未报送标书的投标人；③招标者故意引导促使某人中标，即招标人在要求投标人就其标书作澄清事实时，故意做引导性提问，以促成该投标人中标；④招标实行差别对待，即招标在审查、评选标书时，对同样的标书实行差别对待，或者对不同的投标者实施差别对待；⑤招标者故意让不合格投标者中标，即招标者允许不符合投标资格的投标者参加投标，并让其中标；⑥投标者贿赂获密，即投标者通过贿赂手段，在公开开标之前，从招标者处获取投标者报价或其他投标条件的行为；⑦投标者给招标者标外补偿，即投标人有意与招标人商定，在公开投标时压低标价，中标后再给招标人以额外补偿；⑧招标者给投标者标外偿金，即招标者与某投标者商定，在公开投标时，故意抬高标价，使标价高于通常价，而致其他投标者上当吃亏，高价定标后，招标者按约定给故意抬高标价的投标者一定的偿金。

本罪属情节犯，只有情节严重的串通投标报价，损害招标人或者其他投标人利益的行为才能构成本罪，情节不属严重，即使实施了串通投标，损害招标人或者其他投标人利益的行为，也不能以本罪论处。所谓情节严重，主要是指采用卑劣手段串通投标的；多次实施串通投标行为的；给招标人或者其他投标人造成严重经济损失的；造成恶劣影响的等。

3. 主体要件

本罪的主体就招标人而言，是特殊主体，就投标人而言，是一般主体，凡达到刑事责任年龄且具备刑事责任能力的自然人均能构成本罪。依《刑法》第 231 条之规定，单位也能成为本罪主体，单位犯本罪的，实行双罚制，即对单位判处罚金，对其直接负责的主管人员和其他直接责任人员追究相应的刑事责任。本罪属于共同犯罪，构成本罪的投标人或招标人都是共同犯罪的实行犯，行为人有可能有主犯和从犯之分。

4. 主观要件

本罪在主观方面必须出于故意，即明知自己串通投标的行为会损害招标人或其他投标人的利益，但仍决意为之，并希望或放任这种危害后果的发生，过失不能构成本罪。其动机可多种多样，有的为了自己中标，而获取不法利益；有的为了排挤、陷害其他投标人；有的出于江湖义气；有的碍于情面；有的迷恋女色；等等。但无论动机如何，都不影响本罪成立。

根据《刑法》第 223 条规定，犯本罪，处三年以下有期徒刑或者拘役，并处或者单处罚金。

【疑难指导】

一、一人操纵多家公司投标构成本罪

串通投标，在司法实践中多表现为三种模式：（1）一家投标单位为提高中标概率，邀请其他企业“陪标”，邀请的“陪标”单位越多，中标概率越大。（2）几家投标单位互相联合，形成较为稳定的“窜标同盟”，轮流坐庄，以达到排挤其他投标人、控制中标价格和中标结果的目的，然后按照事先约定分利。在采购活动中往往是代理商们或轮流中标，或由一家公司中标后大家分包。（3）个别项目经理和社会闲散人员同时挂靠若干家投标单位投标，表面上是几家单位在参加投标，实际上是一人在背后操纵。

有观点指出，甲以 A、B、C 三个投标人的身份参与投标，不应认定为串通投标；乙分别与 A、B、C 三个投标人约定由后三者去投标，中标后将项目交给乙，

A、B、C三个投标人没有相互串通的话，不能认为构成该罪。[①] 上述论述易使人误解，即认为一人挂靠或者利用多家公司的资质，统一制作标书后，表面上交与挂靠的公司自己去投标，这种情况难以认定为犯罪，因为这种情况下被挂靠的公司之间也没有串通行为。这里需要指出的是，理论研究者和司法实务人员应当对前述论述正确理解，前述论述旨在说明投标人之间没有相互串通的话不能认定为构成该罪，前述所举两例均为投标人之间没有串通，且甲、乙作为组织者也没有与A、B、C三投标人进行实质上的串通，也就是说上述两例不同于“一人挂靠或借用多家公司资质，由其统一制作标书，控制标价”的情况。该种情况下，尽管投标人之间没有相互串通，但是投标人之间通过这个挂靠或借用资质的人统一制作标书、控制标价的行为，已经实现了实质意义上的串通，完全符合刑法规定，必须予以打击。这种情况在司法实践中大量存在。[②]

二、本罪的主体不限于法人和其他组织

《刑法》第223条关于串通投标罪的规定中，用的是“投标人”“招标人”的表述，即构成本罪的主体是“投标人”“招标人”，但对投标人和招标人具体范围没有进行进一步的明确。关于何为“投标人”“招标人”，《招标投标法》第8条规定：“招标人是依照本法规定提出招标项目、进行招标的法人或者其他组织。”第25条规定：“投标人是响应招标、参加投标竞争的法人或者其他组织。”从《招标投标法》的规定来看，似乎构成本罪的主体只能是法人或其他组织，也就是说，自然人不能成为本罪的主体。自然人能否成为本罪的主体，理论界存在肯定说和否定说的争论。

肯定说认为，按照《招标投标法》的规定理解串通投标罪的招标人和投标人，将自然人排除在本罪的主体之外，违反刑法的规定。[③] “《招标投标法》强调招标

---

① 参见张明楷：《刑法学》，法律出版社2021年版，第1082页。

② 参见谢欣汝、蒋利清：《串通投标犯罪的司法适用困境及解决——以H省Y市4年来串通投标犯罪案件为样本》，载《湖南人文科技学院学报》2021年第3期；截至本书交稿，笔者在中国裁判文书网刑事案例项下输入“串通投标罪”，再输入“挂靠”，有812篇之多；将“挂靠”改为“挂靠多家”有27篇，改为“同时挂靠”有12篇。可见，采取挂靠方式也就是第三种模式串通投标的行为在实践中是存在的。

③ 参见张明楷：《刑法学》，法律出版社2021年版，第1082页。

投标行为的整体性，招标人和投标人是从事经营活动的法人和其他组织，但串通投标罪的立法早于《招标投标法》，其主体范围的设定并不是以《招标投标法》为依据的，司法认定并不一定要与《招标投标法》保持一致。”[①] 本罪的主体不应局限于《招标投标法》的规定，而应在刑法自身体系内作实质性解释；主体应理解为参与投标程序、实施串通投标行为的自然人和单位。[②]

否定说认为，应该根据《招标投标法》的规定确定串通投标罪的主体，本罪的主体主要是单位。[③] 有更绝对的否定说指出，除科研项目外，其他项目的招标与投标人都是单位，作为自然人的个人是不可能作为招标人或投标人的。[④] 也有学者从体系解释的角度出发，认为法定犯的违法性应当从其违反的行政法规来确定的角度，指出串通投标罪的主体只能是响应招标、参加投标竞争的法人或组织。[⑤]

笔者认为，构成本罪的主体包括自然人，理由如下：

第一，从本罪保护的客体的角度来看。串通投标罪保护的客体是招投标的公平竞争秩序，只要是对公平竞争秩序进行破坏的单位和个人，都能够成为本罪的适格主体。并不是只有法人或其他组织的行为才能侵害招投标竞争秩序，自然人同样可以。

第二，从对扰乱市场秩序罪单位犯罪的规定来看。我国《刑法》第 231 条明确规定，“单位犯本节第二百二十一条至第二百三十条规定之罪的，对单位判处罚金，并对其直接负责的主管人员和其他直接责任人员，依照本节各该条的规定处罚”。从本条规定来看，自然人主体并没有被排除在串通投标罪之外，相反，其规定的就是自然人主体。如果按照《招标投标法》的规定理解刑法关于本罪的规定，显然违背了刑法规定。

第三，从司法实践来看。自然人主体能够成为本罪的犯罪主体已经是共识。

---

① 孙国祥：《串通投标罪若干疑难问题辨析》，载《政治与法律》2009 年第 3 期，第 50 页。

② 参见马作彪等：《串通投标罪之主体认定》，载《人民司法》2014 年第 10 期，第 53 页。

③ 参见高铭暄、马克昌：《刑法学》，北京大学出版社、高等教育出版社 2016 年版，第 443 ~ 444 页。

④ 参见李金升：《挂靠借用资质情形下串通投标罪主体认定之辩》，载《建筑市场与招标投标》2014 年第 1 期。

⑤ 参见刘艳红：《法定犯不成文构成要件要素之实践展开——以串通投标罪“违反招投标法”为例的分析》，载《清华法学》2019 年第 3 期。

司法实践案例显示，既可能是招标、投标的法人或其他组织之间的串通，也可能是主管、负责、参与甚至是社会闲杂人员之间的串通投标。

三、串通投标报价应做扩大解释

串通投标罪的规定是“投标人相互串通投标报价”，有人将其解释为串通的只能是“投标报价”，串通其他事项的不能构成本罪。司法实践中也引发了相关方面的争议，如：2017 年 8 月，某设备招标有限公司受一市政工程管理处委托，发布某工程灯光秀设备采购项目（以下简称灯光秀项目）公开招标公告，项目预算金额 5600 万元。甲股份有限公司法定代表人邱某同其公司员工刘某联系了乙照明工程有限公司、丙照明有限公司和丁灯光科技股份有限公司投标灯光秀项目，并提供相关灯光秀技术参数等给乙、丙和丁三家公司。在投标过程中，邱某、刘某还将自己联系公司的灯光秀技术参数及评分办法给招标代理公司制定招标文件，由代理公司按照自己提供的技术参数等制定招标文件相关内容。最终，邱某的甲公司在几十家投标公司中获得最高分值，并以 5493.147 万元中标价顺利中标该项目。邱某等并非串通投标“报价”，而是“技术参数”，其行为是否构成串通投标罪，存在争议。[①]

应当说，对“投标报价”不能仅作字面意义的理解，不能狭隘地将其理解为“中标交易商品或完成工作等的价位”或者招投标价格。能否中标，“报价”并不是唯一的条件，技术标、商务标等多种因素都会对是否中标产生影响，如果仅将串通“标价”的行为认定为串通投标罪，将串通技术参数等影响中标的情况排除在外，势必造成刑法的适用出现漏洞。因此，应将串通能够影响中标结果的实质性事项或条件的行为均纳入该罪规制的范围，即应当将“标价”解释为“能够影响中标结果的实质性事项或条件”。

四、不宜认定为犯罪的情形[②]

（一）串通拍卖

拍卖是指以公开竞价的形式，将特定物品或财产权利转让给最高应价者的买

---

① 参见王恰：《串通“投标报价”的刑法教义学阐释》，载《中国检察官》2019 年第 5 期（下）。

② 参见周光权：《串通拍卖或竞买不构成串通投标罪》，载《法治日报》2021 年 8 月 11 日。

卖方式，其系商品销售的一种特殊形式，即拍卖人将委托人的物品或者财产权利以竞买的方式卖给竞买人的行为。拍卖与串通招投标的方向正好相反；并且，串通招投标的行为类型是在招标投标过程中的串通，在拍卖过程中的串通行为显然符合“在招投标过程中串通”的法律规定。

（二）串通竞买

竞买对应的主要是国有土地使用权的挂牌出让。挂牌出让，是指国有建设用地使用权的出让人发布挂牌公告，按公告规定的期限将拟出让宗地的交易条件在指定的土地交易场所挂牌公布，接受竞买人的报价申请并更新挂牌价格，根据挂牌期限截止时的出价结果或者现场竞价结果确定国有建设用地使用权人的行为。挂牌出让是不同于招标出让的国有土地使用权出让方式，主要表现在对保密性的要求不同、参与者的权利义务不同、程序性限定不同、对参与人数的限定不同。因此，不能将该行为评价为串通投标罪。

【办案依据】

一、《刑法》规定

第二百二十三条 投标人相互串通投标报价，损害招标人或者其他投标人利益，情节严重的，处三年以下有期徒刑或者拘役，并处或者单处罚金。

投标人与招标人串通投标，损害国家、集体、公民的合法利益的，依照前款的规定处罚。

二、其他法规

（一）《招标投标法》（2017年12月27日）

第五十条 招标代理机构违反本法规定，泄露应当保密的与招标投标活动有关的情况和资料的，或者与招标人、投标人串通损害国家利益、社会公共利益或者他人合法权益的，处五万元以上二十五万元以下的罚款，对单位直接负责的主管人员和其他直接责任人员处单位罚款数额百分之五以上百分之十以下的罚款；有违法所得的，并处没收违法所得；情节严重的，禁止其一年至二年内代理依法必须进行招标的项目并予以公告，直至由工商行政管理机关吊销营业执照；构成犯罪的，依法追究刑事责任。给他人造成损失的，依法承担赔偿责任。

前款所列行为影响中标结果的，中标无效。

第五十二条 依法必须进行招标的项目的招标人向他人透露已获取招标文件的潜在投标人的名称、数量或者可能影响公平竞争的有关招标投标的其他情况的，或者泄露标底的，给予警告，可以并处一万元以上十万元以下的罚款；对单位直接负责的主管人员和其他直接责任人员依法给予处分；构成犯罪的，依法追究刑事责任。

前款所列行为影响中标结果的，中标无效。

第五十三条 投标人相互串通投标或者与招标人串通投标的，投标人以向招标人或者评标委员会成员行贿的手段谋取中标的，中标无效，处中标项目金额千分之五以上千分之十以下的罚款，对单位直接负责的主管人员和其他直接责任人员处单位罚款数额百分之五以上百分之十以下的罚款；有违法所得的，并处没收违法所得；情节严重的，取消其一年至二年内参加依法必须进行招标的项目的投标资格并予以公告，直至由工商行政管理机关吊销营业执照；构成犯罪的，依法追究刑事责任。给他人造成损失的，依法承担赔偿责任。

第五十四条 投标人以他人名义投标或者以其他方式弄虚作假，骗取中标的，中标无效，给招标人造成损失的，依法承担赔偿责任；构成犯罪的，依法追究刑事责任。

依法必须进行招标的项目的投标人有前款所列行为尚未构成犯罪的，处中标项目金额千分之五以上千分之十以下的罚款，对单位直接负责的主管人员和其他直接责任人员处单位罚款数额百分之五以上百分之十以下的罚款；有违法所得的，并处没收违法所得；情节严重的，取消其一年至三年内参加依法必须进行招标的项目的投标资格并予以公告，直至由工商行政管理机关吊销营业执照。

（二）《政府采购法》（2014年8月31日）

第七十六条 采购人、采购代理机构违反本法规定隐匿、销毁应当保存的采购文件或者伪造、变造采购文件的，由政府采购监督管理部门处以二万元以上十万元以下的罚款，对其直接负责的主管人员和其他直接责任人员依法给予处分；构成犯罪的，依法追究刑事责任。

第七十七条 供应商有下列情形之一的，处以采购金额千分之五以上千分之十以下的罚款，列入不良行为记录名单，在一至三年内禁止参加政府采购活动，有违法所得的，并处没收违法所得，情节严重的，由工商行政管理机关吊销营业执照；构成犯罪的，依法追究刑事责任：

（一）提供虚假材料谋取中标、成交的；

（二）采取不正当手段诋毁、排挤其他供应商的；

（三）与采购人、其他供应商或者采购代理机构恶意串通的；

（四）向采购人、采购代理机构行贿或者提供其他不正当利益的；

（五）在招标采购过程中与采购人进行协商谈判的；

（六）拒绝有关部门监督检查或者提供虚假情况的。

供应商有前款第（一）至（五）项情形之一的，中标、成交无效。

第七十八条 采购代理机构在代理政府采购业务中有违法行为的，按照有关法律规定处以罚款，可以在一至三年内禁止其代理政府采购业务，构成犯罪的，依法追究刑事责任。

【指导性案例】

许某某、包某某串通投标立案监督案

（最高人民检察院检例第90号）

【关键词】

串通拍卖；串通投标；竞拍国有资产；罪刑法定；监督撤案

【要旨】

刑法规定了串通投标罪，但未规定串通拍卖行为构成犯罪。对于串通拍卖行为，不能以串通投标罪予以追诉。公安机关对串通竞拍国有资产行为以涉嫌串通投标罪刑事立案的，检察机关应当通过立案监督，依法通知公安机关撤销案件。

【相关规定】

《中华人民共和国刑法》第三条、第二百二十三条

《中华人民共和国拍卖法》第六十五条

《中华人民共和国招标投标法》第五十三条

《人民检察院刑事诉讼规则》第五百五十七至五百六十一条、第五百六十三条

《最高人民检察院、公安部关于刑事立案监督有关问题的规定（试行)》第六至九条

【基本案情】

犯罪嫌疑人许某某，男，1975年9月出生，江苏某事业有限公司实际控制人。

犯罪嫌疑人包某某，男，1964年9月出生，连云港某建设工程质量检测有限公司负责人。

江苏省连云港市海州区锦屏磷矿“尾矿坝”系江苏海州发展集团有限公司（以下简称海发集团，系国有独资）的项目资产，矿区占地面积近1200亩，存有尾矿砂1610万吨，与周边村庄形成35米的落差。该“尾矿坝”是应急管理部要求整改的重大危险源，曾两次发生泄漏事故，长期以来维护难度大、资金要求高，国家曾拨付专项资金5000万元用于安全维护。2016年至2017年间，经多次对外招商，均未能吸引到合作企业投资开发。2017年4月10日，海州区政府批复同意海发集团对该项目进行拍卖。同年5月26日，海发集团委托江苏省大众拍卖有限公司进行拍卖，并主动联系许某某参加竞拍。之后，许某某联系包某某，二人分别与江苏甲建设集团有限公司（以下简称甲公司)、江苏乙工程集团有限公司（以下简称乙公司）合作参与竞拍，武汉丙置业发展有限公司（以下简称丙公司，代理人王某某）也报名参加竞拍。2017年7月26日，甲公司、乙公司、丙公司三家单位经两次举牌竞价，乙公司以高于底价竞拍成功。2019年4月26日，连云港市公安局海州分局（以下简称海州公安分局）根据举报，以涉嫌串通投标罪对许某某、包某某立案侦查。

【检察机关履职过程】

线索发现。2019年6月19日，许某某、包某某向连云港市海州区人民检察院提出监督申请，认为海州公安分局立案不当，严重影响企业生产经营，请求检察机关监督撤销案件。海州区人民检察院经审查，决定予以受理。

调查核实。海州区人民检察院通过向海州公安分局调取侦查卷宗，走访海发集团、拍卖公司，实地勘查“尾矿坝”项目开发现场，并询问相关证人，查明：一是海州区锦屏磷矿“尾矿坝”项目长期闲置，存在重大安全隐患，政府每年需投入大量资金进行安全维护，海发集团曾邀请多家企业参与开发，均未成功；二是海州区政府批复同意对该项目进行拍卖，海发集团为防止项目流拍，主动邀请许某某等多方参与竞拍，最终仅许某某、王某某，以及许某某邀请的包某某报名参加；三是许某某邀请包某某参与竞拍，目的在于防止项目流拍，并未损害他人利益；四是“尾矿坝”项目后期开发运行良好，解决了长期存在的重大安全隐患，盘活了国有不良资产。

监督意见。2019 年 7 月 2 日，海州区人民检察院向海州公安分局发出《要求说明立案理由通知书》。公安机关回复认为，许某某、包某某的串通竞买行为与串通投标行为具有同样的社会危害性，可以扩大解释为串通投标行为。海州区人民检察院认为，投标与拍卖行为性质不同，分别受招标投标法和拍卖法规范，对于串通投标行为，法律规定了刑事责任，而对于串通拍卖行为，法律仅规定了行政责任和民事赔偿责任，串通拍卖行为不能类推为串通投标行为。并且，许某某、包某某的串通拍卖行为，目的在于防止项目流拍，该行为实际上盘活了国有不良资产，消除了长期存在的重大安全隐患，不具有刑法规定的社会危害性。因此，公安机关以涉嫌串通投标罪对二人予以立案的理由不能成立。同时，许某某、包某某的行为亦不符合刑法规定的其他犯罪的构成要件。2019 年 7 月 18 日，海州区人民检察院向海州公安分局发出《通知撤销案件书》，并与公安机关充分沟通，得到公安机关认同。

监督结果。2019 年 7 月 22 日，海州公安分局作出《撤销案件决定书》，决定撤销许某某、包某某串通投标案。

【指导意义】

（一）检察机关发现公安机关对串通拍卖行为以涉嫌串通投标罪刑事立案的，应当依法监督撤销案件。严格遵循罪刑法定原则，法律没有明文规定为犯罪行为的，不得予以追诉。拍卖与投标虽然都是竞争性的交易方式，形式上具有一定的相似性，但二者行为性质不同，分别受不同法律规范调整。刑法第二百二十三条规定，投标人相互串通投标报价，损害招标人或者其他投标人利益，情节严重的，或者投标人与招标人串通投标，损害国家、集体、公民的合法利益的，以串通投标罪追究刑事责任。刑法未规定串通拍卖行为构成犯罪，拍卖法亦未规定串通拍卖行为可以追究刑事责任。公安机关将串通拍卖行为类推为串通投标行为予以刑事立案的，检察机关应当通过立案监督，通知公安机关撤销案件。

（二）准确把握法律政策界限，依法保护企业合法权益和正常经济活动。坚持法治思维，贯彻“谦抑、审慎”理念，严格区分案件性质及应承担的责任类型。对企业的经济行为，法律政策界限不明，罪与非罪不清的，应充分考虑其行为动机和对于社会有无危害及其危害程度，加强研究分析，慎重妥善处理，不能轻易进行刑事追诉。对于民营企业参与国有资产处置过程中的串通拍卖行为，不应以串通投标罪论处。如果在串通拍卖过程中有其他犯罪行为或者一般违法违规行为的，依照刑法、拍卖法等法律法规追究相应责任。

第四章　合同诈骗罪

【立案追诉标准】

合同诈骗案（《刑法》第224条）

以非法占有为目的，在签订、履行合同过程中，骗取对方当事人财物，数额在二万元以上的，应予立案追诉。

《最高人民检察院、公安部关于公安机关管辖的刑事案件立案追诉标准的规定（二）》（2022年4月29日）第69条

【犯罪构成及刑事责任】

合同诈骗罪，是指以非法占有为目的，在签订、履行合同过程中，骗取对方当事人财物，数额较大的行为。构成本罪需要具备以下四个要件：

1. 客体要件

本罪侵犯的客体为复杂客体，即既侵犯了合同他方当事人的财产所有权，又侵犯了市场秩序。

2. 客观要件

本罪在客观方面表现为在签订、履行合同过程中，虚构事实、隐瞒真相，骗取对方当事人财物，且数额较大的行为。具体包括以下几项内容：（1）行为人根本不具备履行合同的实际能力。（2）采取欺骗手段。（3）使与之签订合同的人产生错误认识。（4）被骗人自愿地与行为人签订合同并履行合同义务，交付财物或

者行为人（或第三人）直接非法占有他人因履约而交付的财物。

行骗者使用的经济合同，就其种类讲，通常有三种：（1）签订买卖合同，骗取现金或实物。通常有五种情况：一是利用盗窃、伪造或骗取的空白合同和介绍信与他人签订合同；二是用已作废、失效的合同书、介绍信，冒充有效的合同书、介绍信与他人签订合同；三是利用已撤销单位的名义及其印章、介绍信、合同书与他人签订合同；四是在条款上做手脚，使合同无法按期履行；五是在标的物上设陷阱，使对方违约而不履行合同。（2）利用承包合同进行诈骗。行为人无承包能力，以骗取钱财为目的，承包工厂或某项工程，骗取大量钱财供自己挥霍。（3）利用联营合同骗取钱财。行为人根本无生产经营能力，利用与他人签订联营合同，骗取联营单位的钱财。

就合同诈欺犯罪中合同的形式和内容看，有两种情形：（1）以假面目签订的合同。假面目是指行为人的姓名和身份、签订的合同、使用的公章和介绍信等是假的。假面目必然导致合同内容的虚假性，即客观上无法履行合同的内容。行为人向他人签订这种合同，欺诈故意明显，只要所骗财物到手，即可认定合同诈骗既遂。（2）以真面目签订的合同。真面目是指行为人的姓名和身份、签订的合同、使用的公章和介绍信都是真的，即实际上存在这一单位或个人。以真面目签订的合同的内容有真有假，存在三种情况：一是内容真实的合同，即行为人是在有实际履行能力的前提下签订的合同。二是内容半真半假的合同。例如，行为人已初步联系过货源，但其货源并未完全确定或并未完全到手。在这种情况下签订的合同，其内容带有半真半假的性质。三是内容假的合同，即行为人是在完全没有履约能力的情况下签订的合同。

利用经济合同进行诈骗的犯罪对象主要有：（1）签订虚假购销合同，骗取货物。（2）虚构货源，签订空头合同，诈骗货款。（3）伪造身份签订虚假合同，骗取他人预付款或定金。（4）以诱饵开路骗取他人钱物。（5）签订假合同，骗取他人的活动费、好处费或提成费等。（6）以联合经商、投资、协作等名义，与他人签订合同，进行诈骗。

骗取财物无论出现在签订阶段，还是出现在履行过程中均属合同诈骗行为。根据本法第224条的规定，这类行为通常包括以下几种情形：（1）以虚构的单位或者冒用他人名义签订合同。（2）以伪造、变造、作废的票据或者其他虚假的产权证明作担保，即以这些票据或证明作为自己能够履行合同的证据，以骗得对方当事人签订合同。（3）没有实际履行能力，以先履行小额合同或者部分履行合同的方法，诱骗对方当事人继续签订和履行合同。（4）收受对方当事人给付的货物、货款、预付款或者担保财产后逃匿。（5）以其他方法骗取对方当事人财物，主要包括：收受对方当事人给付的货物、货款、预付款或者担保财产后，无正当理由拒不履行合同又不退还，或者没有用于履行合同而无法返还；利用合同骗取财物用于抵偿债务，而没有实际履约；用于进行违法活动；用于挥霍，致使无法返还；等等。

3. 主体要件

本罪的主体是一般主体，凡达到刑事责任年龄且具有刑事责任能力的自然人均能构成本罪。依《刑法》第231条之规定，单位亦能成为本罪主体。

4. 主观要件

本罪主观方面只能是故意，并且具有非法占有公私财物的目的。行为人主观上没有上述诈骗故意，只是由于种种客观原因，导致合同不能履行或所欠债务无法偿还的，不能以本罪论处。行为人主观上的非法占有目的，既包括行为人意图本人对非法所得的占有，也包括意图单位或第三人对非法所得的占有。

根据《刑法》第224条规定，犯本罪，数额较大的，处三年以下有期徒刑或者拘役，并处或者单处罚金；数额巨大或者有其他严重情节的，处三年以上十年以下有期徒刑，并处罚金；数额特别巨大或者有其他特别严重情节的，处十年以上有期徒刑或者无期徒刑，并处罚金或者没收财产。

【疑难指导】

一、合同诈骗罪行为类型的认定

合同诈骗罪是利用合同实施的诈骗，因此其行为必须发生在签订、履行合同的过程中，被害人必须是合同相对方。合同诈骗罪的构造是：行为人在签订、履行合同过程中实施欺骗行为→对方当事人产生认识错误→对方当事人基于认识错误处分财产→行为人或第三者取得财产→对方当事人遭受财产损失。我国《刑法》

第224条规定了合同诈骗的五种类型：“（一）以虚构的单位或者冒用他人名义签订合同的；（二）以伪造、变造、作废的票据或者其他虚假的产权证明作担保的；（三）没有实际履行能力，以先履行小额合同或者部分履行合同的方法，诱骗对方当事人继续签订和履行合同的；（四）收受对方当事人给付的货物、货款、预付款或者担保财产后逃匿的；（五）以其他方法骗取对方当事人财物的。”每种类型如何认定，需要进一步明确。

（一）虚构合同主体

虚构合同主体与他人签订合同，即“以虚构的单位或者冒用他人名义签订合同的”情形。这里的虚构，一是虚构单位，一般表现为以根本不存在的单位名义与对方当事人签订合同。二是冒用他人名义，一般表现为未经他人同意，冒用他人（包括其他单位）的名义与对方当事人签订合同。“以虚构的单位或者冒用他人名义签订合同”，既可以是自然人以虚构的单位与对方签订合同，也可以是单位冒用其他自然人名义与对方签订合同。

（二）虚构担保

虚构担保与他人签订合同，即“以伪造、变造、作废的票据或者其他虚假的产权证明作担保的”情形。票据，是指汇票、支票、本票。产权证明包括不动产的产权证明与动产的产权证明，如房屋所有权证、机动车登记证书等。行为人提供虚假的担保，一种情况是对方当事人要求行为人提供担保时，行为人以伪造、变造、作废的票据或者其他虚假的产权证明作担保；另一种情况是行为人为了骗取对方当事人的财物，主动以伪造、变造、作废的票据或者其他虚假的产权证明作担保。不管哪一种情况，只要是行为人客观上没有履行合同的能力，主观上没有履行合同的意愿，提供虚假担保与他人签订合同的，即构成合同诈骗罪。

（三）以小博大进行诱骗

采取“以小博大”的形式进行诱骗，即通常所说的“钓鱼式合同”，也就是“没有实际履行能力，以先履行小额合同或者部分履行合同的方法，诱骗对方当事人继续签订和履行合同的”情形。行为人先履行小额合同或者部分履行合同往往是掩盖行为人没有实行履行能力，不打算履行合同的手段，以此为诱饵骗取对方更多财物。这里需要特别注意的是，不能认为行为人履行了一定的合同，就否认其非法占有目的的存在，进而否认其构成合同诈骗罪。对行为人的行为必须进行穿透式审查，从本质上进行把握。

（四）携款潜逃诈骗

行为人在签订、履行合同过程中，采取欺骗手段获得财物，一旦收受了对方当事人按合同约定给付的上述财产后就携款逃匿，即“收受对方当事人给付的货物、货款、预付款或者担保财产后逃匿的”情形。需要说明的是，这种收到财物后逃匿的行为本身，并不是合同诈骗罪的构成要件，只是表明行为人具有诈骗故意与非法占有目的。对该种情形是否构成合同诈骗罪的判断，需要结合我国《刑法》第224条的其他情形的规定，根据合同诈骗罪的构造进行理解和认定。如果行为人在签订、履行合同的过程中没有实施任何欺骗行为，主观上确实打算履行合同，也具有履行合同的能力，只是在收受对方当事人给付的货物、货款、预付款或者担保财产后，产生了非法将对方当事人给付的财产据为己有、自己不再履行合同的想法，进而逃匿的，不构成合同诈骗罪，但可能构成侵占罪。

（五）兜底性条款

因为“法有限而情无穷”，所以很多罪名都会使用兜底性条款，合同诈骗罪也不例外。“以其他方法骗取对方当事人财物的”即合同诈骗罪的兜底性条款，对其解释，应当采用同类解释规则，即侵害结果的同类、行为类型的同类、行为性质的同类等，以合同诈骗罪的行为构造为标准，对具体的行为进行判断。

二、合同诈骗罪与普通诈骗罪的区分

合同诈骗罪与普通诈骗罪的追诉标准不同、数额对量刑情节的影响不同，司法实践中对某一行为是普通诈骗罪还是合同诈骗罪易发生争议，对两者进行区分的关键在于，涉案的合同能否认定为合同诈骗罪中的“合同”。刑法理论通说认为，合同诈骗罪中的“合同”，“应当是指平等市场主体之间签订的、反映市场经济（交易）关系、具有财产交付内容的合同”[①]。即合同的性质应当具有“经济属性”，不包括与婚姻关系、继承、遗赠等与身份关系有着密切联系的合同。此外，还有其他几种合同也可能属于合同诈骗罪中的合同：第一，部分行政合同。如行

① 张明楷：《刑法学》，法律出版社2021年版，第1083页。

政机关与相对人订立的代替行政处理而设立、变更、消灭行政法权利义务的协议，国家作为公共财产所有者与他人签订的合同。第二，民间借款合同。公司企业利用民间借款合同实施的诈骗行为，也可能成立合同诈骗；但是普通公民之间的借款合同不属于合同诈骗罪中的“合同”。第三，买卖违禁品合同。如果合同内容针对的是取得经营许可才能买卖的物品，则可能属于合同诈骗罪中的合同；但是就一般的违禁品签订的合同不能成为合同诈骗罪中的“合同”。第四，无偿合同。在无偿的保管合同、仓储合同、委托合同等合同中，无须支付对价的一方不可能成立合同诈骗罪，但是另一方可能构成合同诈骗罪。合同的形式，既包括书面，也包括口头；但是作为欺骗手段的合同必须具备基本的合同要素，抽象的、不明确的约定不能认定为合同诈骗罪中的“合同”。[①]

合同诈骗罪是诈骗罪的一种特殊形式，[②] 但两罪追诉标准不同、数额对量刑的影响不同。以何种犯罪对行为人的行为进行定性，影响到罪与非罪和量刑轻重，因此，需要对两者进行合理区分。司法实践中，判断一种行为是普通诈骗罪还是合同诈骗罪，要以两罪侵犯客体的不同为指引，审查是否存在合同，仔细辨别合同的性质，全面判断“骗”的行为是否与合同的标的紧密相关。构成合同诈骗罪，在符合合同诈骗罪形式要件的同时，要进一步仔细审查行为是否侵犯了正常的市场交易秩序，[③] 只有既符合形式要件又在实质上侵犯正常的市场交易秩序的，才能以合同诈骗罪论处。

三、合同诈骗罪与民事欺诈的关系

对于合同诈骗罪与民事欺诈之间是什么关系，学界一直存在争论。特别是关于两者之间是否具有区分，争论较为激烈。张明楷教授认为，“民事违法与刑事犯罪的界限是一个假问题。所谓合同诈骗罪与民事欺诈的界限，实际上只能是诈骗

---

① 参见张明楷：《刑法学》，法律出版社 2021 年版，第 1083 ~ 1084 页。

② 参见高铭暄、马克昌主编：《刑法学》，北京大学出版社、高等教育出版社 2018 年版，第 507 页。

③ 参见范红旗：《合同诈骗罪解析——以法益的解释论为视角》，载《政治与法律》2007 年第 4 期。

罪与不构成诈骗罪的民事欺诈的界限"[1]。进而指出，民法上的民事欺诈行为包含了刑法上的合同诈骗行为，民事欺诈和合同诈骗是一种包容关系。[2] 陈兴良教授则认为，"民事欺诈和诈骗罪是两种不同性质的违法：前者是民事不法，后者是刑事不法"[3]。诈骗罪的范围广泛，包含了大部分的民事欺诈，对于民事欺诈和诈骗罪，应当从欺骗内容、欺骗程度和非法占有目的三个方面进行区分。[4]

应当认为，民事欺诈和合同诈骗罪都包含了欺骗和欺诈的因素，面对同一个事实，从民法角度和刑法角度进行归纳和梳理可能会得出不同的结论。我们需要时刻牢记的是，刑法是其他法律的保障法，刑法中的规定肯定会与其他法律之间存在重叠甚至是一定程度的冲突，但是，这并不影响刑法的独立性以及某一行为同时符合刑法和其他法律时刑法的适用性。也就是说，民事上的欺诈行为一旦符合了刑法规定的合同诈骗的犯罪构成，就构成了合同诈骗罪，合同诈骗和民事欺诈之间只是程度上的差异。因此，在司法实践中，没有必要纠结于如何区分合同诈骗与民事欺诈，而是应当严格以合同诈骗罪的构造对具体行为进行衡量，如果行为人的行为符合合同诈骗罪的构成要件和行为构造，就应当以合同诈骗罪定罪处罚。

四、本罪与一般合同纠纷的界限

合同纠纷与合同诈骗罪有许多相似之处：第一，两者都产生于民事交往过程中，并且都以合同形式出现；第二，在履行合同的过程中，对合同所规定的义务都不履行或不完全履行；第三，合同诈骗在客观上表现为虚构事实或者隐瞒事实真相，合同纠纷中的当事人有时也伴有欺骗行为；第四，两者都是非法占有特定物。尽管合同诈骗与合同纠纷有许多相似之处，但两者也有本质的区别。行为人主观上有无非法占有他人财物的目的，是区别两者的关键。

行为人的主观目的可以从以下几个方面考察：

1. 考察行为人在签订合同时有无履行合同的能力

不能只将签订合同时有无履行合同的能力作为区分诈骗与合同纠纷的标准。

---

① 参见张明楷：《刑法学中的概念使用与创制》，载《法商研究》2021 年第 1 期。

② 参见张明楷：《刑法学》，法律出版社 2021 年版，第 1087～1088 页。

③ 陈兴良：《民事欺诈和刑事欺诈的界分》，载《法治现代化研究》2019 年第 5 期。

④ 参见陈兴良：《民事欺诈和刑事欺诈的界分》，载《法治现代化研究》2019 年第 5 期。

但是，行为人在签订合同时有无履行合同的能力，在某种情况下对于认定其是否具有骗取财物的目的又有着重要意义。例如，某人在没有落实货源的情况下，为了营利即与人订立了供货合同。在收到预付款之后，多方查找货源，仍未落实，但表示愿意偿还货款，并承担违约责任。此案中，行为人在不具备履行合同的条件下与他人签订了供货合同，但从其整个活动来看，其主观上并没有诈骗的目的，因此不能认定为诈骗，而应当按合同纠纷处理。相反地，有些人明知自己没有能力履行合同，而且根本不打算履行合同，但仍与他人签订合同，一旦货款到手，便大事告成，或大肆挥霍，或逃之夭夭，如此等等，不言而明，这些人签订合同是假，骗取财物是真，当然应以诈骗罪论处。

2. 看行为人在签订和履行合同过程中有无欺骗行为

从司法实践看，行为人在签订和履行合同过程中没有欺骗行为，即使合同未能全面履行，也只能作合同纠纷处理，不能定诈骗罪。没有欺骗，不能定诈骗罪。但是，有欺骗也不一定构成诈骗罪。为了分清合同诈骗罪与合同纠纷的界限，需要对欺骗作具体分析。一般来说，在签订和履行合同的过程中，行为人在事实上虚构了某些虚假成分，但是并非掩盖其根本无法履行合同的事实，而且实际上并未影响合同的履行，或者虽然合同未能完全履行，但是本人愿意承担违约责任，说明行为人并无非法占有他人财物的目的，故不能以诈骗罪处理。然而，对于那些伪造证件、使用假证件、编造谎言、骗取信任、掩盖其根本无力履行合同的真相，给对方造成重大损失的，应当以诈骗罪论处。

3. 看行为人在签订合同后有无履行合同的实际行动

如果行为人有履行合同的诚意，在签订合同后，必然设法创造条件使合同得以履行，如果不能履行或不能完全履行，也愿意承担违约责任，赔偿对方损失。无疑，这属合同纠纷。但是，有些人在合同签订后，根本不履行合同，往往是货款一到手，便大肆挥霍，造成无力偿还。这种行动足以证明其根本无意履行合同，完全是出于骗取财物的目的。因此，应当以合同诈骗罪论处。

4. 看行为人在违约以后是否愿意承担违约责任

在一般情况下，行为人若有履行合同的诚意，发现自己违约或者对方主张己方违约时，尽管会从自身利益出发提出种种辩解，以减轻责任，但是一般会采取实事求是的态度，确实无可辩驳时，会承担违约责任。然而有些人明知自己违约，不可能履行合同，往往采取潜逃等方式进行逃避，使对方无法追回自己的经济损失，说明其主观上具有骗取财物的故意。对于这种人，一般以合同诈骗罪论处。但是，应当指出，对于那些不得已外出躲债，或者在双方谈判中百般辩解，否认自己违约的，一般不认定为合同诈骗罪，而应考虑按合同纠纷处理。

5. 考察行为人未履行合同的原因

影响合同未履行的原因不外乎主客观两种情况。查明合同未履行的原因，对于认定行为人主观上是否具有骗取财物的目的有很大作用。合同当事人均享有合同的权利，均应承担相应的义务。一旦取得权利，就必须承担相应的义务，享受权利和承担义务是对等的，如果合同当事人一方面享受了权利，而不愿意、不主动去承担义务，那么合同未履行是由于行为人主观上造成的，从而说明行为人具有非法占有他人财物的目的，应当以合同诈骗罪论处。但是，如果合同当事人享受了权利后，自己尽了最大努力去承担义务，然而，由于发生了使行为人无法预料的事实，合同无法履行。对此，应当以合同纠纷处理，不能定合同诈骗罪，因为这种情况行为人不具有骗取财物的目的。

【办案依据】

一、《刑法》规定

第二百二十四条 有下列情形之一，以非法占有为目的，在签订、履行合同过程中，骗取对方当事人财物，数额较大的，处三年以下有期徒刑或者拘役，并处或者单处罚金；数额巨大或者有其他严重情节的，处三年以上十年以下有期徒刑，并处罚金；数额特别巨大或者有其他特别严重情节的，处十年以上有期徒刑或者无期徒刑，并处罚金或者没收财产：

（一）以虚构的单位或者冒用他人名义签订合同的；

（二）以伪造、变造、作废的票据或者其他虚假的产权证明作担保的；

（三）没有实际履行能力，以先履行小额合同或者部分履行合同的方法，诱骗对方当事人继续签订和履行合同的；

（四）收受对方当事人给付的货物、货款、预付款或者担保财产后逃匿的；

（五）以其他方法骗取对方当事人财物的。

二、司法文件

《最高人民检察院、公安部关于公安机关管辖的刑事案件立案追诉标准的规定（二）》（2022年4月29日）

第六十九条 〔合同诈骗案（刑法第二百二十四条）〕以非法占有为目的，在签订、履行合同过程中，骗取对方当事人财物，数额在二万元以上的，应予立案追诉。

【指导性案例】

一、王新明合同诈骗案

（最高人民法院指导性案例62号）

【关键词】

刑事；合同诈骗；数额犯；既遂；未遂

【裁判要点】

在数额犯中，犯罪既遂部分与未遂部分分别对应不同法定刑幅度的，应当先决定对未遂部分是否减轻处罚，确定未遂部分对应的法定刑幅度，再与既遂部分对应的法定刑幅度进行比较，选择适用处罚较重的法定刑幅度，并酌情从重处罚；二者在同一量刑幅度的，以犯罪既遂酌情从重处罚。

【相关法条】

《中华人民共和国刑法》第23条

【基本案情】

2012年7月29日，被告人王新明使用伪造的户口本、身份证，冒充房主即王新明之父的身份，在北京市石景山区链家房地产经纪有限公司古城公园店，以出售该区古城路28号楼一处房屋为由，与被害人徐某签订房屋买卖合同，约定购房款为100万元，并当场收取徐某定金1万元。同年8月12日，王新明又收取徐某支付的购房首付款29万元，并约定余款过户后给付。后双方在办理房产过户手续时，王新明虚假身份被石景山区住建委工作人员发现，余款未取得。2013年4月23日，王新明被公安机关查获。次日，王新明的亲属将赃款退还被害人徐某，被害人徐某对王新明表示谅解。

【裁判结果】

北京市石景山区人民法院经审理于2013年8月23日作出（2013）石刑初字第239号刑事判决，认为被告人王新明的行为已构成合同诈骗罪，数额巨大，同时鉴于其如实供述犯罪事实，在亲属帮助下退赔全部赃款，取得了被害人的谅解，依法对其从轻处罚。公诉机关北京市石景山区人民检察院指控罪名成立，但认为数额特别巨大且系犯罪未遂有误，予以更正。遂认定被告人王新明犯合同诈骗罪，判处有期徒刑六年，并处罚金人民币六千元。宣判后，公诉机关提出抗诉，认为犯罪数额应为100万元，数额特别巨大，而原判未评价70万元未遂，仅依据既遂30万元认定犯罪数额巨大，系适用法律错误。北京市人民检察院第一分院的支持抗诉意见与此一致。王新明以原判量刑过重为由提出上诉，在法院审理过程中又申请撤回上诉。北京市第一中级人民法院经审理于2013年12月2日作出（2013）一中刑终字第4134号刑事裁定：准许上诉人王新明撤回上诉，维持原判。

【裁判理由】

法院生效裁判认为：王新明以非法占有为目的，冒用他人名义签订合同，其行为已构成合同诈骗罪。一审判决事实清楚，证据确实、充分，定性准确，审判程序合法，但未评价未遂70万元的犯罪事实不当，予以纠正。根据刑法及司法解释的有关规定，考虑王新明合同诈骗既遂30万元，未遂70万元但可对该部分减轻处罚，王新明如实供述犯罪事实，退赔全部赃款取得被害人的谅解等因素，原判量刑在法定刑幅度之内，且抗诉机关亦未对量刑提出异议，故应予维持。北京市石景山区人民检察院的抗诉意见及北京市人民检察院第一分院的支持抗诉意见，酌予采纳。鉴于二审期间王新明申请撤诉，撤回上诉的申请符合法律规定，故二审法院裁定依法准许撤回上诉，维持原判。

本案争议焦点是，在数额犯中犯罪既遂与未遂并存时如何量刑。最高人民法院、最高人民检察院《关于办理诈骗刑事案件具体应用法律若干问题的解释》第六条规定："诈骗既有既遂，又有未遂，分别达到不同量刑幅度的，依照处罚较重的规定处罚；达到同一量刑幅度的，以诈骗罪既遂处罚。"因此，对于数额犯中犯罪行为既遂与未遂并存且均构成犯罪的情况，在确定全案适用的法定刑幅度时，先就未遂部分进行是否减轻处罚的评价，确定未遂部分所对应的法定刑幅度，再与既遂部分对应的法定刑幅度比较，确定全案适用的法定刑幅度。如果既遂部分对应的法定刑幅度较重或者二者相同的，应当以既遂部分对应的法定刑幅度确定全案适用的法定刑幅度，将包括未遂部分在内的其他情节作为确定量刑起点的调节要素进而确定基准刑。如果未遂部分对应的法定刑幅度较重的，应当以未遂部分对应的法定刑幅度确定全案适用的法定刑幅度，将包括既遂部分在内的其他情节，连同未遂部分的未遂情节一并作为量刑起点的调节要素进而确定基准刑。

本案中，王新明的合同诈骗犯罪行为既遂部分为 30 万元，根据司法解释及北京市的具体执行标准，对应的法定刑幅度为有期徒刑三年以上十年以下；未遂部分为 70 万元，结合本案的具体情况，应当对该未遂部分减一档处罚，未遂部分法定刑幅度应为有期徒刑三年以上十年以下，与既遂部分 30 万元对应的法定刑幅度相同。因此，以合同诈骗既遂 30 万元的基本犯罪事实确定对王新明适用的法定刑幅度为有期徒刑三年以上十年以下，将未遂部分 70 万元的犯罪事实，连同其如实供述犯罪事实、退赔全部赃款、取得被害人谅解等一并作为量刑情节，故对王新明从轻处罚，判处有期徒刑六年，并处罚金人民币六万元。

二、温某某合同诈骗立案监督案

（最高人民检察院检例第 91 号）

【关键词】

合同诈骗；合同欺诈；不应当立案而立案；侦查环节“挂案”；监督撤案

【要旨】

检察机关办理涉企业合同诈骗犯罪案件，应当严格区分合同诈骗与民事违约行为的界限。要注意审查涉案企业在签订、履行合同过程中是否具有非法占有目的和虚构事实、隐瞒真相的行为，准确认定是否具有诈骗故意。发现公安机关对企业之间的合同纠纷以合同诈骗进行刑事立案的，应当依法监督撤销案件。对于立案后久侦不结的“挂案”，检察机关应当向公安机关提出纠正意见。

【相关规定】

《中华人民共和国刑法》第二百二十四条

《人民检察院刑事诉讼规则》第五百五十七至五百六十一条、第五百六十三条

《最高人民检察院、公安部关于刑事立案监督有关问题的规定（试行）》第六至九条

【基本案情】

犯罪嫌疑人温某某，男，1975 年 10 月出生，广西壮族自治区钦州市甲水务有限公司（以下简称甲公司）负责人。

2010 年 4 月至 5 月间，甲公司分别与乙建设有限公司（以下简称乙公司）、丙建设股份有限公司（以下简称丙公司）签订钦州市钦北区引水供水工程《建设工程施工合同》。根据合同约定，乙公司和丙公司分别向甲公司支付 70 万元和 110 万元的施工合同履约保证金。工程报建审批手续完成后，甲公司和乙公司、丙公司因工程款支付问题发生纠纷。2011 年 8 月 31 日，丙公司广西分公司经理王某某到南宁市公安局良庆分局（以下简称良庆公安分局）报案，该局于 2011 年 10 月 14 日对甲公司负责人温某某以涉嫌合同诈骗罪刑事立案。此后，公安机关未传唤温某某，也未采取刑事强制措施，直至 2019 年 8 月 13 日，温某某被公安机关采取刑事拘留措施，并被延长刑事拘留期限至 9 月 12 日。

【检察机关履职过程】

线索发现。2019年8月26日，温某某的辩护律师向南宁市良庆区人民检察院提出监督申请，认为甲公司与乙公司、丙公司之间的纠纷系支付工程款方面的经济纠纷，并非合同诈骗，请求检察机关监督公安机关撤销案件。良庆区人民检察院经审查，决定予以受理。

调查核实。经走访良庆公安分局，查阅侦查卷宗，核实有关问题，并听取辩护律师意见，接收辩护律师提交的证据材料，良庆区人民检察院查明：一是甲公司案发前处于正常生产经营状态，2006年至2009年间，经政府有关部门审批，同意甲公司建设钦州市钦北区引水供水工程项目，资金由甲公司自筹；二是甲公司与乙公司、丙公司签订《建设工程施工合同》后，向钦州市环境保护局钦北分局等政府部门递交了办理“钦北区引水工程项目管道线路走向意见”的报批手续，但报建审批手续未能在约定的开工日前完成审批，双方因此另行签订补充协议，约定了甲公司所应承担的违约责任；三是报建审批手续完成后，乙公司、丙公司要求先支付工程预付款才进场施工，甲公司要求按照工程进度支付工程款，双方协商不下，乙公司、丙公司未进场施工，甲公司也未退还履约保证金；四是甲公司在该项目工程中投入勘测、复垦、自来水厂建设等资金3000多万元，收取的180万元履约保证金已用于自来水厂的生产经营。

监督意见。2019年9月16日，良庆区人民检察院向良庆公安分局发出《要求说明立案理由通知书》。良庆公安分局回复认为，温某某以甲公司钦州市钦北区引水供水工程项目与乙公司、丙公司签订合同，并收取履约保证金，而该项目的建设环评及规划许可均未获得政府相关部门批准，不具备实际履行建设工程能力，其行为涉嫌合同诈骗。良庆区人民检察院认为，甲公司与乙公司、丙公司签订《建设工程施工合同》时，引水供水工程项目已经政府有关部门审批同意。合同签订后，甲公司按约定向政府职能部门提交该项目报建手续，得到了相关职能部门的答复，在项目工程未能如期开工后，甲公司又采取签订补充协议、承担相应违约责任等补救措施，并且甲公司在该项目工程中投入大量资金，收取的履约保证金也用于公司生产经营。因此，不足以认定温某某在签订合同时具有虚构事实或者隐瞒真相的行为和非法占有对方财物的目的，公安机关以合同诈骗罪予以刑事立案的理由不能成立。对于甲公司不退还施工合同履约保证金的行为，乙公司、丙公司可以向人民法院提起民事诉讼。同时，良庆区人民检察院审查认为，该案系公安机关立案后久侦未结形成的侦查环节“挂案”，应当监督公安机关依法处理。2019 年 9 月 27 日，良庆区人民检察院向良庆公安分局发出《通知撤销案件书》。

监督结果。良庆公安分局接受监督意见，于 2019 年 9 月 30 日作出《撤销案件决定书》，决定撤销温某某合同诈骗案。在此之前，良庆公安分局已于 2019 年 9 月 12 日依法释放了温某某。

【指导意义】

（一）检察机关对公安机关不应当立案而立案的，应当依法监督撤销案件。检察机关负有立案监督职责，有权监督纠正公安机关不应当立案而立案的行为。涉案企业认为公安机关对企业之间的合同纠纷以合同诈骗进行刑事立案，向检察机关提出监督申请的，检察机关应当受理并进行审查。认为需要公安机关说明立案理由的，应当书面通知公安机关。认为公安机关立案理由不能成立的，应当制作《通知撤销案件书》，通知公安机关撤销案件。

（二）严格区分合同诈骗与民事违约行为的界限。注意审查涉案企业在签订、履行合同过程中是否具有虚构事实、隐瞒真相的行为，是否有刑法第二百二十四条规定的五种情形之一。注重从合同项目真实性、标的物用途、有无实际履约行为、是否有逃匿和转移资产的行为、资金去向、违约原因等方面，综合认定是否具有诈骗的故意，避免片面关注行为结果而忽略主观上是否具有非法占有的目的。对于签订合同时具有部分履约能力，其后完善履约能力并积极履约的，不能以合同诈骗罪追究刑事责任。

（三）对于公安机关立案后久侦未结形成的“挂案”，检察机关应当提出监督意见。由于立案标准、工作程序和认识分歧等原因，有些涉民营企业刑事案件逾期滞留在侦查环节，既未被撤销，又未被移送审查起诉，形成“挂案”，导致民营企业及企业相关人员长期处于被追诉状态，严重影响企业的正常生产经营，破坏当地营商环境，也损害了司法机关的公信力。检察机关发现侦查环节“挂案”的，应当对公安机关的立案行为进行监督，同时也要对公安机关侦查过程中的违法行为依法提出纠正意见。

第五章　组织、领导传销活动罪

【立案追诉标准】

组织、领导传销活动案（《刑法》第224条之一）

组织、领导以推销商品、提供服务等经营活动为名，要求参加者以缴纳费用或者购买商品、服务等方式获得加入资格，并按照一定顺序组成层级，直接或者间接以发展人员的数量作为计酬或者返利依据，引诱、胁迫参加者继续发展他人参加，骗取财物，扰乱经济社会秩序的传销活动，涉嫌组织、领导的传销活动人员在三十人以上且层级在三级以上的，对组织者、领导者，应予立案追诉。

下列人员可以认定为传销活动的组织者、领导者：

（一）在传销活动中起发起、策划、操纵作用的人员；

（二）在传销活动中承担管理、协调等职责的人员；

（三）在传销活动中承担宣传、培训等职责的人员；

（四）因组织、领导传销活动受过刑事追究，或者一年内因组织、领导传销活动受过行政处罚，又直接或者间接发展参与传销活动人员在十五人以上且层级在三级以上的人员；

（五）其他对传销活动的实施、传销组织的建立、扩大等起关键作用的人员。

《最高人民检察院、公安部关于公安机关管辖的刑事案件立案追诉标准的规定（二）》（2022年4月29日）第70条

【犯罪构成及刑事责任】

组织、领导传销活动罪，是指组织、领导以推销商品、提供服务等经营活动为名，要求参加者以缴纳费用或者购买商品、服务等方式获得加入资格，并按照一定顺序组成层级，直接或者间接以发展人员的数量作为计酬或者返利依据，引诱、胁迫参加者继续发展他人参加，骗取财物，扰乱经济社会秩序的传销活动的行为。构成本罪需要具备以下四个要件：

1. 客体要件

本罪侵犯的客体为复杂客体，即既侵犯经济管理秩序，也侵犯公民的财产权利和社会管理秩序。

2. 客观要件

本罪在客观方面表现为，组织、领导以及缴纳费用或者购买商品、服务等方式获得加入资格，并按照一定顺序组成层级，直接或者间接以发展人员的数量作为计酬或者返利依据，引诱、胁迫参与者继续发展他人参加，骗取财物，扰乱经济与社会秩序的行为。

3. 主体要件

犯罪主体是传销活动的组织者、领导者。根据《刑法》第231条的规定，单位也可以构成本罪的主体。组织者，是指倡导、发起、策划、指挥、招揽引诱、胁迫、安排传销活动的人或者单位。领导者，是指在传销活动中起统率、决策、指挥、策划作用的人或者单位。

4. 主观要件

主观方面只能由故意构成，并且具有非法牟利的目的。行为人明知自己组织、领导传销活动为国家法律所禁止，但却通过组织、领导传销活动，达到骗取钱财，牟取非法利益的目的。

根据《刑法》第224条规定，犯本罪，处五年以下有期徒刑或者拘役，并处罚金；情节严重的，处五年以上有期徒刑，并处罚金。

【疑难指导】

一、传销与直销辨析

传销与直销存在本质的区别。直销是一种常见的合法的营销方式，由直销员在固定营业场所之外直接向最终消费者推销产品的经销方式。传销是直销的邪恶变异，是一些利欲熏心的不法分子给没有实质价值的产品套上直销的营销模式，让直销行业混乱。传销的本质在于通过发展下线实现财物的非法转移与聚集，并未创造社会价值，这是它与正常营销的本质区别。尽管网络传销是一个新生事物，是在网络空间和物理空间共同存在的“双层社会”背景下产生于网络空间的一种新的犯罪模式，具有新的特点和表现形式，但其实质仍然是通过“拉人头”“收取入门费”的形式“骗取财物”。因此，对于网络传销与直销之间的界限，仍应当抓住两者本质上的区别进行辨析。

对于如何辨析直销和传销，可以考虑从是否存在金字塔式层级、企业是否需要经过审批设立、从业人员是否需要满足一定条件、是否存在物有所值的商品或服务、是否创造了社会价值、是否“拉人头”“收取入门费”、是否缴纳个人所得税、是否骗取财物等方面加以综合判断（如表1）。特别是在网络空间背景下，无店铺直销和网络销售成为常态，传销也搭上了互联网快车，如何区分网络空间的直销和传销日益成为司法办案的难题。司法实践中，一些不法分子常常借助网络的虚拟性打着直销的幌子进行传销，以直销的外观形式掩盖传销犯罪的实质。这种借助互联网进行的“挂羊头卖狗肉”的伎俩，不但引诱被传销人员上当受骗，而且也常常会迷惑公安司法人员，给分析判断和侦查取证等司法办案流程带来不同于物理空间条件下的新的困难和挑战。

表1 直销和传销的区分

类型 区分标准	直销	传销
是否存在金字塔式层级	否	是
企业是否需要经过审批设立	是	否
从业人员是否需要具备一定条件	是	否

续表

是否存在物有所值的商品或服务	是	否
是否创造了社会价值	是	否
是否"拉人头""收取入门费"	否	是
是否缴纳个人所得税	是	否
是否存在骗取财物	否	是

需要说明的是，前已述及，直销分为单层次直销和多层次直销，而"传销与直销辨析"中的直销，是指单层次直销。对于多层次直销以及其是否构成犯罪的问题，将在"团队计酬型传销与诈骗型传销鉴别"中进行详细论述。因为，"团队计酬"和"多层次直销"一般是同一概念，并且，"团队计酬是直销灵魂和魅力所在"[①]。

二、团队计酬型传销与诈骗型传销鉴别

诈骗型传销是典型的犯罪，是刑事打击的对象。团队计酬型传销，是指传销活动的组织者或者领导者通过发展人员，要求传销活动的被发展人员发展其他人员加入，形成上下线关系，并以下线的销售业绩为依据计算和给付上线报酬。有人将其分为行政法意义上的"团队计酬"和刑法意义上的"团队计酬"。[②] 对于团队计酬型传销是否构成犯罪，[③] 则需要区别对待。《最高人民法院、最高人民检察院、公安部关于办理组织领导传销活动刑事案件适用法律若干问题的意见》第5条[④]指出，以销售商品为目的、以销售业绩为计酬依据的单纯的"团队计酬"式

---

① 梁希玲：《浅议开放多层次传销市场及法律监管》，载《金融经济》2007年第12期。

② 参见王涛：《"团队计酬"式传销的前世今生》，载《犯罪研究》2014年第2期。

③ 对此，有学者认为，根据罪刑法定原则要求，对于"团队计酬型"传销不应当以组织、领导传销活动罪和非法经营罪处理，并提出该种类型的传销活动所产生的风险具有行政可控性，目前对其禁止实际上是一种权宜之计，应当将其非犯罪化。参见印波：《传销犯罪的司法限缩与立法完善》，载《中国法学》2020年第5期。

④ 传销活动的组织者或者领导者通过发展人员，要求传销活动的被发展人员发展其他人员加入，形成上下线关系，并以下线的销售业绩为依据计算和给付上线报酬，牟取非法利益的，是"团队计酬"式传销活动。以销售商品为目的、以销售业绩为计酬依据的单纯的"团队计酬"式传销活动，不作为犯罪处理。形式上采取"团队计酬"方式，但实质上属于"以发展人员的数量作为计酬或者返利依据"的传销活动，应当依照刑法第二百二十四条之一的规定，以组织、领导传销活动罪定罪处罚。

传销活动，不作为犯罪处理；而对于形式上采取“团队计酬”方式进行操作，但实质上并不是以销售商品的业绩为计酬依据，而是“以发展人员的数量作为计酬或者返利依据”的传销活动，则应当以组织、领导传销活动罪定罪处罚。

从司法解释的规定来看，区分团队计酬型传销与诈骗型传销的关键在于，行为人是否“以发展人员的数量作为计酬或者返利依据”。但是，在司法实践中，由于团队计酬型传销同样由组织者、领导者发展人员形成上下线关系，与拉人头、交入门费的传销之间有共同之处，司法者准确认定罪与非罪存在较大困难。对“团队计酬型”传销罪与非罪的判断，必须综合全案证据，认真审查加入团队的门槛和条件、资金流向、是否真实销售了商品、所销售的商品是否在上下线之间层层流转而并未真正销售给消费者、从业人员是否可以自由选择加入或退出等事实，以准确区分该种类型的传销是否构成犯罪。

具体来说，应当从五个方面进行严格审查把握：① 一是加入团队是否需要高额的入门费。团队计酬型传销的销售人员加入不需要缴纳高额的入门费或者变相的入门费；诈骗型传销则直接以收取高额入门费或者以购买高额产品变相缴纳高额入门费等方式，获得加入、介绍他人加入的资格。二是“上线”收入是否来源于“拉人头”“收取入门费”。在团队计酬型传销中，“上线”的收入来源分为自己销售业绩的报酬和“下线”销售业绩的提成，即收入来源都是销售商品的业绩；而在诈骗型传销中，“上线”的收入主要取决于发展下线的人数和“下线”再拉人头而获得的高额入门费。“‘团队计酬’式传销的生存与发展依赖于产品销售业绩和利润，而‘拉人头’‘收取入门费’式传销的存在与维系则直接取决于是否有新成员以一定倍率不断加入。”② 三是商品销售是否真实和是否有退货保障。团队计酬型传销是以真实的且定价基本合理③的产品销售为依据，退货有保障；而诈骗

---

① 前四个方面的区分标准，参见黄太云：《〈刑法修正案（七）〉解读》，载《人民检察》2009 年第 6 期。

② 王涛：《“团队计酬”式传销的前世今生》，载《犯罪研究》2014 年第 2 期。

③ 在市场经济条件下，对销售商品或服务的价格是否合理的判断，应当将具体的商品和服务放在国内外市场同类型商品中进行比较，可以通过上市公司年报等呈现的公开数据，核算同类型商品的实际成本/零售价。同时，还应当结合商品品质、特别技术及服务水准等综合认定是否属于合理价格。

型传销则根本没有真实的商品销售，或者以严重背离商品价值的方式变相收取高额入门费，且商品一旦销售出去基本上就不可能再退货。[①] 四是退出团队是否自由。团队计酬型传销的从业人员具有加入和退出的自由；而诈骗型传销的从业人员往往被洗脑、欺骗、恐吓，没有退出的自由。五是其终极目的是否为骗取财物。虽然团队计酬型传销终极目的也是获取经济利益，但其是通过真实的销售商品的劳动付出，消费者真实消费了商品和服务而支付的报酬而获得的劳动所得；而"诈骗型"传销获取财物的方式是骗取，虽然骗取的过程以提供商品和服务为名，但提供的商品和服务严重背离真实价值，并不能给终极的消费者带来对价的消费价值。以上五点关于团队计酬型传销和诈骗型传销的区分标准，可以用图示的方式进行简单表述，如表2。

表2 团队计酬型传销与诈骗型传销的区分

类型 区分标准	团队计酬型	诈骗型
加入团队是否需要高额的入门费	否	是
"上线"收入是否来源于"拉人头""收取入门费"	否	是
商品销售是否真实、退货是否有保障	是	否
退出团队是否自由	是	否
终极目的是否为骗取财物	否	是

① 基于此，有学者指出，真正的团队计酬是"传物"传销，目的是销售货物和服务，获利的途径是销售商品或服务本身；而打着团队计酬实施诈骗的传销活动是"传人"传销，目的是通过"拉人头""收取入门费"抽取下线发展人员的资金，只是将货物或服务作为"传人"的道具。参见印波：《传销犯罪的司法限缩与立法完善》，载《中国法学》2020年第5期。

三、层级和人数的认定[①]

《最高人民检察院、公安部关于公安机关管辖的刑事案件立案追诉标准的规定(二)》和《关于办理组织领导传销活动刑事案件适用法律若干问题的意见》均将组织、领导传销活动罪的罪量标准规定为，涉嫌组织、领导的传销活动人员在三十人以上且层级在三级以上的，对组织者、领导者，应予立案追诉。例如，针对人数的问题，明确了对于组织、领导多个传销组织的传销人员，只要其组织、领导的单个或者多个组织中的层级已达三级以上的，就可以将其组织、领导的多个组织中发展的人数合并计算，而不是要求单个组织必须达到 3 级 30 人的标准，这样就可以完善立案追诉的标准。又如，针对一些隐形的“组织、领导者”，通过形式上退出或者幕后指挥的形式逃避法律制裁的，规定了“穿透式”“实质性”认定的标准，即虽然形式上脱离原传销组织，但继续从中获取报酬或返利的，要对后续发展的层级和人数负责。在证据审查判断上，要结合依法收集并查证属实的缴纳、支付费用及计酬、返利记录，视听资料，传销人员关系图，银行账户交易记录，互联网电子数据，鉴定意见等证据，综合认定参与传销的人数、层级数等犯罪事实。

四、组织、领导传销活动罪与其他犯罪的区分

(一) 与集资诈骗罪的区分

组织、领导传销活动罪，是指组织、领导以推销商品、提供服务等经营活动为名，要求参加者以缴纳费用或者购买商品、服务等方式获得加入资格，并按照一定顺序组成层级，直接或者间接以发展人员的数量作为计酬或者返利依据，引诱、胁迫参加者继续发展他人参加，骗取财物，扰乱经济社会秩序的传销活动的行为。该罪侵犯的是复杂客体，既侵犯经济管理秩序，也侵犯公民的财产权利和社会管理秩序。集资诈骗罪，是指以非法占有为目的，使用诈骗方法非法集资，

---

① 关于层级和人数的认定，有观点从立法论的角度指出，应当通过增加依据骗取财物数额入罪、故意规避层级的按照总体人数入罪、具有同类前科“减半”入罪等罪量标准，弥补 3 级 30 人单一标准的不足，以应对网络背景下传销犯罪的新样态，严密刑事法网，有效打击该类犯罪。参见郭莉、王东海：《网络传销犯罪罪量标准的困境与纾解》，载《中国检察官》2020 年第 12 期(下)。

数额较大的行为。集资诈骗罪侵犯的客体也是复杂客体，既侵犯公私财产所有权，又侵犯国家金融管理制度。

从两者的定义和具体罪名规定来看，似乎可以对两者进行较为清晰的区分。也有人从主观目的不同、行为人对待传销组织的态度不同、所得款项去向不同、对参与人员的资格要求不同、是否具有层级性不同等方面，对组织、领导传销活动罪和集资诈骗罪进行了区分。[①] 但是，在办理具体案件时，对两罪进行区分并不容易，特别是网络传销中的"上线"往往通过直接、间接发展会员"拉人头""收取入门费"的方式聚集巨额财物，在罪名的认定方面极易与集资诈骗罪混淆。对于该种情形如何处理，理论界多数观点认为应当从一重罪处断，但理由却不尽相同。有学者认为，组织、领导传销活动罪与集资诈骗罪、诈骗罪等诈骗类犯罪系法条竞合而非想象竞合的关系，应当按照重法优于轻法的原则进行处理；[②] 有学者则认为，组织、领导传销活动罪与集资诈骗罪、诈骗罪等不是特别法条和普通法条的关系，组织、领导传销活动"同时触犯集资诈骗、合同诈骗或者普通诈骗等犯罪的，应当以想象竞合犯从一重罪处罚"[③]；也有学者认为，组织、领导传销活动罪和普通诈骗罪之间是特别法与普通法的竞合关系，只能按照前罪定罪处罚，而其和集资诈骗罪与普通诈骗罪比较都属于特别法，两者之间是交互竞合关系，可以按照从一重罪处断的原则处理。[④] 当然，也有学者对从一重罪处断持批判态度，认为组织、领导传销活动罪与集资诈骗罪之间是法条竞合关系，仅以组织、领导传销活动罪法定刑偏低而将其解释为想象竞合或者交互竞合，进而将其按照处罚较重的集资诈骗罪处理，有削足适履之嫌。[⑤]

当然，虽然理论研究中对组织、领导传销活动罪和集资诈骗罪出现竞合时如何处理存在争议，但是对于司法实践来说，争议基本解决。因为《最高人民法院、

---

① 参见刘棉春、李为民：《集资诈骗罪与传销犯罪的区别》，载《人民司法》2016 年第 34 期。

② 参见姜德鑫：《传销行为的犯罪化问题探析》，载《政治与法律》2009 年第 8 期。

③ 参见张明楷：《传销犯罪的基本问题》，载《政治与法律》2009 年第 9 期。

④ 参见陈兴良：《组织、领导传销活动罪：性质与界限》，载《政法论坛》2016 年第 2 期。

⑤ 参见张学永、李春华：《网络传销的刑法规制研究》，载《中国人民公安大学学报（社会科学版）》2019 年第 5 期。

最高人民检察院、公安部关于办理组织领导传销活动刑事案件适用法律若干问题的意见》第6条明确规定，“以非法占有为目的，组织、领导传销活动，同时构成组织、领导传销活动罪和集资诈骗罪的，依照处罚较重的规定定罪处罚”。这一司法解释，解决了司法实践中关于同时触犯两罪时以何种罪名定罪处罚的问题。因此，在司法实践中遇到两者竞合的情况，应当按照处罚较重的犯罪进行处理。

（二）与非法吸收公众存款罪的区分

组织、领导传销活动罪还易与非法吸收公众存款罪存在交织，因为两者都是面向不特定多数人进行宣传，通过源源不断的新人加入来获取巨额钱财。两者在面对人员的不特定性、向社会公开宣传性、通过高额利息或者说高额回报吸引更多人员加入等方面存在交叉之处。但是，两者也存在区别，非法吸收公众存款罪侵害的是金融管理秩序，吸收者和被吸收者之间不存在层级，虽然介绍人也会从被介绍人处获得一定介绍费，但不存在多层之间的返利提成，相互之间不存在上下线或者说上下级之间的关系，被吸收者也不会被要求“拉人头”。组织、领导传销活动罪侵害的法益含社会管理秩序，传销人员之间具有较为严格的层级关系，上线只有通过不断“拉人头”“收取入门费”，才能不断获得收益。可以说，组织、领导传销活动罪与非法吸收公众存款罪之间的区别在于：是否存在入门费、拉人头及组层级。

（三）与帮助信息网络犯罪活动罪的区分

帮助信息网络犯罪活动罪，是指明知他人利用信息网络实施犯罪，为其犯罪提供互联网接入、服务器托管、网络存储、通信传输等技术支持，或者提供广告推广、支付结算等帮助，情节严重的行为。网络社会具有跨时空互动性、过滤性、兼容性、记录（可再现）性、开放性和自由性等特征。[①] 由于网络社会的去中心化（扁平化），犯罪行为产生相应的变化，参与主体的行为并非为了同一犯罪目的而分别行动，而是为了各自的目的而分工合作，或者说各主体的行为均系正犯行为。[②] 也有学者用“犯罪协作”来概括网络犯罪中产业化的有组织化犯罪方式，即

① 参见郭玉锦、王欢：《网络社会学》，中国人民大学出版社2017年版，第4～11页。

② 参见王肃之：《网络犯罪原理》，人民法院出版社2019年版，第376页。

多个行为人基于产业化合作方式进行犯罪，而非传统的共同犯罪方式。[①] 也就是说，在网络背景下，犯罪的组织特征逐渐淡化，犯罪的形式演变为“流水线”式的作业，多个人在不同的环节从事不同的犯罪分工，每个行为人基本不会参与犯罪的全部，犯罪分工日益精细化。这就导致网络传销的部分犯罪嫌疑人只是为网络传销犯罪提供了互联网接入、服务器托管、网络存储、通信传输等技术支持，或者提供广告推广、支付结算等帮助行为。在这种情况下，可能出现组织、领导传销活动罪与帮助信息网络犯罪活动罪的交叉。两者区分的关键在于：是否参与网络传销的共谋，或者是否参与违法所得款项的分成。没有共谋或参与违法款项分成的，不认定构成传销犯罪，符合帮助信息网络犯罪活动罪构成要件的，认定该罪。

【办案依据】

一、《刑法》规定

第二百二十四条之一 组织、领导以推销商品、提供服务等经营活动为名，要求参加者以缴纳费用或者购买商品、服务等方式获得加入资格，并按照一定顺序组成层级，直接或者间接以发展人员的数量作为计酬或者返利依据，引诱、胁迫参加者继续发展他人参加，骗取财物，扰乱经济社会秩序的传销活动的，处五年以下有期徒刑或者拘役，并处罚金；情节严重的，处五年以上有期徒刑，并处罚金。

二、司法文件

《最高人民法院、最高人民检察院、公安部关于办理组织领导传销活动刑事案件适用法律若干问题的意见》（2013年11月14日）

一、关于传销组织层级及人数的认定问题

以推销商品、提供服务等经营活动为名，要求参加者以缴纳费用或者购买商品、服务等方式获得加入资格，并按照一定顺序组成层级，直接或者间接以发展人员的数量作为计酬或者返利依据，引诱、胁迫参加者继续发展他人参加，骗取

① 参见时延安：《网络规制与犯罪治理》，载《中国刑事法杂志》2017年第6期。

财物，扰乱经济社会秩序的传销组织，其组织内部参与传销活动人员在三十人以上且层级在三级以上的，应当对组织者、领导者追究刑事责任。

组织、领导多个传销组织，单个或者多个组织中的层级已达三级以上的，可将在各个组织中发展的人数合并计算。

组织者、领导者形式上脱离原传销组织后，继续从原传销组织获取报酬或者返利的，原传销组织在其脱离后发展人员的层级数和人数，应当计算为其发展的层级数和人数。

办理组织、领导传销活动刑事案件中，确因客观条件的限制无法逐一收集参与传销活动人员的言词证据的，可以结合依法收集并查证属实的缴纳、支付费用及计酬、返利记录，视听资料，传销人员关系图，银行账户交易记录，互联网电子数据，鉴定意见等证据，综合认定参与传销的人数、层级数等犯罪事实。

二、关于传销活动有关人员的认定和处理问题

下列人员可以认定为传销活动的组织者、领导者：

（一）在传销活动中起发起、策划、操纵作用的人员；

（二）在传销活动中承担管理、协调等职责的人员；

（三）在传销活动中承担宣传、培训等职责的人员；

（四）曾因组织、领导传销活动受过刑事处罚，或者一年以内因组织、领导传销活动受过行政处罚，又直接或者间接发展参与传销活动人员在十五人以上且层级在三级以上的人员；

（五）其他对传销活动的实施、传销组织的建立、扩大等起关键作用的人员。

以单位名义实施组织、领导传销活动犯罪的，对于受单位指派，仅从事劳务性工作的人员，一般不予追究刑事责任。

三、关于"骗取财物"的认定问题

传销活动的组织者、领导者采取编造、歪曲国家政策，虚构、夸大经营、投资、服务项目及盈利前景，掩饰计酬、返利真实来源或者其他欺诈手段，实施刑法第二百二十四条之一规定的行为，从参与传销活动人员缴纳的费用或者购买商品、服务的费用中非法获利的，应当认定为骗取财物。参与传销活动人员是否认为被骗，不影响骗取财物的认定。

四、关于“情节严重”的认定问题

对符合本意见第一条第一款规定的传销组织的组织者、领导者，具有下列情形之一的，应当认定为刑法第二百二十四条之一规定的“情节严重”：

（一）组织、领导的参与传销活动人员累计达一百二十人以上的；

（二）直接或者间接收取参与传销活动人员缴纳的传销资金数额累计达二百五十万元以上的；

（三）曾因组织、领导传销活动受过刑事处罚，或者一年以内因组织、领导传销活动受过行政处罚，又直接或者间接发展参与传销活动人员累计达六十人以上的；

（四）造成参与传销活动人员精神失常、自杀等严重后果的；

（五）造成其他严重后果或者恶劣社会影响的。

五、关于“团队计酬”行为的处理问题

传销活动的组织者或者领导者通过发展人员，要求传销活动的被发展人员发展其他人员加入，形成上下线关系，并以下线的销售业绩为依据计算和给付上线报酬，牟取非法利益的，是“团队计酬”式传销活动。

以销售商品为目的、以销售业绩为计酬依据的单纯的“团队计酬”式传销活动，不作为犯罪处理。形式上采取“团队计酬”方式，但实质上属于“以发展人员的数量作为计酬或者返利依据”的传销活动，应当依照刑法第二百二十四条之一的规定，以组织、领导传销活动罪定罪处罚。

六、关于罪名的适用问题

以非法占有为目的，组织、领导传销活动，同时构成组织、领导传销活动罪和集资诈骗罪的，依照处罚较重的规定定罪处罚。

犯组织、领导传销活动罪，并实施故意伤害、非法拘禁、敲诈勒索、妨害公务、聚众扰乱社会秩序、聚众冲击国家机关、聚众扰乱公共场所秩序、交通秩序等行为，构成犯罪的，依照数罪并罚的规定处罚。

七、其他问题

本意见所称“以上”、“以内”，包括本数。

本意见所称“层级”和“级”，系指组织者、领导者与参与传销活动人员之间的上下线关系层次，而非组织者、领导者在传销组织中的身份等级。

对传销组织内部人数和层级数的计算，以及对组织者、领导者直接或者间接发展参与传销活动人员人数和层级数的计算，包括组织者、领导者本人及其本层级在内。

三、其他法规

（一）《禁止传销条例》（2005 年 8 月 23 日）

第二条　本条例所称传销，是指组织者或者经营者发展人员，通过对被发展人员以其直接或者间接发展的人员数量或者销售业绩为依据计算和给付报酬，或者要求被发展人员以交纳一定费用为条件取得加入资格等方式牟取非法利益，扰乱经济秩序，影响社会稳定的行为。

第七条　下列行为，属于传销行为：

（一）组织者或者经营者通过发展人员，要求被发展人员发展其他人员加入，对发展的人员以其直接或者间接滚动发展的人员数量为依据计算和给付报酬（包括物质奖励和其他经济利益，下同），牟取非法利益的；

（二）组织者或者经营者通过发展人员，要求被发展人员交纳费用或者以认购商品等方式变相交纳费用，取得加入或者发展其他人员加入的资格，牟取非法利益的；

（三）组织者或者经营者通过发展人员，要求被发展人员发展其他人员加入，形成上下线关系，并以下线的销售业绩为依据计算和给付上线报酬，牟取非法利益的。

第二十四条　有本条例第七条规定的行为，组织策划传销的，由工商行政管理部门没收非法财物，没收违法所得，处 50 万元以上 200 万元以下的罚款；构成犯罪的，依法追究刑事责任。

有本条例第七条规定的行为，介绍、诱骗、胁迫他人参加传销的，由工商行政管理部门责令停止违法行为，没收非法财物，没收违法所得，处 10 万元以上 50 万元以下的罚款；构成犯罪的，依法追究刑事责任。

有本条例第七条规定的行为，参加传销的，由工商行政管理部门责令停止违法行为，可以处 2000 元以下的罚款。

（二）《直销管理条例》（2005年8月23日）

第三条 本条例所称直销，是指直销企业招募直销员，由直销员在固定营业场所之外直接向最终消费者（以下简称消费者）推销产品的经销方式。

本条例所称直销企业，是指依照本条例规定经批准采取直销方式销售产品的企业。

本条例所称直销员，是指在固定营业场所之外将产品直接推销给消费者的人员。

【指导性案例】

叶经生等组织、领导传销活动案

（最高人民检察院检例第41号）

【关键词】

组织、领导传销活动；网络传销；骗取财物

【要旨】

组织者或者经营者利用网络发展会员，要求被发展人员以缴纳或者变相缴纳“入门费”为条件，获得提成和发展下线的资格。通过发展人员组成层级关系，并以直接或者间接发展的人员数量作为计酬或者返利的依据，引诱被发展人员继续发展他人参加，骗取财物，扰乱经济社会秩序的，以组织、领导传销活动罪追究刑事责任。

【相关规定】

《中华人民共和国刑法》第二百二十四条之一

《最高人民检察院、公安部关于公安机关管辖的刑事案件立案追诉标准的规定（二）》第七十八条

【基本案情】

被告人叶经生，男，1975 年 12 月出生，原系上海宝乔网络科技有限公司（以下简称宝乔公司）总经理。

被告人叶青松，男，1973 年 10 月出生，原系宝乔公司浙江省区域总代理。

2011 年 6 月，被告人叶经生等人成立宝乔公司，先后开发“经销商管理系统网站”“金乔网商城网站”（以下简称金乔网）。以网络为平台，或通过招商会、论坛等形式，宣传、推广金乔网的经营模式。

金乔网的经营模式是：1. 经上线经销商会员推荐并缴纳保证金成为经销商会员，无需购买商品，只需发展下线经销商，根据直接或者间接发展下线人数获得推荐奖金，晋升级别成为股权会员，享受股权分红。2. 经销商会员或消费者在金乔网经销商会员处购物消费满 120 元以上，向宝乔公司支付消费金额 10% 的现金，即可注册成为返利会员参与消费额双倍返利，可获一倍现金返利和一倍的金乔币（虚拟电子货币）返利。3. 金乔网在全国各地设立省、地区、县（市、区）三级区域运营中心，各运营中心设区域代理，由经销商会员负责本区域会员的发展和管理，享受区域范围内不同种类业绩一定比例的提成奖励。

2011 年 11 月，被告人叶青松经他人推荐加入金乔网，缴纳三份保证金并注册了三个经销商会员号。因发展会员积极，经金乔网审批成为浙江省区域总代理，负责金乔网在浙江省的推广和发展。

截至案发，金乔网注册会员 3 万余人，其中注册经销商会员 18 万余人。在全国各地发展省、地区、县三级区域代理 300 余家，涉案金额 15 亿余元。其中，叶青松直接或间接发展下线经销商会员 1886 人，收取浙江省区域会员保证金、参与返利的消费额 10% 现金、区域代理费等共计 3000 余万元，通过银行转汇给叶经生。叶青松通过抽取保证金推荐奖金、股权分红、消费返利等提成的方式非法获利 70 余万元。

【指控与证明犯罪】

2012 年 8 月 28 日、2012 年 11 月 9 日，浙江省松阳县公安局分别以叶青松、叶经生涉嫌组织、领导传销活动罪移送浙江省松阳县人民检察院审查起诉。因叶经生、叶青松系共同犯罪，松阳县人民检察院作并案处理。

2013年3月11日，浙江省松阳县人民检察院以被告人叶经生、叶青松犯组织、领导传销活动罪向松阳县人民法院提起公诉。松阳县人民法院公开开庭审理了本案。

法庭调查阶段，公诉人宣读起诉书指控被告人叶经生、叶青松利用网络，以会员消费双倍返利为名，吸引不特定公众成为会员、经销商，组成一定层级，采取区域累计计酬方式，引诱参加者继续发展他人参与，骗取财物，扰乱经济社会秩序，其行为构成组织、领导传销活动罪。在共同犯罪中，被告人叶经生起主要作用，系主犯；被告人叶青松起辅助作用，系从犯。

针对起诉书指控的犯罪事实，被告人叶经生辩解认为，宝乔公司系依法成立，没有组织、领导传销的故意，金乔网模式是消费模式的创新。

公诉人针对涉及传销的关键问题对被告人叶经生进行讯问：

第一，针对成为金乔网会员是否要向金乔网缴纳费用，公诉人讯问：如何成为金乔网会员，获得推荐奖金、消费返利？被告人叶经生回答：注册成为金乔网会员，需缴纳诚信保证金7200元，成为会员后发展一个经销商就可以获得奖励1250元；参与返利，消费要达到120元以上，并向公司缴纳10%的消费款。公诉人这一讯问揭示了缴纳保证金、缴纳10%的消费款才有资格获得推荐奖励、返利，保证金及10%的消费款其实质就是入门费。金乔网的经营模式符合传销组织要求参加者以缴纳费用或者购买商品、服务等方式获得加入资格的组织特征。

第二，针对金乔网利润来源、计酬或返利的资金来源，公诉人讯问：除了收取的保证金和10%的消费款费用，金乔网还有无其他收入？被告人叶经生回答：收取的10%的消费款就足够天天返利了，金乔网的主要收入是保证金、10%的消费款，支出主要是天天返利及推荐奖、运营费用。公诉人讯问：公司收取消费款有多少，需返利多少？被告人叶经生回答：收到4000万左右，返利也要4000万，我们的经营模式不需要盈利。公诉人通过讯问，揭示了金乔网没有实质性的经营活动，其利润及资金的真实来源系后加入人员缴纳的费用。如果没有新的人员加入，根本不可能维持其“经营活动”的运转，符合传销活动骗取财物的本质特征。

同时，公诉人向法庭出示了四组证据证明犯罪事实：

一是宝乔公司的工商登记、资金投入、人员组成、公司财务资料、网站功能等书证。证明：宝乔公司实际投入仅300万元，没有资金实力建立与其宣传匹配的电子商务系统。

二是宝乔公司内部人员证言及被告人的供述等证据。证明：公司缺乏售后服务人员、系统维护人员、市场推广及监管人员，员工主要从事虚假宣传，收取保证金及消费款，推荐佣金，发放返利。

三是宝乔公司银行明细、公司财务资料、款项开支情况等证据，证明：公司收入来源于会员缴纳的保证金、消费款。技术人员的证言等证据，证明：网站功能简单，不具备第三方支付功能，不能适应电子商务的需求。

四是金乔网网站系统的电子数据及鉴定意见，并由鉴定人出庭作证。鉴定人揭示网络数据库显示了金乔网会员加入时间、缴纳费用数额、会员之间的推荐（发展）关系、获利数额等信息。鉴定人当庭通过对上述信息的分析，指出数据库表格中的会员账号均列明了推荐人，按照推荐人关系排列，会员层级呈金字塔状，共有68层。每个结点有左右两个分支，左右分支均有新增单数，则可获得推荐奖金，奖金实行无限代计酬。证明：金乔网会员层级呈现金字塔状，上线会员可通过下线、下下线会员发展会员获得收益。

法庭辩论阶段，公诉人发表公诉意见，指出金乔网的人财物及主要活动目的，在于引诱消费者缴纳保证金、消费款，并从中非法牟利。其实质是借助公司的合法形式，打着电子商务旗号进行网络传销。同时阐述了这种新型传销活动的本质和社会危害。

辩护人提出：金乔网没有入门费，所有的人员都可以在金乔网注册，不缴纳费用也可以成为金乔网的会员。金乔网没有设层级，经销商、会员、区域代理之间不存在层级关系，没有证据证实存在层级获利。金乔网没有拉人头，没有以发展人员的数量作为计酬或返利依据。直接推荐才有奖金，间接推荐没有奖金，没有骗取财物，不符合组织、领导传销活动罪的特征。

公诉人答辩：金乔网缴纳保证金和消费款才能获得推荐佣金和返利的资格，本质系入门费。上线会员可以通过发展下线人员获取收益，并组成会员、股权会员、区域代理等层级，本质为设层级。以推荐的人数作为发放佣金的依据系直接以发展的人员数量作为计酬依据，区域业绩及返利资金主要取决于参加人数的多少，实质属于以发展人员的数量作为提成奖励及返利的依据，本质为拉人头。金乔网缺乏实质的经营活动，不产生利润，以后期收到的保证金、消费款支付前期的推荐佣金、返利，与所有的传销活动一样，人员不可能无限增加，资金链必然断裂。传销组织人员不断增加的过程实际也是风险不断积累和放大的过程。金乔网所谓经营活动本质是从被发展人员缴纳的费用中非法牟利，具有骗取财物的特征。

法庭经审理，认定检察机关出示的证据能够相互印证，予以确认。被告人及其辩护人提出的不构成组织、领导传销活动罪的辩解、辩护意见不能成立。

2013 年 8 月 23 日，浙江省松阳县人民法院作出一审判决，以组织、领导传销活动罪判处被告人叶经生有期徒刑七年，并处罚金人民币 150 万元。以组织、领导传销活动罪判处被告人叶青松有期徒刑三年，并处罚金人民币 30 万元。扣押和冻结的涉案财物予以没收，继续追缴二被告人的违法所得。

二被告人不服一审判决，提出上诉。叶经生的上诉理由是其行为不构成组织、领导传销活动罪。叶青松的上诉理由是量刑过重。浙江省丽水市中级人民法院经审理，认定原判事实清楚，证据确实、充分，定罪准确，量刑适当，审判程序合法，驳回上诉，维持原判。

【指导意义】

随着互联网技术的广泛应用，微信、语音视频聊天室等社交平台作为新的营销方式被广泛运用。传销组织在手段上借助互联网不断翻新，打着“金融创新”的旗号，以“资本运作”“消费投资”“网络理财”“众筹”“慈善互助”等为名从事传销活动。常见的表现形式有：组织者、经营者注册成立电子商务企业，以此名义建立电子商务网站。以网络营销、网络直销等名义，变相收取入门费，设置各种返利机制，激励会员发展下线，上线从直接或者间接发展的下线的销售业绩中计酬，或以直接或者间接发展的人员数量为依据计酬或者返利。这类行为，不管其手段如何翻新，只要符合传销组织骗取财物、扰乱市场经济秩序本质特征的，应以组织、领导传销活动罪论处。

检察机关办理组织、领导传销活动犯罪案件，要紧扣传销活动骗取财物的本质特征和构成要件，收集、审查、运用证据。特别要注意针对传销网站的经营特征与其他合法经营网站的区别，重点收集涉及入门费、设层级、拉人头等传销基本特征的证据及企业资金投入、人员组成、资金来源去向、网站功能等方面的证据，揭示传销犯罪没有创造价值，经营模式难以持续，用后加入者的财物支付给先加入者，通过发展下线牟利骗取财物的本质特征。

第六章　非法经营罪

【立案追诉标准】

非法经营案（《刑法》第225条）

违反国家规定，进行非法经营活动，扰乱市场秩序，涉嫌下列情形之一的，应予立案追诉：

（一）违反国家烟草专卖管理法律法规，未经烟草专卖行政主管部门许可，无烟草专卖生产企业许可证、烟草专卖批发企业许可证、特种烟草专卖经营企业许可证、烟草专卖零售许可证等许可证明，非法经营烟草专卖品，具有下列情形之一的：

1. 非法经营数额在五万元以上，或者违法所得数额在二万元以上的；

2. 非法经营卷烟二十万支以上的；

3. 三年内因非法经营烟草专卖品受过二次以上行政处罚，又非法经营烟草专卖品且数额在三万元以上的。

（二）未经国家有关主管部门批准，非法经营证券、期货、保险业务，或者非法从事资金支付结算业务，具有下列情形之一的：

1. 非法经营证券、期货、保险业务，数额在一百万元以上，或者违法所得数额在十万元以上的；

2. 非法从事资金支付结算业务，数额在五百万元以上，或者违法所得数额在十万元以上的；

3. 非法从事资金支付结算业务，数额在二百五十万元以上不满五百万元，或者违法所得数额在五万元以上不满十万元，且具有下列情形之一的：

（1）因非法从事资金支付结算业务犯罪行为受过刑事追究的；

（2）二年内因非法从事资金支付结算业务违法行为受过行政处罚的；

（3）拒不交代涉案资金去向或者拒不配合追缴工作，致使赃款无法追缴的；

（4）造成其他严重后果的。

4. 使用销售点终端机具（POS机）等方法，以虚构交易、虚开价格、现金退货等方式向信用卡持卡人直接支付现金，数额在一百万元以上的，或者造成金融机构资金二十万元以上逾期未还的，或者造成金融机构经济损失十万元以上的。

（三）实施倒买倒卖外汇或者变相买卖外汇等非法买卖外汇行为，扰乱金融市场秩序，具有下列情形之一的：

1. 非法经营数额在五百万元以上的，或者违法所得数额在十万元以上的；

2. 非法经营数额在二百五十万元以上，或者违法所得数额在五万元以上，且具有下列情形之一的：

（1）因非法买卖外汇犯罪行为受过刑事追究的；

（2）二年内因非法买卖外汇违法行为受过行政处罚的；

（3）拒不交代涉案资金去向或者拒不配合追缴工作，致使赃款无法追缴的；

（4）造成其他严重后果的。

3. 公司、企业或者其他单位违反有关外贸代理业务的规定，采用非法手段，或者明知是伪造、变造的凭证、商业单据，为他人向外汇指定银行骗购外汇，数额在五百万美元以上或者违法所得数额在五十万元以上的；

4. 居间介绍骗购外汇，数额在一百万美元以上或者违法所得数额在十万元以上的。

（四）出版、印刷、复制、发行严重危害社会秩序和扰乱市场秩序的非法出版物，具有下列情形之一的：

1. 个人非法经营数额在五万元以上的，单位非法经营数额在十五万元以上的；

2. 个人违法所得数额在二万元以上的，单位违法所得数额在五万元以上的；

3. 个人非法经营报纸五千份或者期刊五千本或者图书二千册或者音像制品、电子出版物五百张（盒）以上的，单位非法经营报纸一万五千份或者期刊一万五千本或者图书五千册或者音像制品、电子出版物一千五百张（盒）以上的；

4. 虽未达到上述数额标准，但具有下列情形之一的：

（1）二年内因出版、印刷、复制、发行非法出版物受过二次以上行政处罚，又出版、印刷、复制、发行非法出版物的；

（2）因出版、印刷、复制、发行非法出版物造成恶劣社会影响或者其他严重后果的。

（五）非法从事出版物的出版、印刷、复制、发行业务，严重扰乱市场秩序，具有下列情形之一的：

1. 个人非法经营数额在十五万元以上的，单位非法经营数额在五十万元以上的；

2. 个人违法所得数额在五万元以上的，单位违法所得数额在十五万元以上的；

3. 个人非法经营报纸一万五千份或者期刊一万五千本或者图书五千册或者音像制品、电子出版物一千五百张（盒）以上的，单位非法经营报纸五万份或者期刊五万本或者图书一万五千册或者音像制品、电子出版物五千张（盒）以上的；

4. 虽未达到上述数额标准，二年内因非法从事出版物的出版、印刷、复制、发行业务受过二次以上行政处罚，又非法从事出版物的出版、印刷、复制、发行业务的。

（六）采取租用国际专线、私设转接设备或者其他方法，擅自经营国际电信业务或者涉港澳台电信业务进行营利活动，扰乱电信市场管理秩序，具有下列情形之一的：

1. 经营去话业务数额在一百万元以上的；

2. 经营来话业务造成电信资费损失数额在一百万元以上的；

3. 虽未达到上述数额标准，但具有下列情形之一的：

（1）二年内因非法经营国际电信业务或者涉港澳台电信业务行为受过二次以上行政处罚，又非法经营国际电信业务或者涉港澳台电信业务的；

（2）因非法经营国际电信业务或者涉港澳台电信业务行为造成其他严重后果的。

（七）以营利为目的，通过信息网络有偿提供删除信息服务，或者明知是虚假信息，通过信息网络有偿提供发布信息等服务，扰乱市场秩序，具有下列情形之一的：

1. 个人非法经营数额在五万元以上，或者违法所得数额在二万元以上的；

2. 单位非法经营数额在十五万元以上，或者违法所得数额在五万元以上的。

（八）非法生产、销售“黑广播”“伪基站”、无线电干扰器等无线电设备，具有下列情形之一的：

1. 非法生产、销售无线电设备三套以上的；

2. 非法经营数额在五万元以上的；

3. 虽未达到上述数额标准，但二年内因非法生产、销售无线电设备受过二次以上行政处罚，又非法生产、销售无线电设备的。

（九）以提供给他人开设赌场为目的，违反国家规定，非法生产、销售具有退币、退分、退钢珠等赌博功能的电子游戏设施设备或者其专用软件，具有下列情形之一的：

1. 个人非法经营数额在五万元以上，或者违法所得数额在一万元以上的；

2. 单位非法经营数额在五十万元以上，或者违法所得数额在十万元以上的；

3. 虽未达到上述数额标准，但二年内因非法生产、销售赌博机行为受过二次以上行政处罚，又进行同种非法经营行为的；

4. 其他情节严重的情形。

（十）实施下列危害食品安全行为，非法经营数额在十万元以上，或者违法所得数额在五万元以上的：

1. 以提供给他人生产、销售食品为目的，违反国家规定，生产、销售国家禁止用于食品生产、销售的非食品原料的；

2. 以提供给他人生产、销售食用农产品为目的，违反国家规定，生产、销售国家禁用农药、食品动物中禁止使用的药品及其他化合物等有毒、有害的非食品原料，或者生产、销售添加上述有毒、有害的非食品原料的农药、兽药、饲料、饲料添加剂、饲料原料的；

3. 违反国家规定，私设生猪屠宰厂（场），从事生猪屠宰、销售等经营活动的。

（十一）未经监管部门批准，或者超越经营范围，以营利为目的，以超过百分之三十六的实际年利率经常性地向社会不特定对象发放贷款，具有下列情形之一的：

1. 个人非法放贷数额累计在二百万元以上的，单位非法放贷数额累计在一千万元以上的；

2. 个人违法所得数额累计在八十万元以上的，单位违法所得数额累计在四百万元以上的；

3. 个人非法放贷对象累计在五十人以上的，单位非法放贷对象累计在一百五十人以上的；

4. 造成借款人或者其近亲属自杀、死亡或者精神失常等严重后果的。

5. 虽未达到上述数额标准，但具有下列情形之一的：

（1）二年内因实施非法放贷行为受过二次以上行政处罚的；

（2）以超过百分之七十二的实际年利率实施非法放贷行为十次以上的。

黑恶势力非法放贷的，按照第1、2、3项规定的相应数额、数量标准的百分之五十确定。同时具有第5项规定情形的，按照相应数额、数量标准的百分之四十确定。

（十二）从事其他非法经营活动，具有下列情形之一的：

1. 个人非法经营数额在五万元以上，或者违法所得数额在一万元以上的；

2. 单位非法经营数额在五十万元以上，或者违法所得数额在十万元以上的；

3. 虽未达到上述数额标准，但二年内因非法经营行为受过二次以上行政处罚，又从事同种非法经营行为的；

4. 其他情节严重的情形。

法律、司法解释对非法经营罪的立案追诉标准另有规定的，依照其规定。

《最高人民检察院、公安部关于公安机关管辖的刑事案件立案追诉标准的规定（二）》（2022年4月29日）第71条

【犯罪构成及刑事责任】

非法经营罪，是指未经许可经营专营、专卖物品或其他限制买卖的物品，买卖进出口许可证、进出口原产地证明以及其他法律、行政法规规定的经营许可证或者批准文件，以及从事其他非法经营活动，扰乱市场秩序，情节严重的行为。

构成本罪需要具备以下四个要件：

1. 客体要件

本罪侵犯的客体是国家限制买卖物品和经营许可证的市场管理制度。

2. 客观要件

本罪在客观方面表现为未经许可经营专营、专卖物品或者其他限制买卖的物品、买卖进出口许可证、进出口原产地证明以及其他法律、行政法规规定的经营许可证或者批准文件，以及从事其他非法经营活动，扰乱市场秩序，情节严重的行为。具体行为方式参见前述立案追诉标准。

3. 主体要件

本罪的主体是一般主体，即一切达到刑事责任年龄，具有刑事责任能力的自然人。依法成立、具有责任能力的单位也可以成为本罪的主体。

4. 主观要件

本罪在主观方面由故意构成，并且具有营利目的，这是本罪在主观方面应具有的两个主要内容。

根据《刑法》第225条规定，犯本罪，处五年以下有期徒刑或者拘役，并处或者单处违法所得一倍以上五倍以下罚金；情节特别严重的，处五年以上有期徒刑，并处违法所得一倍以上五倍以下罚金或者没收财产。

【疑难指导】

一、“违反国家规定”的理解

（一）国家规定的含义

认定非法经营罪的前提是行为人的行为“违反国家规定”。何为“国家规定”，“国家规定”的范围等问题，系理论研究和司法实践争议的关键点。《刑法》第96条规定，本法所称违反国家规定，是指违反全国人民代表大会及其常务委员会制定的法律和决定，国务院制定的行政法规、规定的行政措施、发布的决定和命令。这一条文对国家规定进行了明确，但是，理论研究和司法实践并没有停止对“国家规定”的争论。

（二）国家规定的认定

1. 不存在“二次授权”

对于“国家规定”是否应当承认存在“二次授权”的情形，有学者持肯定观点，认为存在“二次授权”的情形，《行政许可法》第14条规定规章可以在上位法设定的行政许可事项范围内，对实施该行政许可作出具体规定，并举例说明违反《成品油市场管理办法》（现已失效）实质上违反了《行政许可法》。[①] 反对观点认为，《立法法》规定的授权是对国务院和经济特区所在地的省、市的人民代表大会及其常务委员会的立法授权，国家规定不能进行“二次授权”。[②] 笔者认为，不能将国家规定作扩大解释，应当严格按照我国《刑法》第96条关于“国家规定”的范围界定，不能将部门规章、地方性法规、地方政府规章等纳入其范围，也不能承认所谓的“二次授权”。

2. “国家规定”应当明确具体

有观点认为，非法经营罪违反的“国家规定”不要求具体明确，即“国家规定”中不需要对具体的行为方式进行规定；甚至认为，违反宏观性政策也构成该罪。反对观点则认为，“国家规定”必须明确，即司法机关在相关的法律文书中，必须具体说明行为违反了什么法律、法规的第几条、第几款。[③] 对此争论，笔者认为，“国家规定”应当是具体明确的。对于“国家规定”是否必须规定明确的刑事责任条款也存在争论，一种观点认为，不要求国家规定中明确规定刑事责任条款；[④] 另一种观点则认为，只要非刑事法律没有将某种违法行为纳入附属刑法规制

---

① 参见马春晓：《非法经营罪的“口袋化”困境和规范解释路径——基于司法实务的分析立场》，载《中国刑事法杂志》2013年第6期。

② 参见于志强、郭旨龙：《“违反国家规定”的时代困境未来方向——以非法经营罪为切入点进行规范体系的审视》，载《江汉论坛》2015年第6期。

③ 相关争论的归纳见于志强、郭旨龙：《“违反国家规定”的时代困境未来方向——以非法经营罪为切入点进行规范体系的审视》，载《江汉论坛》2015年第6期。

④ 参见周强、朱妙：《利用互联网发布足球博彩信息牟利情节严重构成非法经营罪——龚某飞非法经营案》，载《人民法院报》2005年3月21日。

的范畴，就不能按照刑法分则特定条款定罪量刑。[①] 笔者认为，没有必要在“国家规定”中明确“构成犯罪的”“触犯法律的”或者“构成某某罪的”“依照刑法第某某条”这些规定，如前所述，只要“国家规定”对某一行为进行了明确即可。

此外，需要说明的是，对于非法经营罪兜底性条款或者说堵截条款的适用，应将范围限制在国家立法和司法解释明确规定的经营行为，对于相关解释未明确的经营行为，司法部门不得擅自解释适用，必须在国民预测可能性范围内，谦抑地控制刑法对自由市场秩序的介入，整体而协调地解释非法经营罪全部条款。[②]

二、场外配资的认定

（一）场外配资的含义

“场外配资”，是指在证券公司之外的主体为股票投资者提供的出借资金行为。《全国法院民商事审判工作会议纪要》则对“场外配资”的概念做了更为详细的阐明：“场外配资”，主要是指一些 P2P 公司或者私募类配资公司利用互联网信息技术，搭建起游离于监管体系之外的融资业务平台，将资金融出方、资金融入方（用资人）和券商营业部三方连接起来，配资公司利用计算机软件系统的二级分仓功能将其自有资金或者以较低成本融入的资金出借给用资人，赚取利息收入的行为。主要有三个基本特征：（1）未经证券监管机构批准，用资人向配资方交纳一定的保证金，配资方按约定的杠杆比例出借资金给用资人用于买卖证券；（2）用资人承担证券经营风险，配资方按约定收取利息或其他费用，配资方不承担经营风险；（3）配资方可实时监控配资风险并享有证券平仓权。

（二）场外配资的模式

一是系统分仓模式。主要指配资公司利用账户分仓系统将证券账户拆分为若干虚拟交易子账户，并提供给投资者进行股票配资交易，在整个过程中，金融监管机构无法通过母账户对各个子账户进行有效监管。目前，较为常见的是配资公司利用 HOMS 系统与券商对接，通过该系统的分仓设置实现在同一证券账户（母

---

① 参见刘树德：《“口袋罪”的司法命运——非法经营的罪与罚》，北京大学出版社 2011 年版，第 295 页。

② 参见马春晓：《非法经营罪的“口袋化”困境和规范解释路径——基于司法实务的分析立场》，载《中国刑事法杂志》2013 年第 6 期。

账户）下进行二级子账户的开户、交易风控、平仓等整个交易流程。客户向配资公司指定账户缴纳保证金后，配资公司给客户分配分仓系统账户（子账户、虚拟账户）及密码，客户通过专用客户端使用该系统账户买卖股票，交易委托先发至分仓系统，分仓系统再通过一个或多个证券账户委托证券公司下单。系统分仓模式涉嫌非法从事证券经纪业务。在该模式下，客户不用到证券公司开设证券账户即可参与股票交易，通过配资公司分仓系统虚拟子账户下单，配资公司再代理客户集中向一家或多家证券公司报单，进而通过在证券公司开设的真实证券账户入场交易。本质上，配资公司成为“二级证券公司”，其独立揽客、开户、“代理买卖”行为，增加了股票交易环节，实际上延长了证券经纪业务链条，符合以“代理买卖”为核心的证券经纪业务特征。

二是出借账户模式。主要指配资公司将自有或控制的证券账户提供给投资者进行股票配资交易。客户向配资公司申请配资，与配资公司及其股东或关联人签订三方借款合同或配资合作协议等，以缴纳保证金等形式将本金转入配资公司指定账户，配资公司按双方协议的配资比例将配资资金和客户本金转至其控制的证券账户供客户使用，约定预警线和平仓线，配资公司负责风控盯盘，合同到期或达到平仓线，三方协议终止。出借账户模式通过证券公司真实证券账户直接下单交易，不通过配资系统下单。在该模式下，配资公司明显违反了账户实名制管理的要求。根据《证券法》和《证券登记结算管理办法》等有关账户实名制的管理规定，证券账户不得出借给他人操作，出借账户模式违反了账户实名制规定；《关于清理整顿违法从事证券业务活动的意见》规定，任何机构和个人不得出借自己的证券账户，不得借用他人证券账户买卖证券。但出借账户模式是否构成证券经纪业务，实践中存在争议。

三是虚盘配资模式。虚拟盘是配资公司的常见类型，即配资公司接受客户委托后未将客户委托下单至交易所，而是利用虚拟股票交易系统组织投资者进行股票配资交易，投资者的交易指令和资金并未实际进入证券交易系统，即投资者的资金没有真正进入股市，而是配资公司与客户对赌或通过操纵系统侵占客户资金。换言之，投资者的资金极有可能被配资公司所侵占。

四是客户账户模式。主要指投资者提供股票交易策略，配资方提供配资资金，配资公司将配资资金直接转入投资者的账户，由投资者进行股票配资交易。但由于配资资金直接进入投资者的账户，对配资公司来说风险较大，因此该种模式一般极少使用。

五是点买配资模式。主要指点买人（即资金需求方）提供股票交易策略，投资人（即资金提供方）提供配资资金和证券账户，双方经配资中介机构撮合后进行股票配资交易，并按约定分享投资收益。

（三）场外配资的定性

系统分仓模式配资不但构成非法经营证券经纪业务，还构成非法经营证券融资融券业务；对出借账户模式、客户账户模式，构成非法经营证券融资融券业务；对虚拟盘模式，涉嫌诈骗犯罪。依照场外配资操作模式，场外配资主要可能涉嫌两类犯罪：一是非法经营罪；二是诈骗类犯罪，包括诈骗罪、合同诈骗罪以及集资诈骗罪等。

1. 非法经营罪

根据《刑法》第225条第1款第1项的规定，行为人违反国家规定，未经国家有关主管部门批准非法经营证券、期货、保险业务的，或者非法从事资金支付结算业务的，扰乱市场秩序，情节严重的，构成非法经营罪。又根据《证券法》第120条规定，经国务院证券监督管理机构核准，取得经营证券业务许可证，证券公司可以从事证券融资融券业务，同时该条第4款也明确规定，“除证券公司外，任何单位和个人不得从事证券承销、证券保荐、证券经纪和证券融资融券业务”。可见，从事证券融资业务应当经过国务院证券监督管理机构批准，并且只能由证券公司从事。如果行为人在未经国务院证券监督管理机构以及相关主管部门的批准，没有相关经营许可证的情况下设立配资公司，那么其所从事的场外配资业务属于非法经营证券融资业务，很可能涉嫌非法经营罪。

2. 诈骗罪、合同诈骗罪或者集资诈骗罪

前述几种场外配资模式中，第三种“虚盘配资模式”则可能涉嫌诈骗罪或者合同诈骗罪。在“虚盘配资模式”中，配资公司利用虚拟股票交易系统组织投资者进行股票配资交易，但投资者的交易指令和资金并未进入真实的证券账户，资金也没有被用于股票交易。如果行为人以高额回报吸引投资者向配资平台投资，同时向投资者隐瞒上述事实，让投资者误以为向真实股市投资，那么行为人的行为符合诈骗罪的构成要件。

在面向特定对象时，构成诈骗罪或者合同诈骗罪。诈骗罪与合同诈骗罪是普通法与特别法之间的关系，根据特别法优于普通法的处理原则，两罪出现竞合时，优先适用特别法。当然，诈骗罪与合同诈骗罪两者之间存在区分，合同诈骗罪是基于合同诈骗，当然，并非所有具有合同的诈骗都可认定为合同诈骗，合同诈骗罪中的合同“应当是平等市场主体之间签订的、反映市场经济（交易）关系、具有财产交付内容的合同”。[①]

在面向不特定对象，即行为人向社会公众募集资金，虚假承诺保本付息、分红，或者虚假承诺以货币、股权、债权、实物等回报，符合集资诈骗罪的构成要件时，则场外配资的行为构成集资诈骗罪。

（四）犯罪数额的认定

场外配资涉及四种资金，一是行为人配资的资金，二是投资者保证金，三是“配资资金＋股民资金”，四是客户配资后进行证券交易的资金。对于行为人的犯罪金额如何认定，不可简单地“一刀切”，应当根据不同的定性来确定犯罪金额，因为行为定性的不同，直接关涉犯罪金额的认定。

在行为人的行为依法被定性为诈骗罪、合同诈骗罪、集资诈骗罪的情况下，犯罪金额应当以被害人被骗的金额为标准。因为在诈骗类犯罪中，犯罪侵害的对象主要是被害人财产所有权。当然，虽然集资诈骗罪侵害的客体或者说法益还涉及金融管理秩序，但其依然是对公众财产权的侵害，应当以被害人的财产损失为犯罪金额。

在行为人的行为依法被定性为非法经营罪的情况下，如何认定犯罪金额存在争议。在司法实践中，有人认为应当以行为人配资金额为犯罪数额，有人认为应当以入金金额（投资者保证金＋配资金额）为犯罪数额，有人认为应当以客户配

---

① 张明楷：《刑法学》，法律出版社2021年版，第1083页。

资后进行证券交易的金额为犯罪数额。[①] 笔者认为，将“客户配资后进行证券交易的金额”作为犯罪数额是科学的，因为场外配资型的非法经营，其本质是未经国家有关主管部门批准非法经营证券，扰乱的是市场秩序，而扰乱市场秩序的资金是“客户配资后进行证券交易的金额”。并且，在破坏社会主义市场秩序罪中，非法吸收公众存款罪、集资诈骗罪等，并不是以集资参与人的一次投资作为犯罪数额认定，在重复投资的情况下，犯罪金额累计计算。因此，从本罪保护的客体或者说法益的角度，以及从体系解释的角度来看，应当以“客户配资后进行证券交易的金额”作为犯罪数额。

三、非法“公转私”的认定

（一）非法“公转私”的含义

非法“公转私”，是指行为人违反法律规定，将单位（包括个体工商户凭营业执照以字号或经营者姓名开立的银行结算账户）银行结算账户的资金转移到个人（邮政储蓄机构办理银行卡业务开立的账户）银行结算账户中的行为。《刑法修正案（七）》在《刑法》第225条第3项中增加了“非法从事资金支付结算业务”，《关于办理非法从事资金支付结算业务、非法买卖外汇刑事案件适用法律若干问题的解释》对此作出了进一步明确，指出“非法为他人提供单位银行结算账户套现或者单位银行结算账户转个人账户服务的”系非法从事资金支付结算业务的行为方式之一，即通常所说的非法“公转私”行为，该种行为的数额达到相应的入罪标准的，应当以非法经营罪论处。

（二）“公”到“私”无真实交易即构罪

非法“公转私”主要表现为，“不法分子通过设立空壳公司，开设大量对公账户和个人账户，假造业务往来，再通过‘公转私’业务，采取网银转账等方式协助他人将对公账户非法转到对私账户、套取现金等进行非法支付结算”[②]。也就是说，将非法“公转私”入罪，前提是“公转私”没有正当理由，没有正常的业务

---

① 这三种不同的观点是笔者在办案过程中与公安、检察、司法机关的同事交流后总结归纳出来的。

② 姜永义、陈学勇、陈新旺：《〈关于办理非法从事资金支付结算业务、非法买卖外汇刑事案件适用法律若干问题的解释〉的理解与适用》，载《人民法院报》2020年2月27日。

往来和交易，只是为“洗钱”和转移违法犯罪所得而存在。那么，如何认定“假造业务往来”？认定非法“公转私”是只看从“公”到“私”没有真实的交易，还是需要上下各追一层，即证实资金来源的账户控制人和转“私”后下一层的账户控制人之间也没有真实的业务往来？司法实践中，对该问题的证明存在一定的争议。

应当说，从立法本意和《〈关于办理非法从事资金支付结算业务、非法买卖外汇刑事案件适用法律若干问题的解释〉的理解与适用》[①] 对非法“公转私”的界定来看，只要能够证明“公转私”这个环节是虚假的、是没有真实的业务往来和交易的，就可以认定行为人提供的“公转私”服务构成非法经营罪。毕竟，一方面，查证“公转私”系虚假的难度已经超出一般的刑事犯罪侦查难度，要求在查证“公转私”系虚构真实交易之外再上下各深入一层，可谓难上加难。司法实践中，不法分子常常分别在掌控的对公账户和私人账户内形成资金池，本来查证进入的资金和转出的资金如何形成对应关系已经成为“哥德巴赫猜想”，如果再提出上下各深入一层，可以想见其难度之大，导致的结果必然是大量的非法“公转私”行为得不到应有的惩罚，不法分子可以为所欲为地从事这项收入颇丰的行为。另一方面，从逻辑和常情、常识、常理的角度来说，如果资金的上游“公”和再下一层的“私”之间存在真实的业务往来，两者之间是合法的，委托人何必颇费周折通过非法“公转私”之人进行转移呢？多一次资金转移不会给委托人带来任何好处。相反，将资金交给他人进行转账本身存在风险，“黑吃黑”在现实中也可能存在。况且，即使委托他人进行“公转私”的人可以控制风险，但是也要给予“公转私”行为人手续费，有谁会白白地将合法的资金交给他人转移后自愿给付他人手续费呢？

可以说，这种上下各深入一层的观点，一是没有法律依据，二是不符合常情、常识、常理，徒增司法证明的难度，不利于打击犯罪，维护交易安全。

---

① 姜永义、陈学勇、陈新旺：《〈关于办理非法从事资金支付结算业务、非法买卖外汇刑事案件适用法律若干问题的解释〉的理解与适用》，载《人民法院报》2020年2月27日。

四、非法介绍买卖外汇的入罪情形①

2008 年修订的《外汇管理条例》第 45 条规定了私自买卖外汇、变相买卖外汇、倒买倒卖外汇或者非法介绍买卖外汇四种外汇违法行为，并规定该四种违法行为“构成犯罪的，依法追究刑事责任”。1998 年 12 月 29 日通过并实施的《全国人民代表大会常务委员会关于惩治骗购外汇、逃汇和非法买卖外汇犯罪的决定》和 2019 年 2 月 1 日起施行的最高人民法院、最高人民检察院联合发布的《关于办理非法从事资金支付结算业务、非法买卖外汇刑事案件适用法律若干问题的解释》均规定，非法买卖外汇“情节严重”的，依照我国《刑法》第 225 条规定的非法经营罪定罪处罚。但是，是否对所有的非法介绍买卖外汇情节严重的行为都以非法经营罪论处，刑法理论和司法实践均存在争议。

笔者认为，对于上述行为，不应一概而论，需要区别对待，对于符合以下三种行为方式且“情节严重”的行为，可以按照非法经营罪论处。

（一）为非法买卖外汇的双方进行介绍

行为人为非法买卖外汇的双方进行介绍，是指行为人作为非法买卖外汇的卖家和买家的中介，对双方的非法买卖外汇行为进行牵线搭桥，促成双方的非法交易。在此过程中，行为人既“代表”卖家也“代表”买家，其非法介绍的行为在客观上促成了非法买卖外汇交易的完成。可以说，没有行为人的介绍行为就不会发生非法买卖外汇这一侵犯金融管理秩序的犯罪结果。根据共同犯罪理论，对于该种情况，可以认定行为人是非法买卖外汇具体实行犯的共同犯罪，应当根据其在整个犯罪活动中所起作用的大小，认定其主犯或从犯地位并进行处罚。需要说明的是，行为人为卖家和买家双方进行介绍的行为，必须是同时为卖家和买家进行介绍，缺一不可。因为，在此类犯罪中，外汇不同于“枪支、弹药、毒品”等违禁品，刑法理论和司法实践中多数意见认为，单纯购买外汇自用的人是不宜以犯罪论处的，购买者的直接购买行为尚不以犯罪论处，根据举重以明轻的论理解释原则，对于帮助购买者寻找卖家的行为更不应当以犯罪论处。司法实践中，对

---

① 王东海：《“非法介绍买卖外汇”何种情形可予定罪》，载《检察日报》2019 年 4 月 30 日，第 3 版。

非法介绍买卖外汇进行犯罪化处理，需要甄别行为人的介绍行为到底是为双方进行牵线搭桥，还是只为一方进行“代言”；在仅为买家一方“代言”的情况下，则不能以犯罪论处，构成行政违法的，依照相关规定对其进行行政处罚。

（二）为非法买卖外汇的卖家介绍买家

行为人为非法买卖外汇的卖家介绍买家，是指行为人作为非法买卖外汇卖家的“代言人”，积极为卖家寻找买家，促成非法买卖外汇交易的完成。该种情况下，行为人虽然不是买家的“代言人”，但前已述及，因为单纯的购买行为并不以犯罪论处，所以行为人是否为买家的“代言人”并不影响对其行为性质的认定。司法实践中，该种情况普遍存在，即非法买卖外汇的卖家作为幕后的指使者，为逃避刑事打击并不直接出面寻找买家，而是指使其他人进行“代言”，寻找下家，促成非法买卖外汇行为的完成。依据共同犯罪理论，行为人作为卖家的“代言人”积极为卖家寻找买家的行为，在主观方面和卖家具有共同的犯罪故意，在客观方面与卖家具有共同的犯罪行为（只是具体的分工不同），符合共同犯罪的特征；从情理上来说，卖家的“代言人”明知他人从事的系违法犯罪活动而提供帮助，其帮助行为也是违背法律规定的。因此，对为非法买卖外汇的卖家介绍买家的行为人，以非法经营罪的共犯论处，不存在法理与情理上的障碍。

（三）明知买家购买的目的是倒卖而为买家进行介绍

明知买家购买的目的是倒卖而为买家进行介绍，是指行为人明知买家购买外汇的目的是倒卖，仍然为买家寻找卖家购买外汇，促成交易，为买家进行倒卖外汇提供帮助。虽然单纯的购买外汇的行为不宜以犯罪论处，但是如果购买者购买外汇的目的是倒卖，这种情形就应当以犯罪论处。当然，对于这种情形是否应当入罪，虽然相关的法律和司法解释没有作出明确规定，但是认定该种情形构成犯罪并不存在理论上的障碍。一方面，虽然这种情况下买家只是实施了购买行为，还没有进行倒卖，但是从犯罪行为的整体性来看，这时的购买行为是行为人非法买卖外汇犯罪的一个有机组成部分。另一方面，该种情况符合刑法理论上目的犯中的“短缩的二行为犯”，即完整的非法买卖外汇犯罪行为，需要行为人实施购买和倒卖两个行为，但是只要行为人以倒卖为目的而实施了购买行为就应当以犯罪论处，而不需要行为人实施了具体的倒卖行为。在对以倒卖或贩卖为目的而非法购买外汇的购买者以犯罪论处的情况下，介绍者明知购买者购买的目的是倒卖而仍然为购买者提供帮助的行为，显然构成购买者的帮助犯，对介绍者以犯罪论处符合共同犯罪理论。

综上，对“非法介绍买卖外汇”行为以非法经营罪论处，需要行为具备以下情形之一：为非法买卖外汇的双方进行介绍，或者为非法买卖外汇的卖家介绍买家，或者明知买家购买目的是倒卖而为买家寻找卖家。

五、“对敲”型非法买卖外汇的司法认定①

在非法买卖外汇犯罪活动中，以“对敲”方式实施犯罪的数量日益增多。“对敲”型非法买卖外汇具有证据链条长、行为人联系网络化、境外取证困难、境外人员违法性认识辩解空间大、管辖等法律适用争议多等司法认定难题。认定行为人实施“对敲”型非法买卖外汇的行为构成非法经营罪，应当准确理解和适用我国刑法规定的属地管辖、属人管辖、普遍管辖等管辖原则，结合行为地、结果地证据审查，解决管辖权问题；综合评估行为人供述和辩解，结合其成长经历、对我国法律的认知等，确定其主观是否具有违法性认识可能性；全面审查账户资金流向、行为人之间相互联系的电子数据、境外资金账户等证据，确定非法买卖的既未遂和具体金额。

【办案依据】

一、《刑法》规定

第二百二十五条 违反国家规定，有下列非法经营行为之一，扰乱市场秩序，情节严重的，处五年以下有期徒刑或者拘役，并处或者单处违法所得一倍以上五倍以下罚金；情节特别严重的，处五年以上有期徒刑，并处违法所得一倍以上五倍以下罚金或者没收财产：

（一）未经许可经营法律、行政法规规定的专营、专卖物品或者其他限制买卖的物品的；

① 参见王东海：《“对敲”型非法买卖外汇的司法认定》，载《中国检察官》2020年第3期（下）。

（二）买卖进出口许可证、进出口原产地证明以及其他法律、行政法规规定的经营许可证或者批准文件的；

（三）未经国家有关主管部门批准非法经营证券、期货、保险业务的，或者非法从事资金支付结算业务的；

（四）其他严重扰乱市场秩序的非法经营行为。

二、立法解释

《全国人民代表大会常务委员会关于惩治骗购外汇、逃汇和非法买卖外汇犯罪的决定》（1998年12月29日）

四、在国家规定的交易场所以外非法买卖外汇，扰乱市场秩序，情节严重的，依照刑法第二百二十五条的规定定罪处罚。

单位犯前款罪的，依照刑法第二百三十一条的规定处罚。

三、司法解释

（一）《最高人民法院关于审理走私、非法经营、非法使用兴奋剂刑事案件适用法律若干问题的解释》（2019年11月18日，法释〔2019〕16号）

第二条 违反国家规定，未经许可经营兴奋剂目录所列物质，涉案物质属于法律、行政法规规定的限制买卖的物品，扰乱市场秩序，情节严重的，应当依照刑法第二百二十五条的规定，以非法经营罪定罪处罚。

第八条 对于是否属于本解释规定的“兴奋剂”“兴奋剂目录所列物质”“体育运动”“国内、国际重大体育竞赛”等专门性问题，应当依据《中华人民共和国体育法》《反兴奋剂条例》等法律法规，结合国务院体育主管部门出具的认定意见等证据材料作出认定。

（二）《最高人民法院、最高人民检察院关于办理非法从事资金支付结算业务、非法买卖外汇刑事案件适用法律若干问题的解释》（2019年1月31日，法释〔2019〕1号）

第一条 违反国家规定，具有下列情形之一的，属于刑法第二百二十五条第三项规定的“非法从事资金支付结算业务”：

（一）使用受理终端或者网络支付接口等方法，以虚构交易、虚开价格、交易退款等非法方式向指定付款方支付货币资金的；

（二）非法为他人提供单位银行结算账户套现或者单位银行结算账户转个人账户服务的；

（三）非法为他人提供支票套现服务的；

（四）其他非法从事资金支付结算业务的情形。

第二条 违反国家规定，实施倒买倒卖外汇或者变相买卖外汇等非法买卖外汇行为，扰乱金融市场秩序，情节严重的，依照刑法第二百二十五条第四项的规定，以非法经营罪定罪处罚。

第三条 非法从事资金支付结算业务或者非法买卖外汇，具有下列情形之一的，应当认定为非法经营行为"情节严重"：

（一）非法经营数额在五百万元以上的；

（二）违法所得数额在十万元以上的。

非法经营数额在二百五十万元以上，或者违法所得数额在五万元以上，且具有下列情形之一的，可以认定为非法经营行为"情节严重"：

（一）曾因非法从事资金支付结算业务或者非法买卖外汇犯罪行为受过刑事追究的；

（二）二年内因非法从事资金支付结算业务或者非法买卖外汇违法行为受过行政处罚的；

（三）拒不交代涉案资金去向或者拒不配合追缴工作，致使赃款无法追缴的；

（四）造成其他严重后果的。

第四条 非法从事资金支付结算业务或者非法买卖外汇，具有下列情形之一的，应当认定为非法经营行为"情节特别严重"：

（一）非法经营数额在二千五百万元以上的；

（二）违法所得数额在五十万元以上的。

非法经营数额在一千二百五十万元以上，或者违法所得数额在二十五万元以上，且具有本解释第三条第二款规定的四种情形之一的，可以认定为非法经营行为"情节特别严重"。

第五条 非法从事资金支付结算业务或者非法买卖外汇，构成非法经营罪，同时又构成刑法第一百二十条之一规定的帮助恐怖活动罪或者第一百九十一条规定的洗钱罪的，依照处罚较重的规定定罪处罚。

第六条 二次以上非法从事资金支付结算业务或者非法买卖外汇，依法应予行政处理或者刑事处理而未经处理的，非法经营数额或者违法所得数额累计计算。

同一案件中，非法经营数额、违法所得数额分别构成情节严重、情节特别严重的，按照处罚较重的数额定罪处罚。

第七条 非法从事资金支付结算业务或者非法买卖外汇违法所得数额难以确定的，按非法经营数额的千分之一认定违法所得数额，依法并处或者单处违法所得一倍以上五倍以下罚金。

第八条 符合本解释第三条规定的标准，行为人如实供述犯罪事实，认罪悔罪，并积极配合调查，退缴违法所得的，可以从轻处罚；其中犯罪情节轻微的，可以依法不起诉或者免予刑事处罚。

符合刑事诉讼法规定的认罪认罚从宽适用范围和条件的，依照刑事诉讼法的规定处理。

第九条 单位实施本解释第一条、第二条规定的非法从事资金支付结算业务、非法买卖外汇行为，依照本解释规定的定罪量刑标准，对单位判处罚金，并对其直接负责的主管人员和其他直接责任人员定罪处罚。

第十条 非法从事资金支付结算业务、非法买卖外汇刑事案件中的犯罪地，包括犯罪嫌疑人、被告人用于犯罪活动的账户开立地、资金接收地、资金过渡账户开立地、资金账户操作地，以及资金交易对手资金交付和汇出地等。

第十一条 涉及外汇的犯罪数额，按照案发当日中国外汇交易中心或者中国人民银行授权机构公布的人民币对该货币的中间价折合成人民币计算。中国外汇交易中心或者中国人民银行授权机构未公布汇率中间价的境外货币，按照案发当日境内银行人民币对该货币的中间价折算成人民币，或者该货币在境内银行、国际外汇市场对美元汇率，与人民币对美元汇率中间价进行套算。

第十二条 本解释自2019年2月1日起施行。《最高人民法院关于审理骗购外汇、非法买卖外汇刑事案件具体应用法律若干问题的解释》（法释［1998］20号）与本解释不一致的，以本解释为准。

（三）《最高人民法院、最高人民检察院关于办理扰乱无线电通讯管理秩序等刑事案件适用法律若干问题的解释》（2017年6月27日，法释〔2017〕11号）

第四条 非法生产、销售“黑广播”“伪基站”、无线电干扰器等无线电设备，具有下列情形之一的，应当认定为刑法第二百二十五条规定的“情节严重”：

（一）非法生产、销售无线电设备三套以上的；

（二）非法经营数额五万元以上的；

（三）其他情节严重的情形。

实施前款规定的行为，数量或者数额达到前款第一项、第二项规定标准五倍以上，或者具有其他情节特别严重的情形的，应当认定为刑法第二百二十五条规定的“情节特别严重”。

在非法生产、销售无线电设备窝点查扣的零件，以组装完成的套数以及能够组装的套数认定；无法组装为成套设备的，每三套广播信号调制器（激励器）认定为一套“黑广播”设备，每三块主板认定为一套“伪基站”设备。

（四）《最高人民法院、最高人民检察院关于办理危害食品安全刑事案件适用法律若干问题的解释》（2021年12月31日，法释〔2021〕24号）

第十六条 以提供给他人生产、销售食品为目的，违反国家规定，生产、销售国家禁止用于食品生产、销售的非食品原料，情节严重的，依照刑法第二百二十五条的规定以非法经营罪定罪处罚。

以提供给他人生产、销售食用农产品为目的，违反国家规定，生产、销售国家禁用农药、食品动物中禁止使用的药品及其他化合物等有毒、有害的非食品原料，或者生产、销售添加上述有毒、有害的非食品原料的农药、兽药、饲料、饲料添加剂、饲料原料，情节严重的，依照前款的规定定罪处罚。

第十七条 违反国家规定，私设生猪屠宰厂（场），从事生猪屠宰、销售等经营活动，情节严重的，依照刑法第二百二十五条的规定以非法经营罪定罪处罚。

在畜禽屠宰相关环节，对畜禽使用食品动物中禁止使用的药品及其他化合物等有毒、有害的非食品原料，依照刑法第一百四十四条的规定以生产、销售有毒、有害食品罪定罪处罚；对畜禽注水或者注入其他物质，足以造成严重食物中毒事故或者其他严重食源性疾病的，依照刑法第一百四十三条的规定以生产、销售不符合安全标准的食品罪定罪处罚；虽不足以造成严重食物中毒事故或者其他严重食源性疾病，但符合刑法第一百四十条规定的，以生产、销售伪劣产品罪定罪处罚。

第十八条　实施本解释规定的非法经营行为，非法经营数额在十万元以上，或者违法所得数额在五万元以上的，应当认定为刑法第二百二十五条规定的“情节严重”；非法经营数额在五十万元以上，或者违法所得数额在二十五万元以上的，应当认定为刑法第二百二十五条规定的“情节特别严重”。

实施本解释规定的非法经营行为，同时构成生产、销售伪劣产品罪，生产、销售不符合安全标准的食品罪，生产、销售有毒、有害食品罪，生产、销售伪劣农药、兽药罪等其他犯罪的，依照处罚较重的规定定罪处罚。

（五）《最高人民法院关于审理非法集资刑事案件具体应用法律若干问题的解释》（2022年2月23日，法释〔2022〕5号）

第十一条　违反国家规定，未经依法核准擅自发行基金份额募集基金，情节严重的，依照刑法第二百二十五条的规定，以非法经营罪定罪处罚。

（六）《最高人民法院、最高人民检察院关于办理非法生产、销售烟草专卖品等刑事案件具体应用法律若干问题的解释》（2010年3月26日，法释〔2010〕7号）

第一条第五款　违反国家烟草专卖管理法律法规，未经烟草专卖行政主管部门许可，无烟草专卖生产企业许可证、烟草专卖批发企业许可证、特种烟草专卖经营企业许可证、烟草专卖零售许可证等许可证明，非法经营烟草专卖品，情节严重的，依照刑法第二百二十五条的规定，以非法经营罪定罪处罚。

第三条　非法经营烟草专卖品，具有下列情形之一的，应当认定为刑法第二百二十五条规定的“情节严重”：

（一）非法经营数额在五万元以上的，或者违法所得数额在二万元以上的；

（二）非法经营卷烟二十万支以上的；

（三）曾因非法经营烟草专卖品三年内受过二次以上行政处罚，又非法经营烟草专卖品且数额在三万元以上的。

具有下列情形之一的，应当认定为刑法第二百二十五条规定的“情节特别严重”：

（一）非法经营数额在二十五万元以上，或者违法所得数额在十万元以上的；

（二）非法经营卷烟一百万支以上的。

第四条 非法经营烟草专卖品，能够查清销售或者购买价格的，按照其销售或者购买的价格计算非法经营数额。无法查清销售或者购买价格的，按照下列方法计算非法经营数额：

（一）查获的卷烟、雪茄烟的价格，有品牌的，按照该品牌卷烟、雪茄烟的查获地省级烟草专卖行政主管部门出具的零售价格计算；无品牌的，按照查获地省级烟草专卖行政主管部门出具的上年度卷烟平均零售价格计算；

（二）查获的复烤烟叶、烟叶的价格按照查获地省级烟草专卖行政主管部门出具的上年度烤烟调拨平均基准价格计算；

（三）烟丝的价格按照第（二）项规定价格计算标准的一点五倍计算；

（四）卷烟辅料的价格，有品牌的，按照该品牌辅料的查获地省级烟草专卖行政主管部门出具的价格计算；无品牌的，按照查获地省级烟草专卖行政主管部门出具的上年度烟草行业生产卷烟所需该类卷烟辅料的平均价格计算；

（五）非法生产、销售、购买烟草专用机械的价格按照国务院烟草专卖行政主管部门下发的全国烟草专用机械产品指导价格目录进行计算；目录中没有该烟草专用机械的，按照省级以上烟草专卖行政主管部门出具的目录中同类烟草专用机械的平均价格计算。

第五条 行为人实施非法生产、销售烟草专卖品犯罪，同时构成生产、销售伪劣产品罪、侵犯知识产权犯罪、非法经营罪的，依照处罚较重的规定定罪处罚。

第六条 明知他人实施本解释第一条所列犯罪，而为其提供贷款、资金、账号、发票、证明、许可证件，或者提供生产、经营场所、设备、运输、仓储、保管、邮寄、代理进出口等便利条件，或者提供生产技术、卷烟配方的，应当按照共犯追究刑事责任。

第九条 本解释所称“烟草专卖品”，是指卷烟、雪茄烟、烟丝、复烤烟叶、烟叶、卷烟纸、滤嘴棒、烟用丝束、烟草专用机械。

本解释所称“卷烟辅料”，是指卷烟纸、滤嘴棒、烟用丝束。

本解释所称“烟草专用机械”，是指由国务院烟草专卖行政主管部门烟草专用机械名录所公布的，在卷烟、雪茄烟、烟丝、复烤烟叶、烟叶、卷烟纸、滤嘴棒、烟用丝束的生产加工过程中，能够完成一项或者多项特定加工工序，可以独立操作的机械设备。

本解释所称“同类烟草专用机械”，是指在卷烟、雪茄烟、烟丝、复烤烟叶、烟叶、卷烟纸、滤嘴棒、烟用丝束的生产加工过程中，能够完成相同加工工序的机械设备。

（七）《最高人民法院、最高人民检察院关于办理妨害信用卡管理刑事案件具体应用法律若干问题的解释》（2018年11月28日，法释〔2018〕19号）

第十二条 违反国家规定，使用销售点终端机具（POS机）等方法，以虚构交易、虚开价格、现金退货等方式向信用卡持卡人直接支付现金，情节严重的，应当依据刑法第二百二十五条的规定，以非法经营罪定罪处罚。

实施前款行为，数额在一百万元以上的，或者造成金融机构资金二十万元以上逾期未还的，或者造成金融机构经济损失十万元以上的，应当认定为刑法第二百二十五条规定的“情节严重”；数额在五百万元以上的，或者造成金融机构资金一百万元以上逾期未还的，或者造成金融机构经济损失五十万元以上的，应当认定为刑法第二百二十五条规定的“情节特别严重”。

持卡人以非法占有为目的，采用上述方式恶意透支，应当追究刑事责任的，依照刑法第一百九十六条的规定，以信用卡诈骗罪定罪处罚。

第十三条 单位实施本解释规定的行为，适用本解释规定的相应自然人犯罪的定罪量刑标准。

（八）《最高人民法院、最高人民检察院关于办理赌博刑事案件具体应用法律若干问题的解释》（2005年5月11日，法释〔2005〕3号）

第六条 未经国家批准擅自发行、销售彩票，构成犯罪的，依照刑法第二百二十五条第（四）项的规定，以非法经营罪定罪处罚。

（九）《最高人民法院、最高人民检察院关于办理非法生产、销售、使用禁止在饲料和动物饮用水中使用的药品等刑事案件具体应用法律若干问题的解释》（2002年8月16日，法释〔2002〕26号）

第一条 未取得药品生产、经营许可证件和批准文号，非法生产、销售盐酸克仑特罗等禁止在饲料和动物饮用水中使用的药品，扰乱药品市场秩序，情节严重的，依照刑法第二百二十五条第（一）项的规定，以非法经营罪追究刑事责任。

第二条 在生产、销售的饲料中添加盐酸克仑特罗等禁止在饲料和动物饮用水中使用的药品，或者销售明知是添加有该类药品的饲料，情节严重的，依照刑法第二百二十五条第（四）项的规定，以非法经营罪追究刑事责任。

第五条 实施本解释规定的行为，同时触犯刑法规定的两种以上犯罪的，依照处罚较重的规定追究刑事责任。

（十）《最高人民检察院关于非法经营国际或港澳台地区电信业务行为法律适用问题的批复》（2002年2月6日，高检发释字〔2002〕1号）

违反《中华人民共和国电信条例》规定，采取租用电信国际专线、私设转接设备或者其他方法，擅自经营国际或者香港特别行政区、澳门特别行政区和台湾地区电信业务进行营利活动，扰乱电信市场管理秩序，情节严重的，应当依照《刑法》第二百二十五条第（四）项的规定，以非法经营罪追究刑事责任。

（十一）《最高人民法院关于审理扰乱电信市场管理秩序案件具体应用法律若干问题的解释》（2000年5月12日，法释〔2000〕12号）

第一条 违反国家规定，采取租用国际专线、私设转接设备或者其他方法，擅自经营国际电信业务或者涉港澳台电信业务进行营利活动，扰乱电信市场管理秩序，情节严重的，依照刑法第二百二十五条第（四）项的规定，以非法经营罪定罪处罚。

第二条 实施本解释第一条规定的行为，具有下列情形之一的，属于非法经营行为“情节严重”：

（一）经营去话业务数额在100万元以上的；

（二）经营来话业务造成电信资费损失数额在100万元以上的。

具有下列情形之一的，属于非法经营行为“情节特别严重”：

（一）经营去话业务数额在500万元以上的；

（二）经营来话业务造成电信资费损失数额在500万元以上的。

第三条 实施本解释第一条规定的行为，经营数额或者造成电信资费损失数额接近非法经营行为“情节严重”、“情节特别严重”的数额起点标准，并具有下列情形之一的，可以分别认定为非法经营行为“情节严重”、“情节特别严重”：

（一）两年内因非法经营国际电信业务或者涉港澳台电信业务行为受过行政处罚两次以上的；

（二）因非法经营国际电信业务或者涉港澳台电信业务行为造成其他严重后果的。

第四条　单位实施本解释第一条规定的行为构成犯罪的，对单位判处罚金，并对其直接负责的主管人员和其他直接责任人员，依照本解释第二条、第三条的规定处罚。

第五条　违反国家规定，擅自设置、使用无线电台（站），或者擅自占用频率，非法经营国际电信业务或者涉港澳台电信业务进行营利活动，同时构成非法经营罪和刑法第二百八十八条规定的扰乱无线电通讯管理秩序罪的，依照处罚较重的规定定罪处罚。

第十条　本解释所称"经营去话业务数额"，是指以行为人非法经营国际电信业务或者涉港澳台电信业务的总时长（分钟数）乘以行为人每分钟收取的用户使用费所得的数额。

本解释所称"电信资费损失数额"，是指以行为人非法经营国际电信业务或者涉港澳台电信业务的总时长（分钟数）乘以在合法电信业务中我国应当得到的每分钟国际结算价格所得的数额。

四、司法文件

（一）《最高人民法院、最高人民检察院、公安部、司法部关于办理非法放贷刑事案件若干问题的意见》（2019年1月21日）

一、违反国家规定，未经监管部门批准，或者超越经营范围，以营利为目的，经常性地向社会不特定对象发放贷款，扰乱金融市场秩序，情节严重的，依照刑法第二百二十五条第（四）项的规定，以非法经营罪定罪处罚。

前款规定中的"经常性地向社会不特定对象发放贷款"，是指2年内向不特定多人（包括单位和个人）以借款或其他名义出借资金10次以上。

贷款到期后延长还款期限的，发放贷款次数按照1次计算。

二、以超过36%的实际年利率实施符合本意见第一条规定的非法放贷行为，具有下列情形之一的，属于刑法第二百二十五条规定的"情节严重"，但单次非法放贷行为实际年利率未超过36%的，定罪量刑时不得计入：

（一）个人非法放贷数额累计在200万元以上的，单位非法放贷数额累计在1000万元以上的；

（二）个人违法所得数额累计在80万元以上的，单位违法所得数额累计在400万元以上的；

（三）个人非法放贷对象累计在50人以上的，单位非法放贷对象累计在150人以上的；

（四）造成借款人或者其近亲属自杀、死亡或者精神失常等严重后果的。

具有下列情形之一的，属于刑法第二百二十五条规定的“情节特别严重”：

（一）个人非法放贷数额累计在1000万元以上的，单位非法放贷数额累计在5000万元以上的；

（二）个人违法所得数额累计在400万元以上的，单位违法所得数额累计在2000万元以上的；

（三）个人非法放贷对象累计在250人以上的，单位非法放贷对象累计在750人以上的；

（四）造成多名借款人或者其近亲属自杀、死亡或者精神失常等特别严重后果的。

三、非法放贷数额、违法所得数额、非法放贷对象数量接近本意见第二条规定的“情节严重”“情节特别严重”的数额、数量起点标准，并具有下列情形之一的，可以分别认定为“情节严重”“情节特别严重”：

（一）2年内因实施非法放贷行为受过行政处罚2次以上的；

（二）以超过72%的实际年利率实施非法放贷行为10次以上的。

前款规定中的“接近”，一般应当掌握在相应数额、数量标准的80%以上。

四、仅向亲友、单位内部人员等特定对象出借资金，不得适用本意见第一条的规定定罪处罚。但具有下列情形之一的，定罪量刑时应当与向不特定对象非法放贷的行为一并处理：

（一）通过亲友、单位内部人员等特定对象向不特定对象发放贷款的；

（二）以发放贷款为目的，将社会人员吸收为单位内部人员，并向其发放贷款的；

（三）向社会公开宣传，同时向不特定多人和亲友、单位内部人员等特定对象发放贷款的。

五、非法放贷数额应当以实际出借给借款人的本金金额认定。非法放贷行为人以介绍费、咨询费、管理费、逾期利息、违约金等名义和以从本金中预先扣除等方式收取利息的，相关数额在计算实际年利率时均应计入。

非法放贷行为人实际收取的除本金之外的全部财物，均应计入违法所得。

非法放贷行为未经处理的，非法放贷次数和数额、违法所得数额、非法放贷对象数量等应当累计计算。

六、为从事非法放贷活动，实施擅自设立金融机构、套取金融机构资金高利转贷、骗取贷款、非法吸收公众存款等行为，构成犯罪的，应当择一重罪处罚。

为强行索要因非法放贷而产生的债务，实施故意杀人、故意伤害、非法拘禁、故意毁坏财物、寻衅滋事等行为，构成犯罪的，应当数罪并罚。

纠集、指使、雇佣他人采用滋扰、纠缠、哄闹、聚众造势等手段强行索要债务，尚不单独构成犯罪，但实施非法放贷行为已构成非法经营罪的，应当按照非法经营罪的规定酌情从重处罚。

以上规定的情形，刑法、司法解释另有规定的除外。

七、有组织地非法放贷，同时又有其他违法犯罪活动，符合黑社会性质组织或者恶势力、恶势力犯罪集团认定标准的，应当分别按照黑社会性质组织或者恶势力、恶势力犯罪集团侦查、起诉、审判。

黑恶势力非法放贷的，据以认定“情节严重”“情节特别严重”的非法放贷数额、违法所得数额、非法放贷对象数量起点标准，可以分别按照本意见第二条规定中相应数额、数量标准的50%确定；同时具有本意见第三条第一款规定情形的，可以分别按照相应数额、数量标准的40%确定。

八、本意见自2019年10月21日起施行。对于本意见施行前发生的非法放贷行为，依照最高人民法院《关于准确理解和适用刑法中“国家规定”的有关问题的通知》（法发〔2011〕155号）的规定办理。

（二）《最高人民法院、最高人民检察院、公安部、国家新闻出版广电总局关于依法严厉打击非法电视网络接收设备违法犯罪活动的通知》（2015年9月18日）

二、正确把握法律政策界限，依法严厉打击非法电视网络接收设备违法犯罪活动

各级公安、检察、审判机关和新闻出版广电行政主管部门要高度重视查办非

法电视网络接收设备违法犯罪案件，正确把握法律政策界限，严格执行法律法规的有关规定，坚决依法严厉打击非法电视网络接收设备违法犯罪活动。非法电视网络接收设备主要包括三类："电视棒"等网络共享设备；非法互联网电视接收设备，包括但不限于内置含有非法电视、非法广播等非法内容的定向接收软件或硬件模块的机顶盒、电视机、投影仪、显示器；用于收看非法电视、收听非法广播的网络软件、移动互联网客户端软件和互联网电视客户端软件。根据刑法和司法解释的规定，违反国家规定，从事生产、销售非法电视网络接收设备（含软件），以及为非法广播电视接收软件提供下载服务、为非法广播电视节目频道接收提供链接服务等营利性活动，扰乱市场秩序，个人非法经营数额在五万元以上或违法所得数额在一万元以上，单位非法经营数额在五十万元以上或违法所得数额在十万元以上，按照非法经营罪追究刑事责任。对于利用生产、销售、安装非法电视网络接收设备传播淫秽色情节目、实施危害国家安全等行为的，根据其行为的性质，依法追究刑事责任。对非法电视网络接收设备犯罪行为，涉及数个罪名的，按照相关原则，择一重罪处罚或数罪并罚。在追究犯罪分子刑事责任的同时，还要依法追缴违法所得，没收其犯罪所用的本人财物。对于实施上述行为尚不构成犯罪的，由新闻出版广电等相关行政主管部门依法给予行政处罚；构成违反治安管理行为的，依法给予治安管理处罚。

（三）《最高人民法院、最高人民检察院、公安部关于办理利用赌博机开设赌场案件适用法律若干问题的意见》（2014年3月26日）

四、关于生产、销售赌博机的定罪量刑标准

以提供给他人开设赌场为目的，违反国家规定，非法生产、销售具有退币、退分、退钢珠等赌博功能的电子游戏设施设备或者其专用软件，情节严重的，依照刑法第二百二十五条的规定，以非法经营罪定罪处罚。

实施前款规定的行为，具有下列情形之一的，属于非法经营行为"情节严重"：

（一）个人非法经营数额在五万元以上，或者违法所得数额在一万元以上的；

（二）单位非法经营数额在五十万元以上，或者违法所得数额在十万元以上的；

（三）虽未达到上述数额标准，但两年内因非法生产、销售赌博机行为受过二次以上行政处罚，又进行同种非法经营行为的；

（四）其他情节严重的情形。

具有下列情形之一的，属于非法经营行为“情节特别严重”：

（一）个人非法经营数额在二十五万元以上，或者违法所得数额在五万元以上的；

（二）单位非法经营数额在二百五十万元以上，或者违法所得数额在五十万元以上的。

五、会议纪要

《最高人民法院、最高人民检察院、公安部、司法部、生态环境部关于办理环境污染刑事案件有关问题座谈会纪要》（2019年2月20日）

5. 关于非法经营罪的适用

会议针对如何把握非法经营罪与污染环境罪的关系以及如何具体适用非法经营罪的问题进行了讨论。会议强调，要高度重视非法经营危险废物案件的办理，坚持全链条、全环节、全流程对非法排放、倾倒、处置、经营危险废物的产业链进行刑事打击，查清犯罪网络，深挖犯罪源头，斩断利益链条，不断挤压和铲除此类犯罪滋生蔓延的空间。

会议认为，准确理解和适用《环境解释》第六条的规定应当注意把握两个原则：一要坚持实质判断原则，对行为人非法经营危险废物行为的社会危害性作实质性判断。比如，一些单位或者个人虽未依法取得危险废物经营许可证，但其收集、贮存、利用、处置危险废物经营活动，没有超标排放污染物、非法倾倒污染物或者其他违法造成环境污染情形的，则不宜以非法经营罪论处。二要坚持综合判断原则，对行为人非法经营危险废物行为根据其在犯罪链条中的地位、作用综合判断其社会危害性。比如，有证据证明单位或者个人的无证经营危险废物行为属于危险废物非法经营产业链的一部分，并且已经形成了分工负责、利益均沾、相对固定的犯罪链条，如果行为人或者与其联系紧密的上游或者下游环节具有排放、倾倒、处置危险废物违法造成环境污染的情形，且交易价格明显异常的，对行为人可以根据案件具体情况在污染环境罪和非法经营罪中，择一重罪处断。

【指导性案例】

王力军非法经营再审改判无罪案

（最高人民法院指导性案例97号）

【关键词】

刑事；非法经营罪；严重扰乱市场秩序；社会危害性；刑事违法性；刑事处罚必要性

【裁判要点】

1. 对于刑法第二百二十五条第四项规定的“其他严重扰乱市场秩序的非法经营行为”的适用，应当根据相关行为是否具有与刑法第二百二十五条前三项规定的非法经营行为相当的社会危害性、刑事违法性和刑事处罚必要性进行判断。

2. 判断违反行政管理有关规定的经营行为是否构成非法经营罪，应当考虑该经营行为是否属于严重扰乱市场秩序。对于虽然违反行政管理有关规定，但尚未严重扰乱市场秩序的经营行为，不应当认定为非法经营罪。

【相关法条】

《中华人民共和国刑法》第225条

【基本案情】

内蒙古自治区巴彦淖尔市临河区人民检察院指控被告人王力军犯非法经营罪一案，内蒙古自治区巴彦淖尔市临河区人民法院经审理认为，2014年11月至2015年1月期间，被告人王力军未办理粮食收购许可证，未经工商行政管理机关核准登记并颁发营业执照，擅自在临河区白脑包镇附近村组无证照违法收购玉米，将所收购的玉米卖给巴彦淖尔市粮油公司杭锦后旗蛮会分库，非法经营数额218288.6元，非法获利6000元。案发后，被告人王力军主动退缴非法获利6000

元。2015 年 3 月 27 日，被告人王力军主动到巴彦淖尔市临河区公安局经侦大队投案自首。原审法院认为，被告人王力军违反国家法律和行政法规规定，未经粮食主管部门许可及工商行政管理机关核准登记并颁发营业执照，非法收购玉米，非法经营数额 218288.6 元，数额较大，其行为构成非法经营罪。鉴于被告人王力军案发后主动到公安机关投案自首，主动退缴全部违法所得，有悔罪表现，对其适用缓刑确实不致再危害社会，决定对被告人王力军依法从轻处罚并适用缓刑。宣判后，王力军未上诉，检察机关未抗诉，判决发生法律效力。

最高人民法院于 2016 年 12 月 16 日作出（2016）最高法刑监 6 号再审决定，指令内蒙古自治区巴彦淖尔市中级人民法院对本案进行再审。

再审中，原审被告人王力军及检辩双方对原审判决认定的事实无异议，再审查明的事实与原审判决认定的事实一致。内蒙古自治区巴彦淖尔市人民检察院提出了原审被告人王力军的行为虽具有行政违法性，但不具有与刑法第二百二十五条规定的非法经营行为相当的社会危害性和刑事处罚必要性，不构成非法经营罪，建议再审依法改判。原审被告人王力军在庭审中对原审认定的事实及证据无异议，但认为其行为不构成非法经营罪。辩护人提出了原审被告人王力军无证收购玉米的行为，不具有社会危害性、刑事违法性和应受惩罚性，不符合刑法规定的非法经营罪的构成要件，也不符合刑法谦抑性原则，应宣告原审被告人王力军无罪。

【裁判结果】

内蒙古自治区巴彦淖尔市临河区人民法院于 2016 年 4 月 15 日作出（2016）内 0802 刑初 54 号刑事判决，认定被告人王力军犯非法经营罪，判处有期徒刑一年，缓刑二年，并处罚金人民币二万元；被告人王力军退缴的非法获利款人民币六千元，由侦查机关上缴国库。最高人民法院于 2016 年 12 月 16 日作出（2016）最高法刑监 6 号再审决定，指令内蒙古自治区巴彦淖尔市中级人民法院对本案进行再审。内蒙古自治区巴彦淖尔市中级人民法院于 2017 年 2 月 14 日作出（2017）内 08 刑再 1 号刑事判决：一、撤销内蒙古自治区巴彦淖尔市临河区人民法院（2016）内 0802 刑初 54 号刑事判决；二、原审被告人王力军无罪。

【裁判理由】

内蒙古自治区巴彦淖尔市中级人民法院再审认为，原判决认定的原审被告人王力军于2014年11月至2015年1月期间，没有办理粮食收购许可证及工商营业执照买卖玉米的事实清楚，其行为违反了当时的国家粮食流通管理有关规定，但尚未达到严重扰乱市场秩序的危害程度，不具备与刑法第二百二十五条规定的非法经营罪相当的社会危害性、刑事违法性和刑事处罚必要性，不构成非法经营罪。原审判决认定王力军构成非法经营罪适用法律错误，检察机关提出的王力军无证照买卖玉米的行为不构成非法经营罪的意见成立，原审被告人王力军及其辩护人提出的王力军的行为不构成犯罪的意见成立。

第七章 强迫交易罪

【立案追诉标准】

强迫交易案（《刑法》第226条）

以暴力、威胁手段强买强卖商品，强迫他人提供服务或者接受服务，涉嫌下列情形之一的，应予立案追诉：

（一）造成被害人轻微伤的；

（二）造成直接经济损失二千元以上的；

（三）强迫交易三次以上或者强迫三人以上交易的；

（四）强迫交易数额一万元以上，或者违法所得数额二千元以上的；

（五）强迫他人购买伪劣商品数额五千元以上，或者违法所得数额一千元以上的；

（六）其他情节严重的情形。

以暴力、威胁手段强迫他人参与或者退出投标、拍卖，强迫他人转让或者收购公司、企业的股份、债券或者其他资产，强迫他人参与或者退出特定的经营活动，具有多次实施、手段恶劣、造成严重后果或者恶劣社会影响等情形之一的，应予立案追诉。

《最高人民检察院、公安部关于公安机关管辖的刑事案件立案追诉标准的规定（一）的补充规定》（2017年4月27日）第5条

【犯罪构成及刑事责任】

强迫交易罪，是指以暴力、威胁手段强买强卖商品，强迫他人提供服务或者强迫他人接受服务，强迫他人参与或者退出投标、拍卖，强迫他人转让或者收购公司、企业的股份、债券或者其他资产，强迫他人参与或者退出特定的经营活动，情节严重的行为。构成本罪需要具备以下四个要件：

1. 客体要件

本罪不仅侵犯了交易相对方的合法权益，而且侵犯了商品交易市场秩序。

2. 客观要件

本罪在客观方面表现为以暴力、威胁手段强买强卖商品，强迫他人提供服务或者强迫他人接受服务，强迫他人参与或者退出投标、拍卖，强迫他人转让或者收购公司、企业的股份、债券或者其他资产，强迫他人参与或者退出特定的经营活动，情节严重的行为。

所谓暴力，是指对被强迫人的人身或财产进行实际强制或打击，如殴打、捆绑、抱住、围困、伤害或者砸毁其财物等；所谓威胁，是指对被害人实施精神强制，以加害其人身、毁坏其财物、揭露其隐私、破坏其名誉、加害其亲属等相要挟。其方式则可以是言语，也可以是动作，甚至利用某种特定的危险环境进行胁迫。

违背他人意志，强迫他人与己或者第三人交易是本罪的本质特征。所谓违背他人意志，是指他人不想购买商品而强行让其购买，他人不愿出卖商品而强迫其出卖，他人不肯提供服务而强迫其提供，他人不愿意接受服务而强迫其接受。所谓服务，是指各种营业性的服务，如住宿、运输、餐饮、维修、打扫卫生、送灌煤气、托运家具、提供钟点工等。应当指出，对于强迫他人出卖商品或者提供服务，他人一般应是在从事商品的出卖或营利性服务的工作。

3. 主体要件

本罪主体为一般主体。凡达到刑事责任年龄且具备刑事责任能力的自然人均能构成本罪，依《刑法》第 231 条之规定，单位亦能构成本罪。单位犯本罪的，实行双罚制，即对单位判处罚金，对其直接负责的主管人员和其他直接责任人员依本条规定追究刑事责任。

4. 主观要件

本罪在主观方面表现为直接故意，间接故意与过失不构成本罪。

根据《刑法》第226条规定，犯本罪，处三年以下有期徒刑或者拘役，并处或者单处罚金；情节特别严重的，处三年以上七年以下有期徒刑，并处罚金。

【疑难指导】

一、交易对象的理解

成立本罪，不需要行为人以暴力、胁迫的手段强迫被害人与行为人进行交易，即强迫被害人与他人交易的不一定是施暴者。不管行为人强迫被害人与谁进行交易，行为人的行为都可以构成本罪。因为，强迫被害人与行为人从事交易的社会危害，与强迫被害人与第三人从事交易的社会危害，没有任何区别。[①]

二、对“威胁”的理解

（一）威胁程度：对当事人自由意志形成压制

关于威胁的程度，有三种代表性的观点：一是广义的威胁，只要是以使对方产生恐惧心理为目的而向他人告知害恶的情形均属于威胁，至于害恶的内容、性质、告知的方法及对方是否由此而产生了恐惧心理均在所不问。[②] 二是中义的威胁，是指足以使被害人产生恐惧心理并基于恐惧心理作为或不作为。在这种情况下，被强迫人仍有相当程度的意志自由。[③] 三是狭义的威胁，是指不仅引起了对方的恐惧心理，而且达到了足以抑制对方反抗的程度。在这种情况下，被强迫人因基本丧失了意志自由而不得已进行交易。[④] 应当说，行为人采取威胁的方式、威胁所用的器具、威胁的具体内容等多种多样，但是，无论是直接通过武器、爆炸物还是其他展示武力的行为，其本质必须具有直接的人身威胁性，并且能够足以让

---

① 参见张明楷：《刑法学》，法律出版社2021年版，第1102页。

② 参见陈洪兵、安文录：《胁迫类犯罪研究——兼析强迫交易罪及强迫职工劳动罪》，载《山西省政法管理干部学院学报》2004年第4期。

③ 参见周洪波、田凯：《破坏市场管理秩序犯罪司法适用》，法律出版社2005年版，第283页。

④ 参见刘宪权：《经济活动中以停止供货相威胁行为性质之司法认定》，载《政治与法律》2015年第8期。

人产生害怕、恐惧等让被害人丧失在自由意志支配下进行自由选择的情绪。只有达到这样的程度，才可以定义为强迫交易罪的威胁。

（二）威胁对象：与当事人有利害关系

威胁的对象范围不限于被害人本人，也不限于被害人或他人的人身安全。从《刑法》对威胁对象规定的范围来看，无论是对人身还是财产权利的威胁，均不妨碍认定属于“威胁”。威胁实施者与威胁对象，可以是交易相对人或第三人。毕竟，我国《刑法》关于强迫交易罪的五种情形规定中，后四种情形明确指出包括“他人”。对此，有人从刑法解释的角度进行论证。[①]

（三）威胁性质：与交易相关联

威胁与交易应存在明确或直接关联，必须是威胁被害人与行为人本人或第三人进行交易，而不是威胁被害人从事其他行为。否则，就不能以强迫交易罪论处。

三、此罪与彼罪的界限

强迫交易罪在实施过程中，行为人存在使用暴力的情况。实施暴力强迫交易，可能同时触犯抢劫罪、敲诈勒索罪，强迫交易罪和抢劫罪、敲诈勒索罪之间是想象竞合关系，同时触犯这些罪名时应当择一重罪处断。具体构成何罪，应当严格按照构成要件进行判断，在都构成的情况下，则按照想象竞合犯处理。

同时，行为人的暴力可能致人伤亡。如果致人伤亡，同时构成故意伤害等其他犯罪的，依据《最高人民检察院关于强迫借贷行为适用法律问题的批复》规定，按照处罚较重的犯罪处理。

【办案依据】

一、《刑法》规定

第二百二十六条 以暴力、威胁手段，实施下列行为之一，情节严重的，处三年以下有期徒刑或者拘役，并处或者单处罚金；情节特别严重的，处三年以上七年以下有期徒刑，并处罚金：

---

① 参见王恰、邵新：《强迫交易罪主体范围的再界定——从法发〔2018〕10号第13条切入》，载《法律适用》2021年第6期。

（一）强买强卖商品的；

（二）强迫他人提供或者接受服务的；

（三）强迫他人参与或者退出投标、拍卖的；

（四）强迫他人转让或者收购公司、企业的股份、债券或者其他资产的；

（五）强迫他人参与或者退出特定的经营活动的。

二、司法解释

《最高人民检察院关于强迫借贷行为适用法律问题的批复》（2014年4月17日，高检发释字〔2014〕1号）

以暴力、胁迫手段强迫他人借贷，属于刑法第二百二十六条第二项规定的“强迫他人提供或者接受服务”，情节严重的，以强迫交易罪追究刑事责任；同时构成故意伤害罪等其他犯罪的，依照处罚较重的规定定罪处罚。以非法占有为目的，以借贷为名采用暴力、胁迫手段获取他人财物，符合刑法第二百六十三条或者第二百七十四条规定的，以抢劫罪或者敲诈勒索罪追究刑事责任。

三、司法文件

（一）《最高人民法院、最高人民检察院、公安部、司法部关于办理利用信息网络实施黑恶势力犯罪刑事案件若干问题的意见》（2019年10月21日）

二、依法严惩利用信息网络实施的黑恶势力犯罪

5. 利用信息网络威胁他人，强迫交易，情节严重的，依照刑法第二百二十六条的规定，以强迫交易罪定罪处罚。

（二）《最高人民法院、最高人民检察院、公安部、司法部关于办理实施“软暴力”的刑事案件若干问题的意见》（2019年4月9日）

五、采用“软暴力”手段，使他人产生心理恐惧或者形成心理强制，分别属于《刑法》第二百二十六条规定的“威胁”、《刑法》第二百九十三条第一款第（二）项规定的“恐吓”，同时符合其他犯罪构成要件的，应当分别以强迫交易罪、寻衅滋事罪定罪处罚。

……

十一、雇佣、指使他人采用“软暴力”手段强迫交易、敲诈勒索，构成强迫交易罪、敲诈勒索罪的，对雇佣者、指使者，一般应当以共同犯罪中的主犯论处。

第八章 伪造、倒卖伪造的有价票证罪，倒卖车票、船票罪

【立案追诉标准】

伪造、倒卖伪造的有价票证案（《刑法》第227条第1款）

伪造或者倒卖伪造的车票、船票、邮票或者其他有价票证，涉嫌下列情形之一的，应予立案追诉：

（一）车票、船票票面数额累计二千元以上，或者数量累计五十张以上的；

（二）邮票票面数额累计五千元以上，或者数量累计一千枚以上的；

（三）其他有价票证价额累计五千元以上，或者数量累计一百张以上的；

（四）非法获利累计一千元以上的；

（五）其他数额较大的情形。

倒卖车票、船票案（《刑法》第227条第2款）

倒卖车票、船票或者倒卖车票坐席、卧铺签字号以及订购车票、船票凭证，涉嫌下列情形之一的，应予立案追诉：

（一）票面数额累计五千元以上的；

（二）非法获利累计二千元以上的；

（三）其他情节严重的情形。

《最高人民检察院、公安部关于公安机关管辖的刑事案件立案追诉标准的规定（一）》（2008年6月25日）第29条、第30条

【犯罪构成及刑事责任】

伪造、倒卖伪造的有价票证罪，倒卖车票、船票罪，是指伪造或者倒卖伪造的车票、船票、邮票或者其他有价票证，数额较大的行为。构成本罪需要具备以下四个要件：

1. 客体要件

本罪侵犯的客体是有价票证的管理活动，犯罪的对象是车票、船票、邮票等有价票证，这些票证都表示一定的货币数额，对于我国的交通运输、邮电事业具有重要意义，并直接关系到国民经济的发展。

2. 客观要件

本罪在客观方面表现为伪造或者倒卖伪造的车票、船票、邮票或者其他有价票证的行为。即仿造国家制作的各种有价票证的形状、图案、面值和颜色等，制作假票证，企图以假充真或者倒卖伪造的有价票证，从中牟利的行为。

3. 主体要件

本罪的主体是一般主体，即达到刑事责任年龄、具有刑事责任能力的人可以构成。依《刑法》第 231 条之规定，单位亦能成为本罪主体。单位犯本罪的实行双罚制，对单位判处罚金，对其直接负责的主管人员和直接责任人员按本罪论处。

4. 主观要件

本罪在主观方面表现为故意，且多具有营利的目的。

根据《刑法》第 227 条规定，犯本罪，处三年以下有期徒刑、拘役或者管制，并处或者单处票证价额一倍以上五倍以下罚金。

【疑难指导】

一、倒卖“有价票证”不构成本罪

我国《刑法》第 227 条规定的是伪造、倒卖伪造的有价票证罪和倒卖车票、船票罪，但是没有“倒卖有价票证罪”。对于有价票证而言，只有“伪造”和“倒卖伪造”这两种行为才构成犯罪，除此之外的行为不构成本罪，也就是说“倒卖”“有价票证”的行为不构成本罪。正因如此，有观点指出，有必要将倒卖车票、船票罪修改为倒卖有价票证罪。[①]

二、本罪与伪造、变造金融票证罪的界限

我国《刑法》第177条规定了伪造、变造金融票证罪，其中的伪造金融票证行为与本条规定的伪造有价票证行为有相似之处：一是在主观目的方面，二者在主观方面都有营利目的。二是在客观行为方面，二者都实施了伪造的行为。两者的相同之处导致罪名之间会互涉。当然，二者之间也存在区别：一是犯罪对象不同，伪造有价票证罪的犯罪对象是车票、船票等非金融性质的有价票证；而伪造金融票证罪的犯罪对象则是汇票、本票、支票、委托收款凭证、汇款凭证、银行存单、信用证、信用卡等金融性质票证。二是侵犯的客体不同，由于上述犯罪对象的不同，两种行为所侵害的社会关系不同即客体也不同，因而将两种犯罪归入不同案件。当然，对于同时触犯本罪和金融票证罪的，属于想象竞合犯，应择一重罪处断。

【办案依据】

一、《刑法》规定

第二百二十七条 伪造或者倒卖伪造的车票、船票、邮票或者其他有价票证，数额较大的，处二年以下有期徒刑、拘役或者管制，并处或者单处票证价额一倍以上五倍以下罚金；数额巨大的，处二年以上七年以下有期徒刑，并处票证价额一倍以上五倍以下罚金。

倒卖车票、船票，情节严重的，处三年以下有期徒刑、拘役或者管制，并处或者单处票证价额一倍以上五倍以下罚金。

二、司法解释

（一）《最高人民法院关于对变造、倒卖变造邮票行为如何适用法律问题的解释》（2000年12月5日，法释〔2000〕41号）

对变造或者倒卖变造的邮票数额较大的，应当依照刑法第二百二十七条第一

---

① 参见黄自强：《倒卖车票、船票罪之立法完善——以北京奥运门票转让为视角》，载《法治论坛》2008年第4期。

款的规定定罪处罚。

（二）《最高人民法院关于审理倒卖车票刑事案件有关问题的解释》（1999年9月6日，法释〔1999〕17号）

第一条 高价、变相加价倒卖车票或者倒卖坐席、卧铺签字号及订购车票凭证，票面数额在5000元以上，或者非法获利数额在2000元以上的，构成刑法第二百二十七条第二款规定的“倒卖车票情节严重”。

第九章　非法转让、倒卖土地使用权罪

【立案追诉标准】

非法转让、倒卖土地使用权案（《刑法》第228条）

以牟利为目的，违反土地管理法规，非法转让、倒卖土地使用权，涉嫌下列情形之一的，应予立案追诉：

（一）非法转让、倒卖永久基本农田五亩以上的；

（二）非法转让、倒卖永久基本农田以外的耕地十亩以上的；

（三）非法转让、倒卖其他土地二十亩以上的；

（四）违法所得数额在五十万元以上的；

（五）虽未达到上述数额标准，但因非法转让、倒卖土地使用权受过行政处罚，又非法转让、倒卖土地的；

（六）其他情节严重的情形。

《最高人民检察院、公安部关于公安机关管辖的刑事案件立案追诉标准的规定（二）》（2022年4月29日）第72条

【犯罪构成及刑事责任】

非法转让、倒卖土地使用权罪，是指以牟利为目的，违反土地管理法规，非法转让、倒卖土地使用权，情节严重的行为。构成本罪需要具备以下四个要件：

1. 客体要件

本罪侵犯的客体是国家的土地管理制度。

2. 客观要件

本罪在客观方面表现为违反土地管理法规，非法转让、倒卖上地使用权，情节严重的行为。

（1）必须是违反土地管理法规的行为

土地管理法规，是指以《土地管理法》为代表的一系列土地管理法规。如《土地管理法》《城镇国有土地使用权出让和转让暂行条例》《土地管理法实施条例》等。

（2）必须是非法转让、倒卖土地使用权的行为

所谓倒卖土地使用权，是指将土地使用权非法出卖给他人，或者为了出卖而向他人收买、租借土地使用权等，有的是明码标价予以出卖；有的则是以某种形式掩盖其土地买卖的事实，如明里购买他人的厂房，暗里则是购买厂房所占地的土地使用权，借买他人住宅之名行占他人宅基地使用权之实等。

本罪属情节犯，非法转让、倒卖土地使用权的行为必须达到情节严重，才能构成本罪。所谓情节严重，主要是指多次实施本罪行为的；非法转让、倒卖土地使用权数量较大的；牟取非法利益较大的；造成土地严重破坏或荒芜的；其他情节严重的情形。

3. 主体要件

本罪的主体为一般主体。凡达到刑事责任年龄，具备刑事责任能力的自然人均可成为本罪主体。依据我国《刑法》第 231 条规定，单位亦能构成本罪。单位犯本罪的，对单位判处罚金，对其直接负责的主管人员和其他直接责任人员追究刑事责任。

4. 主观要件

本罪在主观方面表现为故意，并且以牟利为目的，不以牟利为目的，不构成本罪。牟利不仅是行为人谋取金钱上的利益，而且也指行为人谋取其他不正当的利益，例如为了出国办理护照、为了升官等。

根据《刑法》第 228 条规定，犯本罪，处三年以下有期徒刑或者拘役，并处

或者单处非法转让、倒卖土地使用权价额百分之五以上百分之二十以下罚金；情节特别严重的，处三年以上七年以下有期徒刑，并处非法转让、倒卖土地使用权价额百分之五以上百分之二十以下罚金。

【疑难指导】

一、本罪成立的前提条件

从罪名本身的规定来看，行为人非法转让、倒卖的是“土地使用权”，而不是其他物品或权益。因此，构成本罪的前提是，行为人拥有特定的国有或集体所有土地使用权，只有拥有土地使用权才可能对其进行转让和倒卖。至于行为人是通过出让还是转让乃至划拨获得，在所不问。也就是说，土地使用权是本罪的犯罪对象和成立前提，如果行为人没有实际取得、拥有土地使用权，就不可能实施符合本罪构成要件的具体行为，也不可能侵害本罪的客体。实际取得土地使用权之前的转让行为，应由民法调整。[①] 司法实践中，许多判例都将在实际中并未取得土地使用权，而以行为人实际交易土地权利的内容作为判定犯罪的依据。[②] 这是值得引起警惕和高度关注的。因此，必须明确，非法转让土地使用权是在以受让、划拨或其他方式合法取得土地使用权的前提下，行为人违反国家关于土地使用权转让的法律规定，将土地使用权非法转让给他人。[③] 土地使用权是否存在、是否为行为人所具有，是判断能否构成该罪的前提。

二、以股权转让方式转让土地使用权不宜认定为犯罪

司法实践中存在将“以股权转让方式转让土地使用权”的情形认定为犯罪的做法。近年来，较多学者和司法实务者指出，该类情况不应当以“非法转让、倒卖土地使用权罪”定罪处罚。理由为：[④]

一是该种行为符合《公司法》的相关规定。《公司法》第 27 条规定，股东可

---

① 参见周光权：《非法倒卖转让土地使用权罪研究》，载《法学论坛》2014 年第 5 期。

② 参见金丹：《非法转让、倒卖土地使用权罪实务探析》，载《中国检察官》2015 年第 7 期（下）。

③ 参见邹清平：《非法转让、倒卖土地使用权罪探析》，载《法学评论》2007 年第 4 期。

④ 参见周光权：《非法倒卖转让土地使用权罪研究》，载《法学论坛》2014 年第 5 期。

以用土地使用权等“可以用货币估价并可以依法转让的非货币财产作价出资”；第71条规定，“有限责任公司的股东之间可以相互转让其全部或者部分股权”。根据《土地管理法》第60条等规定，土地使用权可以入股。从我国《土地管理法》《公司法》的以上规定看，以转让股权方式转让土地使用权，从股权转让的角度完全符合我国相关法律的规定，因为形式上转让土地使用权的行为，实质上只不过是转让了公司的非货币财产。

二是该种行为并不导致土地使用权转出所在公司，即土地使用权只是从公司的一个股东名下转到另一个股东名下，其实质上依然是作为出资留在公司。也就是说，这种股权转让并不影响土地使用权主体的变更，转让之后的土地使用权依然是公司享有。从物权流转的角度分析，这种从此股东名下转让到彼股东名下的交易模式并没有真正实现土地使用权主体的变更，当然也不存在违反土地流转等方面的法律法规的可能。

三是土地使用权股权转移在股市中大量存在，将该种行为作为犯罪处理不符合现实。股市中，房地产企业和非房地产企业都大量存在土地使用权作为股权转让的情况，这种行为如果作为犯罪行为处理，就会使现有的股权转让行为存在严重的不安全性和不可预测性，也会严重损害市场交易秩序，势必阻碍市场经济的发展。

四是刑法的属性是保障法，是“第二次的法”，只有违反其他法律，其他法律难以处理或者其他法律的处理达不到行为与惩罚相对应的比例，难以达到人们预期的效果，难以发挥法律的惩恶扬善功能时，才需要动用刑法调整。某种行为，如果不违反民事、行政等方面的法律，即没有违背“第一次的法”，便不宜以刑法规定的犯罪进行处罚。也就是说，刑法上认定某种行为构成犯罪，应当以民事上构成违约或侵权、行政上违反行政管理法规等情形为前提，不能将民事、行政上合法的行为纳入刑法上的犯罪进行评价。否则，刑法就违背了作为保障法的性质。

三、构成本罪的常见情形[①]

（一）将农村集体土地直接出租、出售的

《土地管理法》明确规定，农民集体所有的土地的使用权不得出让、转让或者

① 以下情形均为笔者从相关裁判文书中总结得来。

出租于非农业建设，未经法定程序不得私自改变土地性质；禁止擅自将农民集体所有的土地通过出让、转让土地使用权或者出租等方式用于非农业建设。符合法律规定的用地者在依法取得集体土地使用权后，未经法定程序，非法转让、倒卖给他人的，其行为显然违反了《土地管理法》等行政法规的规定，即违反了《刑法》的前置法，具有违法性。司法实践中，将农村集体土地直接出租、出售的情况有以下几种：（1）将农村土地作为宅基地出售的；（2）把农村集体土地非法直接变卖的；（3）农民将本人承包经营的责任田转让给他人用于房地产开发的；（4）将集体土地租赁给他人投资办厂的。

（二）擅自改变城市土地用途出售的

城市市区的土地属于国家所有，城市土地用途的改变，必须经过法定程序批准；取得土地使用权后，未经法定程序批准，或者以欺骗手段取得土地使用权后隐瞒真相改变土地使用权的，均违反了我国《土地管理法》的规定。如果达到我国《刑法》的追诉标准，依法应当追究行为人刑事责任。例如，行为人以修建教学科研配套设施、教职工宿舍、老年大学等名义获得土地使用权，获得土地使用权后未经法定程序，擅自改变土地用途，在获得的土地上擅自修建住房后出售牟利的，构成本罪。

（三）合法获批土地后直接出售的

行为人以合法形式取得土地使用权后，并未按照申请事项依法使用土地，而是将获批的土地转手出售。该种情况下，行为人未经法定程序私自出售转卖土地，违反我国《土地管理法》等法律法规规定，应当以本罪论处。

（四）直接转手倒卖城市土地的

城市市区的土地归国家所有；城市郊区的土地归集体所有。根据《土地管理法》的相关规定，不得私自转让、出租土地。直接将依法获得的城市土地进行倒卖的，构成本罪。

【办案依据】

一、《刑法》规定

第二百二十八条 以牟利为目的，违反土地管理法规，非法转让、倒卖土地使用权，情节严重的，处三年以下有期徒刑或者拘役，并处或者单处非法转让、倒卖土地使用权价额百分之五以上百分之二十以下罚金；情节特别严重的，处三年以上七年以下有期徒刑，并处非法转让、倒卖土地使用权价额百分之五以上百分之二十以下罚金。

二、立法解释

《全国人民代表大会常务委员会关于〈中华人民共和国刑法〉第二百二十八条、第三百四十二条、第四百一十条的解释》（2001 年 8 月 31 日）

刑法第二百二十八条、第三百四十二条、第四百一十条规定的“违反土地管理法规”，是指违反土地管理法、森林法、草原法等法律以及有关行政法规中关于土地管理的规定。

三、司法解释

《最高人民法院关于审理破坏土地资源刑事案件具体应用法律若干问题的解释》（2000 年 6 月 19 日，法释〔2000〕14 号）

第一条　以牟利为目的，违反土地管理法规，非法转让、倒卖土地使用权，具有下列情形之一的，属于非法转让、倒卖土地使用权“情节严重”，依照刑法第二百二十八条的规定，以非法转让、倒卖土地使用权罪定罪处罚：

（一）非法转让、倒卖基本农田五亩以上的；

（二）非法转让、倒卖基本农田以外的耕地十亩以上的；

（三）非法转让、倒卖其他土地二十亩以上的；

（四）非法获利五十万元以上的；

（五）非法转让、倒卖土地接近上述数量标准并具有其他恶劣情节的，如曾因非法转让、倒卖土地使用权受过行政处罚或者造成严重后果等。

第二条　实施第一条规定的行为，具有下列情形之一的，属于非法转让、倒卖土地使用权“情节特别严重”：

（一）非法转让、倒卖基本农田十亩以上的；

（二）非法转让、倒卖基本农田以外的耕地二十亩以上的；

（三）非法转让、倒卖其他土地四十亩以上的；

（四）非法获利一百万元以上的；

（五）非法转让、倒卖土地接近上述数量标准并具有其他恶劣情节，如造成严重后果等。

第八条 单位犯非法转让、倒卖土地使用权罪、非法占有耕地罪的定罪量刑标准，依照本解释第一条、第二条、第三条的规定执行。

第九条 多次实施本解释规定的行为依法应当追诉的，或者一年内多次实施本解释规定的行为未经处理的，按照累计的数量、数额处罚。

四、其他法规

《土地管理法》（2019年8月26日）

第七十二条 县级以上人民政府自然资源主管部门在监督检查工作中发现土地违法行为构成犯罪的，应当将案件移送有关机关，依法追究刑事责任；尚不构成犯罪的，应当依法给予行政处罚。

第七十四条 买卖或者以其他形式非法转让土地的，由县级以上人民政府自然资源主管部门没收违法所得；对违反土地利用总体规划擅自将农用地改为建设用地的，限期拆除在非法转让的土地上新建的建筑物和其他设施，恢复土地原状，对符合土地利用总体规划的，没收在非法转让的土地上新建的建筑物和其他设施；可以并处罚款；对直接负责的主管人员和其他直接责任人员，依法给予处分；构成犯罪的，依法追究刑事责任。

第七十五条 违反本法规定，占用耕地建窑、建坟或者擅自在耕地上建房、挖砂、采石、采矿、取土等，破坏种植条件的，或者因开发土地造成土地荒漠化、盐渍化的，由县级以上人民政府自然资源主管部门、农业农村主管部门等按照职责责令限期改正或者治理，可以并处罚款；构成犯罪的，依法追究刑事责任。

第七十七条 未经批准或者采取欺骗手段骗取批准，非法占用土地的，由县级以上人民政府自然资源主管部门责令退还非法占用的土地，对违反土地利用总体规划擅自将农用地改为建设用地的，限期拆除在非法占用的土地上新建的建筑物和其他设施，恢复土地原状，对符合土地利用总体规划的，没收在非法占用的土地上新建的建筑物和其他设施，可以并处罚款；对非法占用土地单位的直接负责的主管人员和其他直接责任人员，依法给予处分；构成犯罪的，依法追究刑事责任。

超过批准的数量占用土地，多占的土地以非法占用土地论处。

第七十九条　无权批准征收、使用土地的单位或者个人非法批准占用土地的，超越批准权限非法批准占用土地的，不按照土地利用总体规划确定的用途批准用地的，或者违反法律规定的程序批准占用、征收土地的，其批准文件无效，对非法批准征收、使用土地的直接负责的主管人员和其他直接责任人员，依法给予处分；构成犯罪的，依法追究刑事责任。非法批准、使用的土地应当收回，有关当事人拒不归还的，以非法占用土地论处。

非法批准征收、使用土地，对当事人造成损失的，依法应当承担赔偿责任。

第十章　提供虚假证明文件罪

【立案追诉标准】

提供虚假证明文件案（《刑法》第229条第1款）

承担资产评估、验资、验证、会计、审计、法律服务、保荐、安全评价、环境影响评价、环境监测等职责的中介组织的人员故意提供虚假证明文件，涉嫌下列情形之一的，应予立案追诉：

（一）给国家、公众或者其他投资者造成直接经济损失数额在五十万元以上的；

（二）违法所得数额在十万元以上的；

（三）虚假证明文件虚构数额在一百万元以上且占实际数额百分之三十以上的；

（四）虽未达到上述数额标准，但二年内因提供虚假证明文件受过二次以上行政处罚，又提供虚假证明文件的；

（五）其他情节严重的情形。

《最高人民检察院、公安部关于公安机关管辖的刑事案件立案追诉标准的规定（二）》（2022年4月29日）第73条

【犯罪构成及刑事责任】

提供虚假证明文件罪，是指承担资产评估、验资、验证、会计、审计、法律

服务等职责的中介组织及其人员故意提供虚假证明文件、情节严重的行为。构成本罪需要具备以下四个要件：

1. 客体要件

本罪侵害的客体是国家的工商管理制度。我国《公司法》对有限责任公司、股份有限公司的成立规定了严格的条件，如《公司法》第23条规定了有限责任公司注册资本的最低限额；第152条规定了股份有限公司股本总额的最低限额。这对保护公司、股东和债权人的合法利益是十分必要的。因此，故意或过失提供虚假的证明文件的行为，可能致使不具备成立条件的有限责任公司或股份有限公司得以成立，从而违反了《公司法》的有关规定，妨碍了国家工商管理部门对公司的有效管理。

本罪的犯罪对象为评估事务所、注册会计师事务所和审计事务所等单位或个人提供的有关公司成立或经营情况的各类虚假的证明文件，主要有以下几类：

（1）评估报告。资产评估事务所及评估师对公司发起人以物产、工业产权、专利技术折抵注册资本而开具的评估报告或证明。

（2）验资报告。注册会计师或审计师对公司的注册资本进行查验，以确定其是否符合公司法有关条款的规定。

（3）验证报告。除资金情况验证外，注册会计师还应对公司的招股说明书、资产负债表、损益表、近三年公司经济利润情况表及公积金提取情况表等文件进行审查，然后开具验证文件。

（4）审计报告。审计师对公司各类经营情况进行审计，然后开具审计报告。

（5）其他报告。如会计报表、律师的法律意见书等。

2. 客观要件

本罪在客观方面表现为提供虚假证明文件，情节严重的行为。所谓证明文件，在这里是指资产评估报告、验资证明、验证证明、审计报告等中介证明；所谓虚假的证明文件，是指上述证明文件的内容不符合事实、不真实，或杜撰、编造、虚构了事实，或隐瞒了事实真相。虚假，既可以是全部内容虚假，又可以是其中的主要内容虚假。

3. 主体要件

本罪的主体是具有一定身份的特殊主体。根据《公司法》的有关规定，下列人员可以成为本罪的犯罪主体：

（1）资产评估师。公司成立的发起人以实物、工业产权、非专利技术、土地使用权作为自己股款的，其在公司中的所持股份数额，应由资产评估师作出评估，并出具相应的资产评估报告，核实财产，不得高估或低估作价。

（2）注册会计师。公司成立的发起人应当一次性地按所认股份的数额缴足股金，并由章程规定或者事先约定的银行或其他金融单位出具收款单据；对于有限责任公司，应有足够的注册资本，对于发起人认购股金及有限责任公司的注册资金情况，注册会计师应该认真核实有关账目，加以验证，出具有关证明材料。

（3）审计师。审计师代表国家依法对即将成立的公司金融状况进行审计，其中包括对股份制公司的招股说明书，当年的资产负债表、损益表、财会变动情况表，连续二年的经营情况表等依法进行审查，对虚假的、能够使认购股票的法人或公众股民遭受重大经济损失的公司文件应及时予以揭露，并予以相应的处理。反之，如果出任审查的审计师与公司恶意串通，为公司出具虚假的证明文件，使其他法人或公民在经济上遭受损失，造成严重影响，则该审计师构成本罪主体。

（4）其他人员。除上述三类人员外，法律服务人员及其他行使评估师、注册会计师、审计师职权的人亦可成为本罪主体，这些人虽不具有评估师、注册会计师及审计师的职称（如未取得注册会计师资格的会计师），但受委托从事了评估师、注册会计师或审计师、法律服务的工作，所出具的证明文件，同样具备法律效力。因此，这些人亦可能构成本罪的主体。

根据《刑法》第231条之规定，单位也可以成为本罪的主体。如果评估事务所、注册会计师事务所、审计师事务所或法律服务机构等单位与公司恶意串通，指定其人员为该公司出具虚假的验资证明等文件，情节严重的，则该单位也可以成为本罪主体。

4. 主观要件

本罪在主观方面必须出于故意，即明知自己所提供的有关证明文件有虚假内容但仍决意提供。过失不能构成本罪，构成犯罪的，应以出具证明文件重大失实罪等定罪处罚。至于其动机则多种多样，有的是贪图钱财，有的是碍于情面，有的是讨好他人，有的是迷恋女色，有的是有求于他人，有的是出于报复等，但无论动机如何，均不影响本罪成立。

根据《刑法》第229条第1款规定，犯本罪，处五年以下有期徒刑或者拘役，并处罚金；有下列情形之一的，处五年以上十年以下有期徒刑，并处罚金：（一）提供与证券发行相关的虚假的资产评估、会计、审计、法律服务、保荐等证明文件，情节特别严重的；（二）提供与重大资产交易相关的虚假的资产评估、会计、审计等证明文件，情节特别严重的；（三）在涉及公共安全的重大工程、项目中提供虚假的安全评价、环境影响评价等证明文件，致使公共财产、国家和人民利益遭受特别重大损失的。

【疑难指导】

一、本罪与违规披露、不披露重要信息罪的区分

一是客体不同。本罪侵害的客体是国家的工商管理制度；违规披露、不披露重要信息罪的客体是复杂客体，即公司财务会计管理制度和股东及其他人的合法权益。二是本罪的主体是具有一定身份的特殊主体，根据我国刑法对本罪的相关规定，主要是指资产评估师、注册会计师、审计师、法律服务人员等；违规披露、不披露重要信息罪的犯罪主体是公司及其直接责任人员，包括《公司法》中所规定的在中国境内注册的股份有限公司、有限责任公司及其子公司。

如果有关公司、企业与承担资产评估、验资、验证、会计、审计、法律服务等职责的中介组织人员进行串通，由中介组织人员提供虚假的证明文件，相关的公司、企业再根据该证明文件向股东和社会公众提供虚假财会报告或者披露虚假信息的，从共同犯罪理论来看，此时有关公司、企业和中介组织人员本有共同犯罪关系，但鉴于立法已专门规定了提供虚假证明文件罪，故该公司、企业和中介组织人员，应分别以违规披露、不披露重要信息罪和提供虚假证明文件罪论处。

二、本罪与伪证罪的区分

伪证罪，是指在侦查、审判中证人、鉴定人、记录人、翻译人故意做虚假证明、鉴定、记录、翻译，意图陷害他人或隐瞒罪证的行为。本罪与伪证罪的区别

主要有以下几个方面：

一是犯罪主体不同。伪证罪中的犯罪主体，是刑事诉讼参与人，包括证人、鉴定人、记录人及翻译人员；而本罪的犯罪主体，主要是从事资产评估、验资或验证的评估师、注册会计师、审计师、法律服务人员等。两者都是身份犯，但具体的身份不同。

二是侵犯的客体不同。伪证罪侵犯的客体是公民的人身权利和司法机关的正常活动；而本罪侵犯的客体是国家对工商企业的管理活动。

三是行为的表现方式不同。伪证罪行为表现方式是：行为人在刑事案件的侦查、审判过程中故意出具虚假的证言、鉴定结论以及翻译文件等。而本罪中，行为人的行为发生在公司申请登记或公司经营的验资、验证过程中，所出具的虚假证明文件也都与公司成立、经营等内容有关。

三、本罪与伪造、变造、买卖或者盗窃、抢夺、毁灭国家机关、企业、事业单位、人民团体的公文、证件、印章罪的界限

二者的共同点在于：它们都是故意犯罪；犯罪对象都是内容有一定意义的证明文件。但是，两者之间存在比较明显的区别。主要表现在：

一是犯罪客体不同。后者侵犯的是国家机关、企业、事业单位、人民团体的正常管理活动及其信誉，其犯罪对象为公文、证件、印章；本罪侵犯的是国家对工商企业的管理活动，其侵犯的对象为有关公司成立或生产经营的证明文件。

二是犯罪的客观方面不同。后者表现为伪造、变造或者盗窃、抢夺、毁灭公文、证件、印章的行为，所谓伪造，是指无权制作者制作不真实的公文、证件、印章；本罪表现为承担资产评估、验资、验证、审计职责的人员或单位故意提供虚假证明文件、情节严重的行为，它是有权制作者出具了不真实的证明文件。

三是犯罪主体不同。后者的主体为一般主体，即达到法定年龄，具有刑事责任能力的人都能构成，其主体为自然人，不包括单位；本罪的主体为特殊主体，行为人必须具备一定的身份才能构成，具体来说，其主体为承担资产评估、验资、验证、会计、审计、法律服务等职责的中介组织的人员或单位，既包括自然人，也包括单位。

【办案依据】

一、《刑法》规定

第二百二十九条 承担资产评估、验资、验证、会计、审计、法律服务、保荐、安全评价、环境影响评价、环境监测等职责的中介组织的人员故意提供虚假证明文件，情节严重的，处五年以下有期徒刑或者拘役，并处罚金；有下列情形之一的，处五年以上十年以下有期徒刑，并处罚金：

（一）提供与证券发行相关的虚假的资产评估、会计、审计、法律服务、保荐等证明文件，情节特别严重的；

（二）提供与重大资产交易相关的虚假的资产评估、会计、审计等证明文件，情节特别严重的；

（三）在涉及公共安全的重大工程、项目中提供虚假的安全评价、环境影响评价等证明文件，致使公共财产、国家和人民利益遭受特别重大损失的。

有前款行为，同时索取他人财物或者非法收受他人财物构成犯罪的，依照处罚较重的规定定罪处罚。

第一款规定的人员，严重不负责任，出具的证明文件有重大失实，造成严重后果的，处三年以下有期徒刑或者拘役，并处或者单处罚金。

二、司法解释

（一）《最高人民法院、最高人民检察院关于办理妨害信用卡管理刑事案件具体应用法律若干问题的解释》（2018年11月28日，法释〔2018〕19号）

第四条第二款 承担资产评估、验资、验证、会计、审计、法律服务等职责的中介组织或其人员，为信用卡申请人提供虚假的财产状况、收入、职务等资信证明材料，应当追究刑事责任的，依照刑法第二百二十九条的规定，分别以提供虚假证明文件罪和出具证明文件重大失实罪定罪处罚。

（二）《最高人民法院、最高人民检察院关于办理环境污染刑事案件适用法律若干问题的解释》（2016年12月23日，法释〔2016〕29号）

第九条 环境影响评价机构或其人员，故意提供虚假环境影响评价文件，情节严重的，或者严重不负责任，出具的环境影响评价文件存在重大失实，造成严重后果的，应当依照刑法第二百二十九条、第二百三十一条的规定，以提供虚假证明文件罪或者出具证明文件重大失实罪定罪处罚。

三、其他法规

（一）《安全生产法》（2021年6月10日）

第七十二条 承担安全评价、认证、检测、检验职责的机构应当具备国家规定的资质条件，并对其作出的安全评价、认证、检测、检验结果的合法性、真实性负责。资质条件由国务院应急管理部门会同国务院有关部门制定。

承担安全评价、认证、检测、检验职责的机构应当建立并实施服务公开和报告公开制度，不得租借资质、挂靠、出具虚假报告。

第九十二条 承担安全评价、认证、检测、检验职责的机构出具失实报告的，责令停业整顿，并处三万元以上十万元以下的罚款；给他人造成损害的，依法承担赔偿责任。

承担安全评价、认证、检测、检验职责的机构租借资质、挂靠、出具虚假报告的，没收违法所得；违法所得在十万元以上的，并处违法所得二倍以上五倍以下的罚款，没有违法所得或者违法所得不足十万元的，单处或者并处十万元以上二十万元以下的罚款；对其直接负责的主管人员和其他直接责任人员处五万元以上十万元以下的罚款；给他人造成损害的，与生产经营单位承担连带赔偿责任；构成犯罪的，依照刑法有关规定追究刑事责任。

对有前款违法行为的机构及其直接责任人员，吊销其相应资质和资格，五年内不得从事安全评价、认证、检测、检验等工作；情节严重的，实行终身行业和职业禁入。

（二）《道路交通安全法》（2021年4月29日）

第十三条 对登记后上道路行驶的机动车，应当依照法律、行政法规的规定，根据车辆用途、载客载货数量、使用年限等不同情况，定期进行安全技术检验。对提供机动车行驶证和机动车第三者责任强制保险单的，机动车安全技术检验机构应当予以检验，任何单位不得附加其他条件。对符合机动车国家安全技术标准的，公安机关交通管理部门应当发给检验合格标志。

对机动车的安全技术检验实行社会化。具体办法由国务院规定。

机动车安全技术检验实行社会化的地方，任何单位不得要求机动车到指定的场所进行检验。

公安机关交通管理部门、机动车安全技术检验机构不得要求机动车到指定的场所进行维修、保养。

机动车安全技术检验机构对机动车检验收取费用，应当严格执行国务院价格主管部门核定的收费标准。

第九十四条 机动车安全技术检验机构实施机动车安全技术检验超过国务院价格主管部门核定的收费标准收取费用的，退还多收取的费用，并由价格主管部门依照《中华人民共和国价格法》的有关规定给予处罚。

机动车安全技术检验机构不按照机动车国家安全技术标准进行检验，出具虚假检验结果的，由公安机关交通管理部门处所收检验费用五倍以上十倍以下罚款，并依法撤销其检验资格；构成犯罪的，依法追究刑事责任。

（三）《证券法》（2019 年 12 月 28 日）

第一百六十条 会计师事务所、律师事务所以及从事证券投资咨询、资产评估、资信评级、财务顾问、信息技术系统服务的证券服务机构，应当勤勉尽责、恪尽职守，按照相关业务规则为证券的交易及相关活动提供服务。

从事证券投资咨询服务业务，应当经国务院证券监督管理机构核准；未经核准，不得为证券的交易及相关活动提供服务。从事其他证券服务业务，应当报国务院证券监督管理机构和国务院有关主管部门备案。

第一百六十三条 证券服务机构为证券的发行、上市、交易等证券业务活动制作、出具审计报告及其他鉴证报告、资产评估报告、财务顾问报告、资信评级报告或者法律意见书等文件，应当勤勉尽责，对所依据的文件资料内容的真实性、准确性、完整性进行核查和验证。其制作、出具的文件有虚假记载、误导性陈述或者重大遗漏，给他人造成损失的，应当与委托人承担连带赔偿责任，但是能够证明自己没有过错的除外。

（四）《证券投资基金法》（2015 年 4 月 24 日）

第一百四十三条 会计师事务所、律师事务所未勤勉尽责，所出具的文件有虚假记载、误导性陈述或者重大遗漏的，责令改正，没收业务收入，暂停或者撤销相关业务许可，并处业务收入一倍以上五倍以下罚款。对直接负责的主管人员和其他直接责任人员给予警告，并处三万元以上十万元以下罚款。

第一百四十九条 违反本法规定，构成犯罪的，依法追究刑事责任。

（五）《注册会计师法》（2014年8月31日）

第二十条 注册会计师执行审计业务，遇有下列情形之一的，应当拒绝出具有关报告：

（一）委托人示意其作不实或者不当证明的；

（二）委托人故意不提供有关会计资料和文件的；

（三）因委托人有其他不合理要求，致使注册会计师出具的报告不能对财务会计的重要事项作出正确表述的。

第二十一条 注册会计师执行审计业务，必须按照执业准则、规则确定的工作程序出具报告。

注册会计师执行审计业务出具报告时，不得有下列行为：

（一）明知委托人对重要事项的财务会计处理与国家有关规定相抵触，而不予指明；

（二）明知委托人的财务会计处理会直接损害报告使用人或者其他利害关系人的利益，而予以隐瞒或者作不实的报告；

（三）明知委托人的财务会计处理会导致报告使用人或者其他利害关系人产生重大误解，而不予指明；

（四）明知委托人的会计报表的重要事项有其他不实的内容，而不予指明。

对委托人有前款所列行为，注册会计师按照执业准则、规则应当知道的，适用前款规定。

第三十九条 会计师事务所违反本法第二十条、第二十一条规定的，由省级以上人民政府财政部门给予警告，没收违法所得，可以并处违法所得一倍以上五倍以下的罚款；情节严重的，并可以由省级以上人民政府财政部门暂停其经营业务或者予以撤销。

注册会计师违反本法第二十条、第二十一条规定的，由省级以上人民政府财政部门给予警告；情节严重的，可以由省级以上人民政府财政部门暂停其执行业务或者吊销注册会计师证书。

会计师事务所、注册会计师违反本法第二十条、第二十一条的规定，故意出具虚假的审计报告、验资报告，构成犯罪的，依法追究刑事责任。

（六）《公司法》（2018年10月26日）

第二百零七条 承担资产评估、验资或者验证的机构提供虚假材料的，由公司登记机关没收违法所得，处以违法所得一倍以上五倍以下的罚款，并可以由有关主管部门依法责令该机构停业、吊销直接责任人员的资格证书，吊销营业执照。

承担资产评估、验资或者验证的机构因过失提供有重大遗漏的报告的，由公司登记机关责令改正，情节较重的，处以所得收入一倍以上五倍以下的罚款，并可以由有关主管部门依法责令该机构停业、吊销直接责任人员的资格证书，吊销营业执照。

承担资产评估、验资或者验证的机构因其出具的评估结果、验资或者验证证明不实，给公司债权人造成损失的，除能够证明自己没有过错的外，在其评估或者证明不实的金额范围内承担赔偿责任。

第二百一十五条 违反本法规定，构成犯罪的，依法追究刑事责任。

第十一章　出具虚假证明文件重大失实罪

【立案追诉标准】

出具证明文件重大失实案（《刑法》第229条第3款）

承担资产评估、验资、验证、会计、审计、法律服务、保荐、安全评价、环境影响评价、环境监测等职责的中介组织的人员严重不负责任，出具的证明文件有重大失实，涉嫌下列情形之一的，应予立案追诉：

（一）给国家、公众或者其他投资者造成直接经济损失数额在一百万元以上的；

（二）其他造成严重后果的情形。

《最高人民检察院、公安部关于公安机关管辖的刑事案件立案追诉标准的规定（二）》（2022年4月29日）第74条

【犯罪构成及刑事责任】

出具虚假证明文件重大失实罪，是指在涉及公共安全的重大工程、项目中提供虚假的安全评价、环境影响评价等证明文件，致使公共财产、国家和人民利益遭受特别重大损失的行为。构成本罪需要具备以下四个要件：

1. 客体要件

本罪侵害的客体是国家的管理秩序，犯罪对象是指资产评估报告、验资证明、验证证明、审计报告等中介证明。

2. 客观要件

本罪在客观方面表现为严重不负责任，出具的证明文件有重大失实，造成严重后果的行为。严重不负责任是构成本罪的前提，如果工作认真负责，完全因受蒙蔽无法发现或确因水平、能力的限制而没有发现的，则不能以本罪论处。严重不负责任，既可以表现为该为而根本不为，也可以表现为马马虎虎、草率应付，不认真而为。

3. 主体要件

本罪的主体为特殊主体，只有承担资产评估、验资、验证、会计、审计、法律服务等职责的中介组织及人员，才能构成本罪，其他单位或个人不能成为本罪的主体。

4. 主观要件

本罪在主观方面必须出于过失，即应当预见自己严重不负责任的行为，可能造成证明文件的重大失实，并产生严重后果，却因疏忽大意没有预见或者虽有预见但轻信能够避免，因而造成证明文件的重大失实并发生了严重后果。

根据《刑法》第229条规定，犯本罪，处三年以下有期徒刑或者拘役，并处或者单处罚金。

【疑难指导】

未取得相关从业资格证书的人员能否成为本罪主体?① 司法实践中，存在没有取得相关从业资格证书的人员从事相关工作的现象，比如未取得审计资格证书的人员参与审计工作，在审计时严重不负责任造成严重后果，其能否构成本罪存在争议。应当说，该类人员符合构成本罪的主体要件。

首先，从文义解释的角度看，我国《刑法》第229条关于该罪主体的规定是“承担资产评估、验资、验证、会计、审计、法律服务、保荐、安全评价、环境影响评价、环境监测等职责的中介组织的人员”。语法结构上，“承担……职责的”“中介组织的”是人员的定语，定语中强调的是承担相应的职责，且属于中介机

① 需要说明的是，本章关于该问题的论述，同样适用于“提供虚假证明文件罪”。

构，满足这两项条件的人员就可以构成本罪。也就是说，法条规定并没有对是否具有承担该项职责的证书进行明确，而是看行为人是否承担了该项职责，采取的是“职责论”的立场。该规定以及作出“职责论”的解释，不但符合文义解释的原理，也与我国刑法中关于“职权论”的规定和解释相协调。

其次，从社会危害的角度看，只要从事本条规定的构成本罪的几项职责的人，违反法律规定实施了相应的行为，均会产生相应的社会危害后果，并不因为行为人是否具有相应的资格证书而有所区别。

因此，对于未取得相关从业资格证书的人员来说，其依然能够构成本罪，即，行为人是否具有相应的资格证书不是本罪的关键，承担了本条关于构成该罪的几项职责才是关键。[1]

【办案依据】

一、《刑法》规定

第二百二十九条 承担资产评估、验资、验证、会计、审计、法律服务、保荐、安全评价、环境影响评价、环境监测等职责的中介组织的人员故意提供虚假证明文件，情节严重的，处五年以下有期徒刑或者拘役，并处罚金；有下列情形之一的，处五年以上十年以下有期徒刑，并处罚金：

（一）提供与证券发行相关的虚假的资产评估、会计、审计、法律服务、保荐等证明文件，情节特别严重的；

（二）提供与重大资产交易相关的虚假的资产评估、会计、审计等证明文件，情节特别严重的；

（三）在涉及公共安全的重大工程、项目中提供虚假的安全评价、环境影响评价等证明文件，致使公共财产、国家和人民利益遭受特别重大损失的。

有前款行为，同时索取他人财物或者非法收受他人财物构成犯罪的，依照处罚较重的规定定罪处罚。

---

① 参见王耀彬：《社会审计人员出具证明文件重大失实罪的实质解读》，载《审计月刊》2021 年第 1 期。

第一款规定的人员，严重不负责任，出具的证明文件有重大失实，造成严重后果的，处三年以下有期徒刑或者拘役，并处或者单处罚金。

二、司法文件

《最高人民检察院、公安部关于公安机关管辖的刑事案件立案追诉标准的规定(二)》（2022年4月29日）

第七十四条　〔出具证明文件重大失实案（刑法第二百二十九条第三款）〕承担资产评估、验资、验证、会计、审计、法律服务、保荐、安全评价、环境影响评价、环境监测等职责的中介组织的人员严重不负责任，出具的证明文件有重大失实，涉嫌下列情形之一的，应予立案追诉：

（一）给国家、公众或者其他投资者造成直接经济损失数额在一百万元以上的；

（二）其他造成严重后果的情形。

第十二章　逃避商检罪

【立案追诉标准】

逃避商检案（《刑法》第230条）

违反进出口商品检验法的规定，逃避商品检验，将必须经商检机构检验的进口商品未报经检验而擅自销售、使用，或者将必须经商检机构检验的出口商品未报经检验合格而擅自出口，涉嫌下列情形之一的，应予立案追诉：

（一）给国家、单位或者个人造成直接经济损失数额在五十万元以上的；

（二）逃避商检的进出口货物货值金额在三百万元以上的；

（三）导致病疫流行、灾害事故的；

（四）多次逃避商检的；

（五）引起国际经济贸易纠纷，严重影响国家对外贸易关系，或者严重损害国家声誉的；

（六）其他情节严重的情形。

《最高人民检察院、公安部关于公安机关管辖的刑事案件立案追诉标准的规定（二）》（2022年4月29日）第75条

【犯罪构成及刑事责任】

逃避商检罪，是指违反《进出口商品检验法》的规定，逃避商品检验，将必须经商检机构检验的进口商品未报经检验而擅自销售、使用，或者将必须经商检机构检验的出口商品未报经检验合格而擅自出口，情节严重的行为。构成本罪需要具备以下四个要件：

1. 客体要件

本罪侵犯的客体是国家对进出口商品检验的管理秩序。犯罪对象是《商检机构实施检验的进出口商品种类表》中的商品和其他法律、法规规定必须经商检机构检验的进出口商品，如《食品安全法》《进出口商品检验法》等列出的进出口商品。

2. 客观要件

本罪客观方面表现为违反进出口商品检验法的规定，逃避商品检验，将必须经商品检验机构检验的进口商品未报经检验而擅自销售、使用，或者将必须经商检机构检验的出口商品未报经检验合格而擅自出口的行为。行为表现为：（1）对应检和必检进口商品，未经报检擅自在境内使用和销售；（2）对应检、必检商品，未经报检合格即擅自出口；（3）经过商检抽查，认为是不合格商品而擅自出口。

3. 主体要件

本罪犯罪主体为从事商品进出口业务的自然人和单位。即应当向商检机构报检的进出口商品的发货人和收货人。

4. 主观要件

本罪主观方面是故意。过失不构成本罪。

根据《刑法》第230条规定，犯本罪，处三年以下有期徒刑或者拘役，并处或者单处罚金。

【疑难指导】

一、本罪的犯罪对象是法定必检的进出口商品

“必须经商检机构检验的进出口商品”，根据《进出口商品检验法》的规定，

是指国家商检部门根据对外贸易发展的需要，制定、调整并公布《商检机构实施检验的进出口商品种类表》中的商品和其他法律、行政法规规定须经商检机构检验的进出口商品。也就是说，并不是所有逃避商品检验的行为都能构成该罪，构成该罪的前提是行为人逃避商检机构检验的行为违反了《进出口商品检验法》这些前置法，是行为人逃避检验列入了《商检机构实施检验的进出口商品种类表》或被其他法律、行政法规规定为法定必检的商品。如果不是法定必检的商品，即未列入《商检机构实施检验的进出口商品种类表》且未被其他法律、行政法规规定为法定必检的商品，即使行为人实施了逃避检验的行为，一般也不构成犯罪。[①]

二、"违反进出口商品检验法"的规定应做广义解释

逃避商检罪被规定在我国《刑法》第三章破坏社会主义市场秩序罪当中，是典型的法定犯，或者称之为行政犯。法定犯和行政犯的性质，决定了构成本罪要以违反相关的国家规定为前提。我国《刑法》第230条适用的表述是"违反进出口商品检验法的规定"，能否将"违反进出口商品检验法的规定"理解为违反《进出口商品检验法》的规定呢？笔者认为，不能将"违反进出口商品检验法的规定"等同于《进出口商品检验法》，应当对"违反进出口商品检验法"的规定做广义解释——既包括全国人大常委会制定的以《中华人民共和国进出口商品检验法》命名的该法，也包括国务院制定的有关进出口商品检验方面的行政法规。理由为：

一是从具体的法律和行政法规规定看。《进出口商品检验法》并没有完全涵盖所有进出口商品检验方面的具体要求，该法的很多规定具有原则性和概括性，单靠该法的规定不能满足实践的需要。对此，国务院制定了《进出口商品检验法实施条例》等对《进出口商品检验法》进行细化。《商检机构实施检验的进出口商品种类表》也对应当检验的商品进行了明确。因此，应当对"违反进出口商品检验法的规定"进行广义解释，不能将其等同于《进出口商品检验法》，单独的《进出口商品检验法》是无法满足实际需要的。

二是从文义解释的角度看。"违反进出口商品检验法的规定"与"违反《进

---

① 参见程昊：《逃避商检罪的犯罪对象如何确定》，载《人民法院报》2010年7月1日。

出口商品检验法》的规定”，两者表述上虽然仅有书名号之差，但二者却具有不同的含义。前者是泛指，是指违反进出口商品检验法的有关规定，前已述及，“违反进出口商品检验法”并不单纯是指违反《进出口商品检验法》这部法律，还包括相应的行政法规等；而后者却是特指，仅仅表示违反《进出口商品检验法》这部法律。正如“违反刑法的规定”不同于“违反《刑法》的规定”一样，对于前者，我们将其理解为不仅违反了我国《刑法》，而且包括违反附属刑法和单行刑法的规定，是指广义的刑法；但“违反《刑法》的规定”则不同，就是指违反了狭义的《刑法》这部法律。

当然，有学者认为，还包括国家质检总局（现为国家市场监督管理总局）根据《进出口商品检验法》和国务院的行政法规制定的部门规章。[①] 对此，笔者认为不能做过于扩大的解释，毕竟法定犯违反的是“国家规定”，《刑法》第96条规定，违反国家规定，是指违反全国人民代表大会及其常务委员会制定的法律和决定，国务院制定的行政法规、规定的行政措施、发布的决定和命令。部门规章并不在此处的“国家规定”范围内，对于仅仅违反部门规章的行为，不宜直接以违反“国家规定”而将其犯罪化处理。

【办案依据】

一、《刑法》规定

第二百三十条　违反进出口商品检验法的规定，逃避商品检验，将必须经商检机构检验的进口商品未报经检验而擅自销售、使用，或者将必须经商检机构检验的出口商品未报经检验合格而擅自出口，情节严重的，处三年以下有期徒刑或者拘役，并处或者单处罚金。

二、其他法规

（一）《进出口商品检验法实施条例》（2019年3月2日）

第四十三条　擅自销售、使用未报检或者未经检验的属于法定检验的进口商品，或者擅自销售、使用应当申请进口验证而未申请的进口商品的，由出入境检

① 参见李希慧、姚龙兵：《逃避商检罪研究》，载《江淮论坛》2010年第1期。

验检疫机构没收违法所得，并处商品货值金额5%以上20%以下罚款；构成犯罪的，依法追究刑事责任。

第四十四条 擅自出口未报检或者未经检验的属于法定检验的出口商品，或者擅自出口应当申请出口验证而未申请的出口商品的，由出入境检验检疫机构没收违法所得，并处商品货值金额5%以上20%以下罚款；构成犯罪的，依法追究刑事责任。

第四十五条 销售、使用经法定检验、抽查检验或者验证不合格的进口商品，或者出口经法定检验、抽查检验或者验证不合格的商品的，由出入境检验检疫机构责令停止销售、使用或者出口，没收违法所得和违法销售、使用或者出口的商品，并处违法销售、使用或者出口的商品货值金额等值以上3倍以下罚款；构成犯罪的，依法追究刑事责任。

（二）《进出口商品检验法》（2021年4月29日）

第五条 列入目录的进出口商品，由商检机构实施检验。

前款规定的进口商品未经检验的，不准销售、使用；前款规定的出口商品未经检验合格的，不准出口。

本条第一款规定的进出口商品，其中符合国家规定的免予检验条件的，由收货人或者发货人申请，经国家商检部门审查批准，可以免予检验。

第六条 必须实施的进出口商品检验，是指确定列入目录的进出口商品是否符合国家技术规范的强制性要求的合格评定活动。

合格评定程序包括：抽样、检验和检查；评估、验证和合格保证；注册、认可和批准以及各项的组合。

对本条第一款规定的进出口商品检验，商检机构可以采信检验机构的检验结果；国家商检部门对前述检验机构实行目录管理。

第七条 列入目录的进出口商品，按照国家技术规范的强制性要求进行检验；尚未制定国家技术规范的强制性要求的，应当依法及时制定，未制定之前，可以参照国家商检部门指定的国外有关标准进行检验。

第十五条 本法规定必须经商检机构检验的出口商品的发货人或者其代理人，应当在商检机构规定的地点和期限内，向商检机构报检。商检机构应当在国家商检部门统一规定的期限内检验完毕，并出具检验证单。

第十六条 经商检机构检验合格发给检验证单的出口商品，应当在商检机构规定的期限内报关出口；超过期限的，应当重新报检。

第十七条 为出口危险货物生产包装容器的企业，必须申请商检机构进行包装容器的性能鉴定。生产出口危险货物的企业，必须申请商检机构进行包装容器的使用鉴定。使用未经鉴定合格的包装容器的危险货物，不准出口。

第十八条 对装运出口易腐烂变质食品的船舱和集装箱，承运人或者装箱单位必须在装货前申请检验。未经检验合格的，不准装运。

第三十二条 违反本法规定，将必须经商检机构检验的进口商品未报经检验而擅自销售或者使用的，或者将必须经商检机构检验的出口商品未报经检验合格而擅自出口的，由商检机构没收违法所得，并处货值金额百分之五以上百分之二十以下的罚款；构成犯罪的，依法追究刑事责任。

第三十三条 进口或者出口属于掺杂掺假、以假充真、以次充好的商品或者以不合格进出口商品冒充合格进出口商品的，由商检机构责令停止进口或者出口，没收违法所得，并处货值金额百分之五十以上三倍以下的罚款；构成犯罪的，依法追究刑事责任。

第三十四条 伪造、变造、买卖或者盗窃商检单证、印章、标志、封识、质量认证标志的，依法追究刑事责任；尚不够刑事处罚的，由商检机构、认证认可监督管理部门依据各自职责责令改正，没收违法所得，并处货值金额等值以下的罚款。

第三十五条 国家商检部门、商检机构的工作人员违反本法规定，泄露所知悉的商业秘密的，依法给予行政处分，有违法所得的，没收违法所得；构成犯罪的，依法追究刑事责任。

第三十六条 国家商检部门、商检机构的工作人员滥用职权，故意刁难的，徇私舞弊，伪造检验结果的，或者玩忽职守，延误检验出证的，依法给予行政处分；构成犯罪的，依法追究刑事责任。

主要参考文献

一、著作类

1. 张明楷:《刑法学》，法律出版社 2021 年版。

2. 何帆:《刑法注释书》，中国民主法制出版社 2021 年版。

3. 王肃之:《网络犯罪原理》，人民法院出版社 2019 年版。

4. 郭玉锦、王欢:《网络社会学》，中国人民大学出版社 2017 年版。

5. 高铭暄、马克昌:《刑法学》，北京大学出版社、高等教育出版社 2016 年版。

6. 张明楷:《刑法学》，法律出版社 2016 年版。

7. 张平:《知识产权法》，北京大学出版社 2015 年版。

8. 王作富:《刑法分则实务研究》，中国方正出版社 2013 年版。

9. 尹新天:《中国专利法详解》，知识产权出版社 2012 年版。

10. 张明楷:《刑法分则的解释原理》，中国人民大学出版社 2011 年版。

11. 何敏:《知识产权基本理论》，法律出版社 2011 年版。

12. 刘树德:《“口袋罪”的司法命运——非法经营的罪与罚》，北京大学出版社 2011 年版。

13. 宁立志主编:《知识产权法》，武汉大学出版社 2011 年版。

14. 张羽:《新型受贿犯罪的司法适用》，中国检察出版社 2011 年版。

15. 全国人大常委会法制工作委员会刑法室编:《中华人民共和国刑法修正案（八）条文说明、立法理由及相关规定》，北京大学出版社 2011 年版。

16. 刘宁:《知识产权若干理论热点问题探讨》，中国检察出版社 2007 年版。

17. 郑成思:《知识产权论》，法律出版社 2007 年版。

18. 周洪波、田凯：《破坏市场管理秩序犯罪司法适用》，法律出版社 2005 年版。

19. 文盛堂：《反职务犯罪论略》，北京大学出版社 2005 年版。

20. 赵永红：《知识产权犯罪研究》，中国法制出版社 2004 年版。

21. 姜维主编：《知识产权刑事保护研究》，法律出版社 2004 年版。

22. 党建军：《侵犯知识产权罪》，中国人民公安大学出版社 2003 年版。

23. 曹康、黄河主编：《危害税收征管罪》，中国人民公安大学出版社 2000 年版。

24. 莫开勤：《危害税收征管犯罪的定罪与量刑》，人民法院出版社 2000 年版。

25. 吴亚荣主编：《中国税收犯罪通论》，中国税务出版社 1999 年版。

26. 张旭主编：《涉税犯罪的认定处理及案例分析》，中国人民大学出版社 1999 年版。

27. 马克昌主编：《经济犯罪新论》，武汉大学出版社 1998 年版。

28. 高晓莹：《侵犯知识产权罪的认定与处理》，中国检察出版社 1998 年版。

29. 胡康生、李福成：《中华人民共和国刑法释义》，法律出版社 1997 年版。

二、论文类

1. 王迁：《论著作权保护刑民衔接的正当性》，载《法学》2021 年第 8 期。

2. 刘科：《侵犯商业秘密罪刑事门槛的修改问题》，载《法学杂志》2021 年第 6 期。

3. 王恰、邵新：《强迫交易罪主体范围的再界定——从法发〔2018〕10 号第 13 条切入》，载《法律适用》2021 年第 6 期。

4. 陈兴良：《虚开增值税专用发票罪的不法性质与司法认定》，载《法律科学》2021 年第 4 期。

5. 赵拥军、孙万怀：《虚开发票罪的行为方式与对象相关问题探究》，载《河南师范大学学报》2021 年第 4 期。

6. 刘湘廉：《我国知识产权刑法的最新修正及其适用》，载《重庆大学学报（社会科学版）》2021 年第 4 期。

7. 谢欣汝、蒋利清：《串通投标犯罪的司法适用困境及解决——以 H 省 Y 市 4 年来串通投标犯罪案件为样本》，载《湖南人文科技学院学报》2021 年第 3 期。

8. 傅启国、夏丽、王梦婷：《完善专利权刑事保护之构想》，载《广西政法管理干部学院学报》2021 年第 2 期。

9. 张明楷：《刑法学中的概念使用与创制》，载《法商研究》2021 年第 1 期。

10. 刘宪权、陆一敏：《〈刑法修正案（十一）〉的解读与反思》，载《苏州大学学报（哲学社会科学版）》2021 年第 1 期。

11. 崔秀秀：《论逃税罪免责条款的司法适用》，载《南阳理工学院学报》2021 年第 1 期。

12. 王耀彬：《社会审计人员出具证明文件重大失实罪的实质解读》，载《审计月刊》2021 年第 1 期。

13. 周光权：《串通拍卖或竞买不构成串通投标罪》，载《法治日报》2021 年 8 月 11 日。

14. 马永强：《正向刷单炒信行为的刑法定性与行刑衔接》，载《法律适用》2020 年第 24 期。

15. 朱建华、甄航：《“假冒两种以上注册商标”的解构与反思》，载《人民检察》2020 年第 17 期。

16. 黄锐意：《把握立法原意 平衡法益保护——一起非法制造注册商标标识抗诉案办理纪实》，载《人民检察》2020 年第 16 期。

17. 郭莉、王东海：《网络传销犯罪罪量标准的困境与纾解》，载《中国检察官》2020 年第 12 期（下）。

18. 卢斌等：《“买单配票”骗取退税违法行为剖析》，载《中国海关》2020 年第 11 期。

19. 贺志军：《侵犯商业秘密罪“重大损失”之辩护及释法完善》，载《政治与法律》2020 年第 10 期。

20. 印波：《传销犯罪的司法限缩与立法完善》，载《中国法学》2020 年第 5 期。

21. 郑志：《民刑交叉视角下的假冒注册商标罪客观要件研究》，载《知识产权》2020 年第 5 期。

22. 蒋巍：《基于利益平衡角度的商标权刑法保护研究》，载《广西大学学报

(哲学社会科学版)》2020 年第 3 期。

23. 周详、农海东:《刷单炒信样态的认识误区及刑法评价》,载《广西民族大学学报(哲学社会科学版)》2020 年第 1 期。

24. 潘莉:《侵犯商业秘密罪:如何界定“情节严重”》,载《检察日报》2020 年 11 月 25 日。

25. 姜永义、陈学勇、陈新旺:《〈关于办理非法从事资金支付结算业务、非法买卖外汇刑事案件适用法律若干问题的解释〉的理解与适用》,载《人民法院报》2020 年 2 月 27 日。

26. 外汇局福建省分局课题组:《地下钱庄经营网络化趋势及监管》,载《中国外汇》2019 年第 15 期。

27. 陈兴良:《民事欺诈和刑事欺诈的界分》,载《法治现代化研究》2019 年第 5 期。

28. 张学永、李春华:《网络传销的刑法规制研究》,载《中国人民公安大学学报(社会科学版)》2019 年第 5 期。

29. 王安异:《虚构网络交易行为入罪新论——以〈中华人民共和国电子商务法〉第 17 条规定为依据的分析》,载《法商研究》2019 年第 5 期。

30. 王恰:《串通“投标报价”的刑法教义学阐释》,载《中国检察官》2019 年第 5 期(下)。

31. 高维俭、王东海:《刑法体系解释层次论——兼以“赵某华案”为实践检验样本》,载《现代法学》2019 年第 3 期。

32. 刘少谷:《刑法规制假冒专利行为的困境与对策》,载《中州学刊》2019 年第 3 期。

33. 周慧钦、薛严清、刘闽浙:《跨境汇兑型地下钱庄的成因、特点及治理——基于某省情况分析》,载《区域金融研究》2019 年第 3 期。

34. 杨绪峰:《损害商业信誉、商品声誉罪的教义学检讨》,载《政治与法律》2019 年第 2 期。

35. 熊亚文:《逃税罪初犯免责:价值、困境与出路》,载《税务与经济》2019 年第 2 期。

36. 刘艳红:《法定犯不成文构成要件要素之实践展开——以串通投标罪“违反招投标法”为例的分析》，载《清华法学》2019 年第 3 期。

37. 王东海:《“非法介绍买卖外汇”何种情形可予定罪》，载《检察日报》2019 年 4 月 30 日。

38. 石聚航:《损害商业信誉、商品声誉罪的规范解释》，载《政治与法律》2018 年第 8 期。

39. 杨兴培、吕鼎:《论非法经营罪的司法适用——以非法买卖外汇为视角》，载《法治社会》2018 年第 6 期。

40. 田鹏辉:《经济安全与经济刑法立法模式选择》，载《法商研究》2018 年第 3 期。

41. 钱玉文、沈佳丹:《侵犯商业秘密罪中“重大损失”的司法认定》，载《中国高校社会科学》2018 年第 1 期。

42. 聂文峰、金华捷:《侵犯商业秘密犯罪中密点分割情形的涉案数额认定》，载《法律适用》2017 年第 20 期。

43. 王晓峰、张洪海:《非法资金跨境转移与防范》，载《中国金融》2017 年第 20 期。

44. 杨曙光:《对虚假广告罪适用难的理论思考》，载《人民检察》2017 年第 13 期。

45. 宁立志、芦加人:《旧货翻新销售行为的商标法检视》，载《暨南学报(哲学社会科学版)》2017 年第 10 期。

46. 杨晓培:《利益均衡：商标权刑法保护的一种进化》，载《法学杂志》2017 年第 9 期。

47. 时延安:《网络规制与犯罪治理》，载《中国刑事法杂志》2017 年第 6 期。

48. 李宗辉:《论〈刑法〉专利犯罪制度之体系化重构》，载《时代法学》2017 年第 5 期。

49. 谢炎:《“以营利为目的”在网络著作权案件中的刑法适用》，载《东方法学》2017 年第 4 期。

50. 缪因知:《损害商誉罪适用研究：自舆论监督的视角》，载《法治研究》

2017 年第 2 期。

51. 刘棉春、李为民：《集资诈骗罪与传销犯罪的区别》，载《人民司法》2016 年第 34 期。

52. 邓洪涛、阮齐林：《论销售假冒注册商标商品之犯罪数额》，载《人民检察》2016 年第 17 期。

53. 陈建清：《论骗取出口退税行为的刑法适用及处罚》，载《暨南学报》2016 年第 11 期。

54. 孙伟：《假冒专利罪的立法现状与完善》，载《人民检察》2016 年第 8 期。

55. 陈兴良：《组织、领导传销活动罪：性质与界限》，载《政法论坛》2016 年第 2 期。

56. 周洁：《无实际被假冒对象的销售假冒注册商标商品行为不宜入罪——以“×兰”商标案为例》，载《知识产权》2016 年第 2 期。

57. 李晓秋、喻志强：《假冒专利罪内涵界定应坚持严格解释原则》，载《检察日报》2016 年 11 月 28 日。

58. 姚龙兵：《如何解读虚开增值税专用发票罪的“虚开”》，载《人民法院报》2016 年 11 月 16 日。

59. 涂龙科：《假冒注册商标罪的司法疑难与理论解答》，载《政治与法律》2014 年第 10 期。

60. 马作彪等：《串通投标罪之主体认定》，载《人民司法》2014 年第 10 期。

61. 刘宪权：《经济活动中以停止供货相威胁行为性质之司法认定》，载《政治与法律》2015 年第 8 期。

62. 金丹：《非法转让、倒卖土地使用权罪实务探析》，载《中国检察官》2015 年第 7 期（下）。

63. 李振林：《假冒注册商标罪之“同一种商品”认定》，载《法律适用》2015 年第 7 期。

64. 李永生、冯文杰：《实质解释视域下的假冒注册商标罪研究》，载《昆明理工大学学报（社会科学版）》2015 年第 6 期。

65. 于志强、郭旨龙：《“违反国家规定”的时代困境未来方向——以非法经营罪为切入点进行规范体系的审视》，载《江汉论坛》2015 年第 6 期。

66. 周光权：《非法倒卖转让土地使用权罪研究》，载《法学论坛》2014 年第 5 期。

67. 杨帆、张海宏：《销售侵权复制品罪虚置之争的再思考——基于功利主义知识产权刑事政策立场的评析》，载《政治与法律》2014 年第 3 期。

68. 王涛：《“团队计酬”式传销的前世今生》，载《犯罪研究》2014 年第 2 期。

69. 李金升：《挂靠借用资质情形下串通投标罪主体认定之辩》，载《建筑市场与招标投标》2014 年第 1 期。

70. 杜文俊、储国晖：《销售假冒注册商标的商品罪的认定》，载《上海法治报》2014 年 6 月 18 日。

71. 庄绪龙、包文炯：《论非法制造、销售非法制造的注册商标标识罪中“件数”的司法认定》，载《中国刑事法杂志》2013 年第 9 期。

72. 马春晓：《非法经营罪的“口袋化”困境和规范解释路径——基于司法实务的分析立场》，载《中国刑事法杂志》2013 年第 6 期。

73. 刘蔚文：《销售侵权复制品罪的弃用现象与启用路径研究》，载《政治与法律》2013 年第 5 期。

74. 黄晓文：《虚开发票罪司法适用若干问题探析》，载《中国检察官》2013 年第 1 期。

75. 郭海宁：《商标权的限制及立法建议》，载《中华商标》2012 年第 3 期。

76. 赵震：《行政处罚作为逃税案刑事司法的前置程序问题研究》，载《中国检察官》2011 年第 20 期。

77. 张明楷：《逃税罪的处罚阻却事由》，载《法律适用》2011 年第 8 期。

78. 逄锦温、刘福谦等：《〈关于办理侵犯知识产权刑事案件适用法律若干问题的意见〉的理解与适用》，载《人民司法（应用版）》2011 年第 5 期。

79. 齐文远、唐子艳：《反向假冒商标行为之刑法思考》，载《现代法学》2011 年第 2 期。

80. 程昊：《逃避商检罪的犯罪对象如何确定》，载《人民法院报》2010 年 7 月 1 日。

81. 周庆琳、汤咏梅：《采用资金对冲方式非法经营外汇构成非法经营罪》，载《人民司法》2010年第24期。

82. 刘荣：《刑事政策视野下的逃税罪》，载《中国刑事法杂志》2010年第12期。

83. 曾庆涛：《关于逃税罪初犯免责的探讨》，载《商业会计》2010年第10期。

84. 刘科等：《关于侵犯商业秘密罪立法完善的研讨》，载《人民检察》2010年第4期。

85. 石圣科：《假冒他人专利罪实证研究》，载《四川师范大学学报（社会科学版）》2010年第3期。

86. 李希慧、姚龙兵：《逃避商检罪研究》，载《江淮论坛》2010年第1期。

87. 逄锦温：《逃税罪的立法修正与司法适用》，载《中国审判》2009年第12期。

88. 张明楷：《传销犯罪的基本问题》，载《政治与法律》2009年第9期。

89. 姜德鑫：《传销行为的犯罪化问题探析》，载《政治与法律》2009年第8期。

90. 黄太云：《〈刑法修正案（七）〉解读》，载《人民检察》2009年第6期。

91. 黄太云：《偷税罪重大修改的背景及解读》，载《中国税务》2009年第4期。

92. 解琳：《反向假冒的刑法归罪及立法建议》，载《中华商标》2009年第4期。

93. 孙国祥：《串通投标罪若干疑难问题辨析》，载《政治与法律》2009年第3期。

94. 朱铁军、蔡丽明：《未销售假冒注册商标商品"货值金额"的认定》，载《人民法院报》2008年1月30日。

95. 黄自强：《倒卖车票、船票罪之立法完善——以北京奥运门票转让为视角》，载《法治论坛》2008年第4期。

96. 陈克飞：《认定伪造增值税专用发票罪要考察行为人目的》，载《检察日报》2008年4月27日。

97. 梁希玲：《浅议开放多层次传销市场及法律监管》，载《金融经济》2007年第12期。

98. 高继伟、陈丽：《建议刑法增设反向假冒商标罪》，载《中华商标》2007年第10期。

99. 肖中华：《侵犯知识产权犯罪的司法适用难题》，载《刑法论丛》2007年第12卷。

100. 武化吉：《论非法制造、销售非法制造的注册商标标识罪》，载《河南师范大学学报（哲学社会科学版）》2007年第6期。

101. 于同志：《损害商品声誉罪的司法认定》，载《河北法学》2007年第6期。

102. 范红旗：《合同诈骗罪解析——以法益的解释论为视角》，载《政治与法律》2007年第4期。

103. 邹清平：《非法转让、倒卖土地使用权罪探析》，载《法学评论》2007年第4期。

104. 孙卫：《论逃避追缴欠税罪》，中国政法大学2007年硕士学位论文。

105. 刘远山：《论我国著作权犯罪的定罪和处罚及其刑法完善》，载《河北法学》2006年第4期。

106. 罗开卷：《TRIPS协议下我国假冒注册商标罪的立法完善》，载《法学论坛》2006年第3期。

107. 周强、朱妙：《利用互联网发布足球博彩信息牟利情节严重构成非法经营罪——龚某飞非法经营案》，载《人民法院报》2005年3月21日。

108. 陈洪兵、安文录：《胁迫类犯罪研究——兼析强迫交易罪及强迫职工劳动罪》，载《山西省政法管理干部学院学报》2004年第4期。

109. 周洪波、单民：《骗取出口退税罪若干问题探讨》，载《法学评论》2003年第6期。

110. 最高人民法院刑事审判第二庭：《购买伪造的增值税专用发票又出售的行为如何定罪处罚——曾某玉、廖某升等伪造、出售伪造的增值税专用发票案》，载《人民法院报》2003年6月2日。

111. 周洪波：《非法出售真、伪两种增值税专用发票行为的定性》，载《检察实践》2001年第6期。

112. 冯建平、任志清：《论逃避追缴欠税罪》，载《法律适用》1998年第5期。